O CAMINHO DA CABALA

Dados Internacionais de Catalogação na Publicação (CIP)
(Câmara Brasileira do Livro, SP, Brasil)

Halevi, Z'ev ben Shimon
  O caminho da Cabala / Z'ev ben Shimon Halevi ; tradução Davy Bogomoletz. – São Paulo : Ágora, 2011.

Título original: The way of kabbalah
ISBN 978-85-7183-077-6

1. Cabala 2. Misticismo judaico I. Título.

11-11822   CDD-296.16

Índice para catálogo sistemático:
1. Cabala : Judaísmo 296.16

Compre em lugar de fotocopiar.
Cada real que você dá por um livro recompensa seus autores
e os convida a produzir mais sobre o tema;
incentiva seus editores a encomendar, traduzir e publicar
outras obras sobre o assunto;
e paga aos livreiros por estocar e levar até você livros
para a sua informação e o seu entretenimento.
Cada real que você dá pela fotocópia não autorizada de um livro
financia o crime
e ajuda a matar a produção intelectual de seu país.

O CAMINHO DA CABALA
Z'ev ben Shimon Halevi

Do original em língua inglesa
THE WAY OF KABBALAH
Copyright © 1976, 2007 Z'ev ben Shimon Halevi

Editora executiva: **Soraia Bini Cury**
Editora assistente: **Salete Del Guerra**
Tradução: **Davy Bogomoletz**
Revisão da tradução: **Maria Rosa Villa Ventura**
Projeto gráfico e diagramação: **Casa de Ideias**
Capa: **Buono Disegno**
Foto da capa: **Neil Lang/Shutterstock**
Impressão: **Sumago Gráfica Editorial**

Editora Ágora
Departamento editorial
Rua Itapicuru, 613 — 7º andar
05006-000 — São Paulo — SP
Fone: (11) 3872-3322
Fax: (11) 3872-7476
http://www.editoraagora.com.br
e-mail: agora@editoraagora.com.br

Atendimento ao consumidor
Summus Editorial
Fone: (11) 3865-9890

Vendas por atacado
Fone: (11) 3873-8638
Fax: (11) 3873-7085
e-mail: vendas@summus.com.br

Impresso no Brasil

Para
Yoshua ben Shimon Hakham Halevi,
meu avô e meu primeiro elo

Sumário

Prefácio ... 9
Introdução ... 11
1. A tradição ... 17
2. A linguagem ... 28
3. A Grande Árvore da Atzilút ... 36
4. A obra da Criação ... 49
5. Adão natural: o corpo ... 58
6. O Adão natural: a psique ... 68
7. Os escravos no Egito ... 80
8. A Terra Prometida ... 86
9. Jacó e Esaú ... 92
10. O Tzadík ... 99
11. A Cabala ... 106
12. Conhecimento objetivo ... 116
13. Grupos ... 126
14. A estrutura dos grupos ... 131
15. A dinâmica dos grupos ... 139
16. O encontro ... 147
17. A saída do Egito ... 155
18. Preparação ... 164
19. O Método Literal ... 169
20. O Método Alegórico ... 179
21. O Método Metafísico ... 188
22. A vontade ... 198
23. Estados maiores e menores ... 213
24. Neshamáh: a alma ... 216
25. Kavanáh – a intenção ... 231
26. Preparação ... 238
27. O Método da Ação ... 246
28. O Método da Devoção ... 256
29. O Método da Contemplação ... 266
30. A ascensão ... 275
Glossário ... 286

Prefácio

Todo mundo busca alguma coisa. Alguns procuram segurança; outros, prazer ou poder. Há ainda os que buscam sonhos, ou algo que nem sabem muito bem o que é. Há aqueles, porém, que sabem o que procuram, mas não podem encontrá-lo no mundo natural. Para esses foram deixadas muitas pistas pelos que vieram antes. As pistas estão em toda parte, mas só aqueles com olhos para enxergar e ouvidos para escutar poderão percebê-las. Quando o sentido desses sinais é levado a sério, a Providência abre uma porta para fora do natural e para dentro do sobrenatural, revelando uma escada que vai do efêmero ao Eterno. Quem ousa subir por ela ingressa no Caminho da Cabala.

PRIMAVERA DE 5734.

Figura 1 – A BUSCA

Nesta imagem de inspiração alquimista um indivíduo segue as pegadas da Verdade. Ele carrega uma lanterna porque está no escuro e veste um casaco bem grosso para proteger-se contra possíveis golpes. Carrega também um cajado, o símbolo do Conhecimento, para ajudá-lo no caminho, e ainda um par de grossos óculos, a fim de enxergar o melhor possível. Esses pré-requisitos têm como função ajudá-lo a encontrar o ensinamento esotérico, que transformará uma imagem obscura do universo em uma visão iluminada da realidade. No entanto, antes que isso aconteça, ele terá de identificar as pegadas do Ensinamento. (Gravura em madeira, séc. XVII)

Introdução

Toda tradição mística tem como objetivo a união com o Ser Supremo. Esse estado de plena realização é alcançado por meio do equilíbrio e da elevação da consciência pelos vários degraus da Existência, até chegar à própria Fonte. Apesar de ser um direito inato de qualquer pessoa, isso é raro, pois são poucos os que conseguem apreender as leis que regem o universo e o desenvolvimento humano.

As tradições espirituais têm como tarefa formular essas leis e mostrar como se deve aplicá-las. Embora seja verdade que as abordagens são diferentes, dependendo da época e dos costumes, a lei segundo a qual os opostos se completam, por exemplo, é geralmente reconhecida no relacionamento entre a teoria e a prática. Na tradição mística de Israel, esses aspectos passivo e ativo da Torá, ou Ensinamento, são chamados de Cabala especulativa e prática. Seu estudo proporciona o treinamento necessário para a experiência direta. "Cabala" significa "receber", o que só se torna possível quando as duas disciplinas se unem no ser humano. Esse acontecimento espiritual expressa, em linguagem humana, a Lei das Tríades, que traz o Universo para a existência e depois o devolve ao seu estado original.

A partir do Um até o surgimento dos opostos e suas relações há um passo do infinito até o mundo finito. Ali se encontram o início e o fim da relatividade, em que energia, forma e consciên-

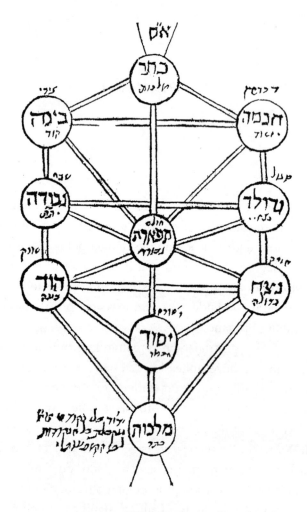

Figura 2 – O ENSINAMENTO

Esta gravura descreve o esquema metafísico básico da Cabala. No alto estão as iniciais das palavras hebraicas Êin Sóf, que significam "Sem Fim", título que os cabalistas medievais deram ao Absoluto. Em seguida está a Coroa, o ponto da manifestação da Existência. Em cada um de seus lados, os pilares da Misericórdia e da Severidade, que equivalem aos princípios chineses do *yin* e do *yang*. As Dez *Sefirót*, ou Números, representam as diferentes funções ou níveis, enquanto a coluna central é a da Graça, ou Equilíbrio. As 22 Vias conectam as *Sefirót* e criam as tríades que processam as atividades da Árvore. (Moisés Cordovero, séc. XVI) cia convergem e divergem em um complexo que se estende do Tudo ao Nada. As leis objetivas que governam o universo são descritas pelo diagrama principal da Cabala, chamado "Árvore da Vida". Esse modelo análogo do Absoluto, do Mundo e do Homem é a chave mestra da Cabala especulativa e prática. Ao vivenciar a Árvore, o cabalista integra a sua realidade, o que lhe permite elevar-se em segurança e fincar um alicerce nos mais altos níveis da Existência. Ao alcançar verdadeiramente esses níveis superiores, ele pode ser contemplado com conhecimentos e percepções sobre assuntos inacessíveis neste mundo, ou tornar-se o canal pelo qual o fluxo da Graça desce do alto. Se isso acontece, ele conclui objetivos como Adão encarnado, entra em harmonia com a vontade de seu Criador em todas as Terras, Édens e Céus. Nesse estado, ele pode vir a elevar-se na Carruagem de sua Alma até o Trono do Espírito, sobre o qual se assenta o Adão Eterno, o Homem Divino, a última instância de realização antes da união total com o Supremo Ser.

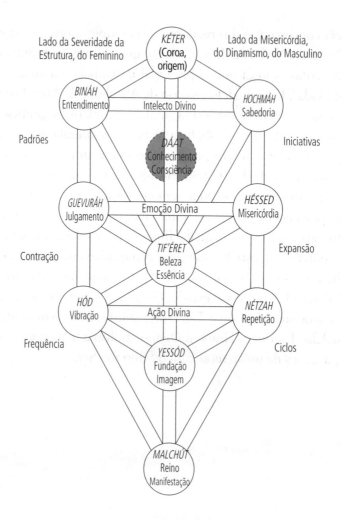

Figura 3 – TRADUÇÃO

Aqui, os elementos metafísicos são dispostos de acordo com sua tradução literal e suas características gerais. Estes são apenas alguns aspectos do potencial de um sistema que governa o todo da Existência. Há várias versões diferentes, mas sua essência é sempre a mesma. Por exemplo, *Guevuráh*, que significa "Poder", é por vezes chamada de *Páhad*, "Temor", ou *Din*, "Justiça". Estes são aspectos de *Guevuráh* aplicados em circunstâncias em que seja necessário limitar excessos. Cada *sefiráh* tem diversas facetas. Existem também sete níveis que descem da coluna central da Árvore. Estes são os diagramas da Consciência.

Figura 4 – O CONHECIMENTO

De acordo com o mito, quando Adão e Eva foram expulsos do Paraíso, o Sagrado apiedou-se deles e enviou o arcanjo Raziel para lhes dar um livro pelo qual eles poderiam voltar ao Paraíso e até entrar no Céu. Conhecido como Livro de Raziel, o Anjo dos Segredos, ele foi transmitido de geração a geração e por diversas vezes quase se perdeu. A Arca de Noé é o símbolo desse livro e de sua preservação em tempos de calamidade, por causa do abuso, pela humanidade, do livre-arbítrio. Esse conhecimento recebeu muitos nomes e tem se mantido em segredo a fim de evitar o uso incorreto. Atualmente o conhecemos na tradição judaica como Cabala. (Gravura em madeira de Albrecht Dürer, séc. XVI)

1. A Tradição

Em toda religião há sempre duas faces, a visível e a oculta. O manifesto pode ser visto em edifícios, clérigos, rituais e escrituras. Estes desempenham a tarefa de influenciar o mundo, levando a ele a percepção de uma Força Superior, de um código moral e ético naquilo que, para as grandes massas, constitui uma existência aguerrida. Obviamente, em certos momentos a pregação se deixa influenciar pelas tendências do mundo e sua autoridade é corrompida, oprimindo tanto a alma quanto o corpo. Contudo, esses fenômenos estão sujeitos à lei da justiça cósmica, e o mal acaba destruindo a si próprio. Toda religião passou períodos desse tipo, que indicam uma fase final de decadência antes que um novo impulso leve essa tradição a um patamar mais elevado.

O novo impulso deriva sempre da face oculta da religião. Muitas vezes centrada em um único homem ou grupo, a luz que um dia iluminou o Ensinamento retorna para satisfazer às necessidades de uma geração que não suporta mais o modo como seus pais interpretam a Tradição. Esse processo precisa ser contínuo para preservar uma religião. Quando ele não ocorre, o sentido interior logo se transforma em mera forma que, por sua vez, gera costumes vazios capazes de aprisionar o ignorante e afugentar o inteligente. A ironia e o aspecto providencial dessas situações é o fato de que os rebeldes frequentemente buscam – e encontram – os princípios originais da fé bem longe da instituição convencional e conservadora da própria religião. De fato, muitas vezes, ao estudar as fontes de outra tradição, eles reconhecem os mesmos preceitos e objetivos, por vezes em termos estranhamente mais familiares do que a versão aguada ou ressequida que lhes foi ensinada na infância. Isso acontece porque todas as tradições se congregam.

Essa fonte é a face oculta da Tradição, que volta e meia se manifesta quando os responsáveis pela vida espiritual da humanidade reformulam o Ensinamento para determinada geração. Essa nova redação da natureza do homem e de seu relacionamento com o mundo e com Deus pode adotar diversas formas, mas sua essência nunca muda. O Ensinamento é completo e perfeito, embora use diferentes trajes.

A face oculta da religião existe para preservar a Tradição, mas não mediante códigos rígidos. Assim, enquanto o Ensinamento é colocado por escrito ou revelado por meio de uma festividade, obra de arte ou narrativa, sua essência pode ser comunicada apenas oralmente, nas sutis trocas que ocorrem entre os mais velhos e os mais moços. Isso impede distorções, à medida que a linguagem do passado torna-se opaca com o tempo. Cada geração é ensinada em seu idioma, de modo que, enquanto os termos mudam, o sentido preciso permanece o mesmo na linguagem atual. Esse é o motivo pelo qual muitas escrituras antigas tornam-se ininteligíveis; podemos sentir sua profunda verdade, mas não conseguimos entender sua linguagem ou seus símbolos porque foram escritos para os filhos daquela época. Isso, porém, não as invalida. Algumas, como a Bíblia, são tão simples e objetivas que o Ensinamento se expressa ao longo de milênios. Suas histórias são básicas, sem grande complexidade. Por exemplo, podemos ver, na narrativa da saída dos filhos de Israel do Egito rumo à Terra Prometida, o esforço da

O CAMINHO DA CABALA • 19

alma para libertar-se das amarras do corpo e suas dificuldades antes de entrar na terra do leite e do mel. Essas escrituras diferenciam-se dos muitos compêndios e manuais religiosos. Cada religião tem suas escrituras, que formam a base da tradição em relação ao mundo a seu redor. Nenhuma das grandes tradições existiria sem elas.

A Tradição Interior é uma linha contínua. A Cabala, diz-se, surgiu com os anjos, os quais foram instruídos por Deus. A Humanidade recebeu suas informações do Arcângelo Metatrón, o qual, conforme as narrativas apocalípticas, transfigurou-se em Enoque, o homem que caminhou com Deus e não experimentou a morte (Gênesis 5:24). Metatrón, segundo a narrativa, manifestou-se ao longo da história na forma de vários grandes mestres, podendo um deles ter sido Melquisedeque, o rei sem pai nem mãe que iniciou Abraão no Conhecimento (Gênesis 14:18-20). Abraão, por sua vez, ensinou a seu filho Isaque, que passou o Ensinamento a Jacó. Quando Jacó se tornou Israel, pai dos doze tipos humanos formadores da Humanidade, somente Levi revelou-se capaz de transmitir o Ensinamento. Moisés, um levita, levou a linha adiante, repassando-a a Josué e aos Anciãos de Israel. Davi, o primeiro verdadeiro rei de Israel, estava conectado diretamente à Tradição, como podemos ver em sua bênção a Salomão, que indica seu uso dos atributos de Deus (I Crônicas 29:11). Salomão tinha a chave, mas perdeu-a quando derivou para os ritos de outros deuses. Isso provocou o fim do reino e, tempos depois, a destruição do Templo, em cuja arquitetura estava simbolizada e incorporada a Tradição. Desaparecendo sua manifestação externa, o Ensinamento ficou clandestino no grande Cativeiro na Babilônia, mas retornou com a Grande Assembleia de Esdras. Dali em diante, estabeleceu-se paralelamente ao judaísmo ortodoxo, mas sempre secretamente, de modo que, enquanto os eruditos estudavam a Bíblia e seus comentários (que se transformaram no

Figura 5 – A INICIAÇÃO

Aqui Abraão recebe o pão e o vinho da teoria e da prática esotéricas das mãos de Melquisedeque, na futura Jerusalém. Melquisedeque é a manifestação de Enoque, o primeiro ser humano totalmente evoluído, capaz de atravessar o tempo e o espaço. Desse momento em diante, Abrão se chamará Abraão, "O pai de muitos povos", várias doutrinas da alma. Ele transmitiu o conhecimento a seus descendentes. Ao longo do tempo, o conhecimento passou para os sacerdotes, os juízes e os profetas. Mais tarde, a Tradição foi levada adiante pelos rabinos e, na Idade Média, pelos místicos judeus. Isso permanece assim até hoje. (Esmalte, Idade Média)

Talmude), outros se aprofundavam e praticavam o *Maasséh Bereshít* – o Mistério da Criação, que estuda o Universo – e o *Maasséh Mercaváh* – o Mistério da Carruagem, que trata do Homem. Esses dois conhecimentos eram considerados ultrassecretos; no entanto, como ocorre com todas as doutrinas esotéricas, eles permaneceram ocultos não por ter sido escondidos, mas por serem simplesmente incompreensíveis para aqueles que não estivessem interessados nos Mundos Superiores. Como em todos esses estudos, muitos mal-entendidos surgiram à sua volta, às vezes porque aqueles que se julgavam sábios pensavam ter direito exclusivo sobre o conhecimento e tratavam os curiosos como invasores; ou então em virtude de mera superstição ignorante, manifestada especialmente por aqueles que compreendiam pouquíssimo as implicações do trabalho espiritual. Esses fenômenos acuaram místicos de todas as religiões. São João da Cruz foi intensamente pressionado pela Igreja, e inúmeros sufis foram perseguidos pelo Islã ortodoxo. Os místicos judeus sofreram os mesmos problemas e alguns, como os essênios, formaram comunidades isoladas a fim de se proteger.

A Cabala, embora só ganhasse esse nome na Idade Média, já estava presente tanto na Palestina quanto na comunidade judaica da Babilônia durante o período romano. Nessa época, ela havia incorporado muitas palavras e ideias gregas e babilônicas, adaptando-as à tradição mística judaica a fim de falar às gerações que viviam no interior da cultura desses impérios. Livros como o *Sêfer Yetziráh* (O Livro da Criação) ilustram muito bem esse fenômeno. E outros textos, como o Livro de Enoque, mostram que a revelação profética estava viva, apesar de seu forte sotaque não judaico.

A linha não se rompeu no início do cristianismo, e não há dúvida de que Yehoshúah ben Miriam, ou Jesus, conhecia bem a Tradição Oculta do judaísmo. Seus pontos de vista e suas

Figura 6 – EZEQUIEL

Este místico de família sacerdotal teve a visão dos Mundos Superiores ao se sentar perto de um rio na Babilônia. Ele descreveu simbolicamente sua experiência como o único modo de descrever o indescritível. A imagem contém conhecimentos religiosos e filosóficos para os que enxergam além do literal. O nível da Terra é bastante óbvio, mas a forma da Carruagem indica os ciclos celestiais no interior de uma moldura cósmica, observada pelos anjos responsáveis por esses ritmos. Esse tema representa o Reino Celestial do espírito, com o Homem de Fogo simbolizando a imagem de Deus. Trata-se de uma representação alegórica dos quatro mundos: da Matéria, da Formação, da Criação e da Emanação Divina. ("Bíblia do Urso", tradução para o espanhol, publicada em 1569)

O CAMINHO DA CABALA • 23

referências são cabalísticos: por exemplo, o termo Reino dos Céus refere-se diretamente a *Malchút* de *Beriáh.* Entre os judeus ortodoxos, por outro lado, o Mistério da Carruagem continuou seu trabalho, com o Talmude chamando seus praticantes de "viajantes da Carruagem" ou "frequentadores do Paraíso". Nesse período, surgiu a literatura baseada em suas experiências. A descrição dessas viagens espirituais aos diversos graus de elevação falava em Paraíso, Muralhas, Trono de Deus; determinado trabalho menciona o Adão Eterno e suas dimensões. Esses livros eram considerados, pelos líderes da tendência dominante no judaísmo, poderosos demais para ser manuseados pelas pessoas comuns. De fato, muitos rabinos proibiram seu estudo, instando os fiéis a se concentrar somente no pensamento lógico da Torá literal, que se voltava principalmente para a conduta correta neste mundo.

A *Hochmáh Nistaráh,* a Sabedoria Oculta, assim permaneceu pela própria natureza e persistiu como uma prática secreta de poucos por vários séculos, até que chegou à Itália por intermédio de Aharón ben Shmuêl da Babilônia, em meados do século IX. Dali ela se expandiu para a Alemanha, ao Norte, dando origem a uma Cabala essencialmente prática, e a Oeste, para a França e a Espanha, onde surgiu um ramo mais especulativo. Essa tendência filosófica no Mediterrâneo Ocidental foi estimulada pelo ressurgimento do estudo dos gregos na Espanha mourisca. Para competir com o fascínio de Aristóteles, os cabalistas reformularam o Ensinamento em termos aceitáveis para a linguagem acadêmica de então. Como a Cabala já continha numerosos termos neoplatônicos, a adaptação foi bem-sucedida. De fato, o estudo dos textos da Cabala floresceu em paralelo ao intenso movimento escolástico da cristandade. O foco geográfico dos estudos cabalísticos residia na Provença e na Espanha, em especial na cidade catalã de Gerona, onde um importante trabalho especulativo foi realizado sobre a teoria cabalística.

Dessa emergência da Tradição originou-se o que geralmente é conhecido como Cabala. Sua consolidação se deu na alentada obra literária *Zôhar*, ou *Livro do Esplendor*, que abarca um vasto material esotérico produzido na época dos romanos. Como tal, a despeito de ser considerado, na melhor das hipóteses, uma compilação e, na pior, uma brilhante falsificação por seu autor, Moisés de Leon, o livro tornou-se o mais autorizado cânone da Cabala escrita. Oralmente, o Ensinamento conservou sua discrição, ainda que cada geração o ensinasse e o escrevesse em termos que lhe eram inteligíveis. Isaac Lúria, cabalista que viveu no século XVI na Palestina, foi o último grande novo intérprete da Tradição. Apesar de nenhum de seus escritos ter sobrevivido, sua influência sobre os campos da especulação e da prática conservou-se até os dias de hoje, mesmo que apenas na forma de fragmentos. A linha permaneceu contínua depois de atravessar muitos acontecimentos da história judaica, alguns deles catastróficos tanto para a Tradição quanto para as pessoas que a cultivavam. O falso messias do século XVII, Shabetái Tzvi, lançou a imagem da Cabala ao descrédito por vários séculos, e o uso de sua terminologia e de seus diagramas por aspirantes a feiticeiros com objetivos nada cabalísticos abalou ainda mais sua reputação. A utilização da Cabala para fins de magia já se havia dado entre os judeus em tempos duros de perseguição, fato comum a todos os povos em situações de opressão extrema. Entretanto, a linha em sua forma pura conseguiu, apesar de todas as dificuldades, manter-se ininterrupta e manifestar-se no movimento hassídico da Europa Oriental e entre os judeus orientais, que a receberam dos sefarditas — judeus exilados da Espanha e de Portugal no século XV que se dispersaram por toda a Europa, pelo Norte da África e pelo Império Otomano.

Toda formulação de uma tradição nasce, cresce, cumpre seus objetivos, perece e morre. Frequentemente, no entanto, muitos dos que vivem à margem desse movimento não percebem que a luz foi apagada, que o cerne do ensinamento deixou de existir, restando apenas um conjunto de regras redundantes. Aqueles que não percebem muitas vezes imitam o mestre, apoderam-se do seu posto e ensinam os preceitos sem profundidade e sem vivenciá-los. Eles praticam de memória porque jamais sentiram a essência do Ensinamento. Nem podem fazê-lo sem uma transformação total de seu ser. A história nos apresenta vários desses corpos espirituais que morreram e se tornaram o exato oposto do que seus criadores tinham em mente. Doutrinas originalmente criadas para ajudar as pessoas a se libertar espiritualmente podem se transformar em presídios psicológicos. A iniciação daquele que busca a verdade ou a experiência mística se torna, nesses casos, perigosa. Ter como mestre um homem que não faz mais que imitar o próprio professor ou, pior, vive em função de um mito que morreu há muito tempo não levará a nada. Nesses casos, o aspirante sincero pode receber ajuda, mas não da autoridade de uma dinastia formal. O contato com a Tradição Oculta pode ser direto e certeiro. Essa é a linha invisível de conexão que os eruditos jamais conseguirão encontrar. Trata-se da verdadeira tradição oral. O resultado pode ser espetacular, como a visão de Ezequiel no rio Quebar, mas provavelmente se tratará de um acontecimento que parecerá muito bem planejado, de uma mudança psicológica de atitude ou de um encontro que mudará o rumo de uma vida inteira. Tudo que é necessário para que algo assim aconteça é um comprometimento total com o crescimento espiritual. Com esse pré-requisito, a Graça e a Providência podem criar as condições para a mudança interna e externa. Esses momentos de transformação são muito raros. Por outro lado, não é fácil encontrar pessoas dispostas a arriscar tudo em troca de uma pérola de grande valor. Com o tempo, e sempre na hora certa, um mestre ou *maguíd* aparece. Ele pode se manifestar de várias maneiras, como atestam antigos documentos cabalísticos. Talvez a pessoa o encontre uma única vez, talvez perceba que o conhece desde que nasceu. Pode ser seu avô, um colega, o homem que atravessa o oceano a seu lado num barco, ou alguém tido como maluco. Ele pode aparecer na porta da sua casa, ou já estar lá dentro. Ninguém saberá quem é o seu *maguíd*, exceto você e ele. A Cabala só pode ser transmitida olhos nos olhos. Trata-se de uma tradição oral que, enquanto é dada e recebida na linguagem corrente, é a continuação de uma conversa que vem se realizando ao longo dos séculos.

O objetivo deste livro é mostrar os degraus da Escada de Jacó. Ele expõe a teoria e a prática da Tradição em termos arcaicos e atuais, a fim de proporcionar um vislumbre do que é a Cabala – pois nenhum livro conseguirá jamais comunicar a realidade da Tradição, a não ser que ela já esteja dentro do leitor. De minha parte, continuo aqui a fazer o trabalho que meus pais me legaram. Escrevo para pagar minha dívida – compartilhar o que me foi dado saber. Segundo uma das máximas da Cabala, "ninguém poderá receber se não for capaz de doar". Desse modo, a linha prossegue o seu caminho – até que o mundo que conhecemos se torne estranho, velho e, por fim, vetusto para as futuras gerações. Nessa época surgirão, sem dúvida, outros capazes de recuperar a Tradição, por estudo ou por iluminação. Talvez você seja essa pessoa: alguém que lê estas palavras em um livro já carcomido, escrito por um cabalista morto há muito tempo, cujas frases arcaicas façam algum sentido em um mundo moderno, muito distante no futuro. Para a Cabala, o tempo não conta. A Eternidade e o que vem depois – é isso que importa.

Figura 7 – OS MUNDOS SUPERIORES

Aqui, a Árvore do Conhecimento está no centro do Jardim do Éden. Ela representa o Mundo da Criação dentro do Paraíso, o Mundo da Formação. Acima, encontra-se a Árvore da Vida, que simboliza o Mundo Divino das *Sefirót*, chamadas às vezes de "As Maçãs Sagradas". Ela está fora do alcance de Adão e Eva, apesar da tentação de Lúcifer, na forma de serpente Satã, nome que significa "O Testador". O conhecimento mais elevado não pode ser adquirido pela humanidade antes que esta desça ao Mundo Inferior da Ação, onde a experiência da encarnação poderá erguê-la ao longo do pilar central da evolução fazendo-a chegar aos Céus e ao Divino. (Gravura, Idade Média)

2. A *linguagem*

Ao longo de sua história, a Cabala apresentou-se de muitas formas. Todas elas, porém, podem ser agrupadas em quatro categorias de entendimento – a literal, a alegórica, a metafísica e a mística. A origem das três primeiras categorias tem raízes nas faculdades naturais humanas da percepção sensorial, do sentimento e do pensamento. Nos não iniciados, um desses aspectos sempre predomina, de tal modo que o indivíduo primário, instintivo, vê o mundo por meio dos sentidos, o mais sensível, por símbolos e estados de espírito, e o pensador, por ideias. Em condições normais, o quarto modo de percepção, o místico, não ocorrerá em nenhum dos outros, embora possa estar presente em todos eles em raros e extraordinários momentos de consciência que ultrapassam o limite do que é natural.

A percepção de que existem quatro caminhos tradicionais de abordar a Cabala explica por que a literatura cabalística é tão incompreensível. Além do fato de ela talvez não estar redigida na linguagem corrente, somente os textos relacionados com nosso modo pessoal de entendimento farão sentido para nós. Assim, certo livro pode descrever intrincados rituais, outro relatará um mundo habitado por anjos, demônios e dramas apocalípticos, enquanto um terceiro descreverá ao longo de muitas páginas como a mudança no equilíbrio na Árvore Sefirótica pode perturbar toda a Existência. Mesmo em questões cotidianas, o homem que faz não entende o homem que sonha nem o que pensa, e estes, por sua vez, o verão, e

O CAMINHO DA CABALA • 29

uns aos outros, como verdadeiros enigmas. Depende do tipo natural de cada um. Da literatura mística muito pouco pode ser dito porque, como testemunharam diversos místicos, trata-se de uma experiência impossível de descrever, totalmente incompreensível para a mente comum. Todos os relatos não passam de descrições posteriores, pálidas, escritas quase sempre em um ou em outro dos três modos inferiores de comunicação. A Bíblia é, provavelmente, o melhor exemplo dessas quatro abordagens. Ela pode ser lida como uma narrativa literal, como uma alegoria ou como um sistema de ideias abstratas, e ainda contém o elemento místico. Um exemplo dos quatro modos de entendimento pode ser encontrado no Templo de Salomão. Do ponto de vista físico, a sua forma e a sua construção são descritas em detalhe. Lemos em II Crônicas 3 e 4 sobre os tipos de material e técnicas utilizados, sobre o número de trabalhadores, nativos e estrangeiros, e até sobre as condições políticas e econômicas que viabilizaram a construção de um edifício tão suntuoso. Há ainda uma descrição do projeto, da disposição do terreno em três esplanadas superpostas, com o Templo erguido na mais alta das três. Nesse sentido, o Templo funcionou como poderoso foco para a vida religiosa, política e social do reino. Construído em Jerusalém, no lugar em que o rei Davi havia erguido um altar, ele representou o fator de integração para uma nação até então assolada por conflitos tribais. Para o homem natural, o Templo era o lugar onde a nação se encontrava, onde os rituais de adoração a Deus de Israel eram realizados. Lá estava ele, para ser visto, visitado e utilizado. Mesmo não compreendendo o que acontecia durante as cerimônias, de vez em quando ele vivenciava uma comovente presença que era inconfundível. Se convocado, ele lutaria e morreria para defender o Templo e, em última instância muitos o consideravam a manifestação literal de sua religião, de sua nação e de sua identidade pessoal.

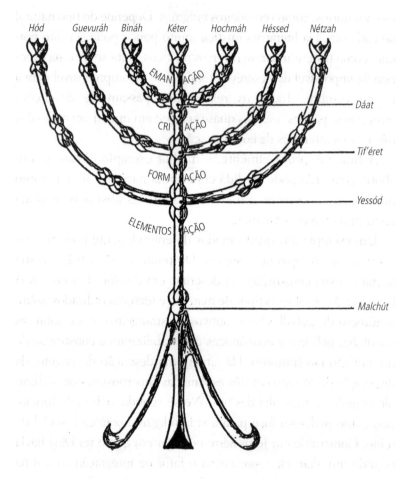

Figura 8 – A MENORÁ

O modelo deste candelabro foi mostrado a Moisés no Monte Sinai. Trata-se de um símbolo metafísico, não de um simples objeto de decoração. Seus sete braços representam a *sefiráh* mais elevada e as seis *sefirót* laterais, enquanto o pilar central tem quatro botões ou *sefirót*, inclusive a *sefiráh* oculta – *Dáat* ou Conhecimento. Há, também, 22 adornos que indicam o número de vias, enquanto o formato geral define os pilares esquerdo e direito e os quatro mundos. Feita de uma única peça de ouro, a Menorá designa uma sólida unidade. Este era o modelo original da Árvore da Vida, que representa o Mundo Divino da Emanação, o reino da Potencialidade, antes que os Mundos Inferiores passassem a existir.

O CAMINHO DA CABALA • 31

O nível alegórico de percepção nos revelaria uma imagem bem diferente. Além de ser o coração religioso da nação, seu simbolismo expressava o compromisso de um povo dedicado a proclamar e a a obedecer as Leis Divinas talhadas nas tábuas de pedra colocadas no Santo dos Santos. A construção do Templo, além do mais, não tinha por destinatário apenas o povo de Israel, mas deveria servir de exemplo aos povos pagãos à sua volta. Caso Israel cumprisse a Aliança com Deus, todos prosperariam. No entanto, se quebrasse o compromisso, a destruição do país e a ruína do Templo tornar-se-iam um exemplo simbólico do abandono dos caminhos do Senhor. Essa Aliança, selada com Salomão e por ele rompida pela primeira vez, faria parte da história desse povo para sempre. De fato, tão fascinante é o emblema do Templo que sua reconstrução, profanação e destruição final são rememoradas pelo povo judeu até hoje. E mais: essa alegoria é tão forte e significativa que o Templo tornou-se parte da mitologia ocidental, sendo sua forma e seus conteúdos utilizados também pela Igreja, pela maçonaria e até por uma fraternidade de Cavaleiros, os Templários. Segundo um grande cabalista, o corpo é o Templo, e o cumprimento da Aliança é ainda relevante para a promessa feita a Salomão.

Do ponto de vista intelectual, o Templo é, de novo, algo bem diverso. Metafisicamente, seus três níveis superpostos – o pátio externo, o pátio interno e o Pátio dos Sacerdotes – podem ser vistos como os três Mundos Inferiores da Existência Manifesta em relação ao quarto, representado fisicamente pelo Templo propriamente dito. Este último é o sítio da Graça Divina, em cujo pórtico situam-se os dois pilares de bronze, Boaz e Jaquin. Essas colunas representam os polos passivo e ativo do Mundo da *Atzilút*. Dentro do Santuário há dez candelabros, cada qual construído segundo o modelo usado no Tabernáculo, no deserto. A *Menorá* original ou candelabro de sete braços expressa os Dez Princípios, ou *sefirót*, por meio dos quais o mundo passou a existir. As três lâmpadas à direita representam as

Figura 9 – O TEMPLO

Esta imagem arquetípica reúne muitas informações metafísicas. O pátio externo representa o Mundo Físico; o pátio interno, o Mundo da Formação; e o pátio superior, o Mundo da Criação. O Templo propriamente dito simboliza a Existência. O desenho tem como base o Templo original de Moisés. Neste, o Santuário e o Santo dos Santos representam os dois Mundos Superiores. Os Sumos sacerdotes encontravam o Divino quando entravam no Santo dos Santos, enquanto os sacerdotes e os levitas atuavam como intermediários. Os israelitas comuns, na base desse sistema de castas, simbolizavam o nível material. (Hagadáh de Amsterdã, séc. XVII) *sefirót* ativas; as três à esquerda, as passivas. No ponto onde seus braços se encontram, no eixo central e no pedestal, estão as *sefirót* do equilíbrio. Estas estão coroadas pela luz central da Santidade. Cada uma das Dez *Menorót* no Santuário representa uma *sefiráh* na Grande Árvore da *Atzilút* que elas formam juntas. Logo depois, situa-se a cortina que oculta o Santo dos Santos, onde paira a *Shechináh*, ou Divina Presença. Desse modo, o Templo contém em si um esquema metafísico completo.

Na prática, toda a Bíblia pode ser entendida desses três pontos de vista. Todos falam da Torá, ou seja, as divinas Leis da Existência e sua aplicação ao Homem. As regras estão claramente estabelecidas, e as recompensas e os castigos pelo bom ou mau comportamento encontram-se bem explicitados. Para o cabalista, a Bíblia tem um quarto modo de compreensão, o místico, que descreve detalhadamente a natureza dos Mundos Superiores e o caminho para chegar a eles. Contudo, o pré-requisito para tanto é um estado do ser diferente daquele vivenciado pela maioria das pessoas.

Todo mundo já teve seus grandes momentos de despertar. Todas as pessoas têm um direito inato a eles. Nessas ocasiões, o mundo parece muito diferente e não pode ser descrito em termos comuns. Esses momentos podem ocorrer em situações de turbulência ou de calmaria, de amor ou de ódio, ou mesmo de indiferença acerca da vida e da morte. Esses estados, nítidos e intensos, são frequentes na infância, e deixam marcas profundas, como se fossem lembranças de outro lugar – e de fato o são. Eles ocorrem na juventude e na idade adulta, mas esfumaçam-se e desaparecem porque não há como mantê-los. Certas drogas podem precipitá-los, mas esse recurso é prejudicial tanto ao corpo quanto à mente, não sendo recomendado. Entrar nesse estado a qualquer tempo e sustentá-lo requer longo treinamento. E esse é o propósito da Cabala.

Nos tempos antigos, os interessados na vertente mística da Bíblia estudavam dois textos específicos: os capítulos iniciais do Gênesis e de Ezequiel. Isso se devia ao fato de os primeiros descreverem o processo da Criação visto de cima para baixo, enquanto os outros proporcionavam uma visão do universo de baixo para cima. Esses estudos, os Mistérios da Criação e da Carruagem, eram de natureza ao mesmo tempo teórica e prática, e tinham como objetivo elevar o cabalista do mundo natural até o mundo sobrenatural. No entanto, essas viagens não aconteciam sem riscos porque, para entrar em outra dimensão de modo seguro, a pessoa deve ter um alicerce muito firme tanto neste mundo quanto no seguinte. Por isso, ninguém recebia a permissão de estudar e praticar a Cabala antes de estar maduro – se não em idade, pelo menos socialmente. A estabilidade é vital para a Cabala. Ninguém que a procura pelos motivos errados deve candidatar-se, ao menos para o próprio bem. Brincar com a Verdade não é aconselhável porque os primeiros estágios da iniciação têm que ver com a imagem que a pessoa tem de si própria, e poucos suportam o desvelamento de suas ilusões.

A seguir, uma síntese dos três primeiros métodos de compreensão será utilizada para esboçar a teoria e a prática da Cabala. O aspecto místico o leitor deverá encontrar por si mesmo, aplicando os princípios ali descritos. Poderá, então, entrar em contato com a Tradição, seja pela linha de sucessão, seja por uma revelação direta. Isso, é claro, se assim for decidido pelos Céus. Enquanto isso, só é possível preparar-se.

Começaremos com uma breve descrição da Grande Árvore, levando em conta que tudo que for dito é relativo, visto que até mesmo a literatura cabalística está escrita na linguagem do homem natural e não passa de um caleidoscópio da Unidade, incompreensível à nossa mente pouco desenvolvida. Só o Senhor pode lidar com os absolutos.

Figura 10 – O INÍCIO

Aqui, os termos *ÁYIN*, que significa "NADA", e *ÊIN SÓF*, que significa "SEM FIM", pairam acima da Existência. Para que a Existência passasse a ser, o Absoluto retraiu-se, abrindo-lhe espaço. Isso foi realizado pela OR ÊIN SÓF, a Luz do Sem Fim, que simboliza a Vontade do Absoluto. Para o seu interior foram emanadas as Dez *Sefirót*. Esse nível primordial é chamado em hebraico de *ATZILÚT*, o que "está ao lado", no caso, do Absoluto. Aqui tem início um vasto processo pelo qual "Deus mira Deus" no Espelho da Existência. (James Russell, séc. XX)

3. A Grande Árvore da Atzilút

Deus não existe. Deus está além da existência. Deus é *Áyin* – Nada. Do Nada surge o *Êin Sóf*, o Todo Infinito. Dentro do *Êin Sóf*, Algo se transforma na realidade não manifesta. Esta oculta-se em uma suprema imobilidade e esconde-se dentro do mais total silêncio. Alguns cabalistas chamam a isso o Lugar sem Fim.

Do Sem fim (*Êin Sóf*) nasce a Vontade do Sem Fim. Esta se retrai ou, como dizem alguns, concentra-se e até irradia para permitir que o Mundo Manifesto emerja de dentro da Realidade Não Manifesta. A Vontade do *Êin Sóf*, saindo do seu ocultamento, chama-se *Or Êin Sóf*, Luz, que é o símbolo da Vontade. O modo como a Luz permeia a Existência não Manifesta foi objeto de discussão ao longo de muitos séculos. Não se trata, porém, de uma discordância, e sim da busca de um meio de expressar um fato divino, cuja natureza completa somente o próprio Deus conhece. Diversas analogias foram propostas, mas nunca passaram de metáforas – que, por sinal, volta e meia são confundidas com a realidade.

Uma das analogias para a primeira manifestação da Vontade que se desprende da Existência Manifesta é um ponto sem dimensão. Esse ponto de Existência Manifesta é a fonte de tudo que existiu, existe e existirá. Trata-se do EU SOU, e na Cabala ele é chamado de Primeira Coroa, Ancião e Cabeça Branca. Dali emanam os Dez

O CAMINHO DA CABALA • 37

Dizeres[1] que trazem o Mundo Relativo à existência. Em um processo instantâneo, os Dez Princípios Divinos, os Atributos Divinos ou *sefirót*, ganham vida na forma de um eterno Impulso de Luz.

As *sefirót* são *Kéter* (Coroa), *Hochmáh* (Sabedoria), *Bináh* (Entendimento), *Héssed* (Compaixão), *Guevuráh* (Justiça), *Tif'éret* (Beleza), *Nétzah* (Eternidade), *Hód* (Reverberação), *Yessód* (Fundamento), e *Malchút* (Reino). Há uma 11ª "não *sefiráh*" entre *Bináh* e *Héssed*, denominada *Dáat* – Conhecimento –, mas esta desempenha um papel à parte. Algumas *sefirót* são conhecidas também por outros nomes – tanto em hebraico quanto em outras línguas. *Guevuráh*, cuja raiz é "poder", por vezes é chamada de *Din* ou *Páhad*, "Severidade" ou "Temor"; já *Nétzah* e *Hód* são também chamadas de "Vitória" e "Glória". Os nomes utilizados aqui derivam da sua raiz hebraica, de modo que *Hód*, por exemplo, quando traduzido como "Reverberação", adquire sentido preciso, enquanto "Glória" nada nos informa sobre sua função sefirótica. Além do mais, às vezes o termo "Glória" é usado para designar *Tif'éret* e o Mundo da *Atzilút*. Do mesmo modo, utilizamos a tradução "Eternidade" para *Nétzah*, que, no contexto das *sefirót*, significa "repetição ou retorno sem fim".

De acordo com a Tradição, a palavra *sefiráh* significa "safira" ou "luz cintilante". Também foi chamada de "Número", "Degrau", "Recipiente", "Força", "Veste", "Coroa" e de vários outros nomes. Temos aqui um exemplo da flexibilidade da língua hebraica e também da Cabala. Não há formas dogmáticas rígidas, embora os princípios sejam sempre os mesmos. Em determinado século costumou-se chamá-las de "As Faces Interiores de Deus", em outro, de "Os Dias Primordiais", fato que nos conduz ao tema seguinte, o da sua disposição ou progressão.

---

1. Em hebraico, os famosos Dez Mandamentos são chamados de "Dez Dizeres" ou "Dez Declarações". [N. T.]

Começando com o Um mencionado na Primeira Coroa, a Unidade Manifesta perfeita divide-se em duas, o segundo estágio sendo uma manifestação ativa. Este, por sua vez, foi complementado por seu oposto passivo, de modo que agora havia três *sefirót* a partir do ponto de equilíbrio. Seu relacionamento, porém, não era perfeito porque o impulso da Divina Vontade criou uma tensão entre elas. No entanto, em termos de uma existência agora relativa, seu equilíbrio podia ser mantido, embora necessitasse de constantes reajustes. As três eram (e ainda são) chamadas de Supremas e representam o Eterno Divino dentro da Existência Manifesta. Elas constituem o Santo dos Santos. Ao longo dos séculos, as *sefirót* ativa e passiva da Tríade Suprema receberam muitas descrições metafóricas, mas talvez a mais evocativa de todas elas seja a de Grandes Pai e Mãe. Sua função no complexo sistema que surgiria a seguir era a de encabeçar os dois polos – ou colunas – opostos e complementares da Compaixão e da Severidade[2], que, em termos mais terrenos, são conhecidas como as colunas da Força e da Forma. Diz-se que *Hochmáh* ou Sabedoria foi o primeiro pensamento depois do impulso da Vontade que emanou de *Kéter* e atuando na coluna central, a Coroa, e que *Bináh*, o Entendimento, foi a formulação passiva dessa ideia no Intelecto Divino. No entanto, nada mais poderia acontecer até que a Vontade, emanada de *Kéter* e atuando na coluna central, ajudasse o Raio de Luz Cintilante a atravessar o vazio onde se encontrava a não *sefiráh Dáat* a fim de retomar a energia da coluna ativa. Esse vazio ou intervalo é conhecido como o Abismo e constitui um ponto decisivo no caminho para baixo ou para cima da Árvore que está surgindo.

O Impulso reúne-se ao Pilar da Força em *Héssed*, a Compaixão, cujo princípio é o da força em expansão. Aqui, o que se manifesta

---

2. Em português utiliza-se também o termo "Rigor". [N. T.]

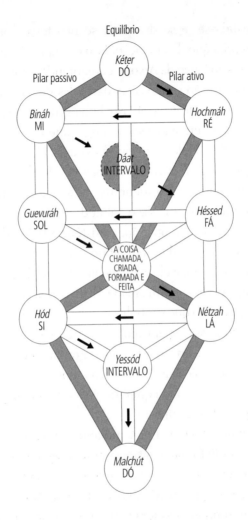

Figura 11 – AS OITAVAS

Além das *sefirót* e das vias, o Impulso Luminoso se origina na Coroa. Ele percorre a Árvore de lado a lado, em uma oitava que faz seu primeiro intervalo em *Dáat* e o segundo em *Yessód*. Essas pausas são cruciais em qualquer processo – ascendente ou descendente – no interior da Árvore. Pensemos nos intervalos da manhã e da tarde que fazemos durante o trabalho para rever o que fizemos. Vemos aqui também as faces superiores e inferiores da Árvore. As faces são fixas, enquanto as tríades de *Tif'éret*, *Guevuráh* e *Héssed* são móveis. Essa é a área do livre-arbítrio.

40 • Z'EV BEN SHIMON HALEVI

passa a expandir-se, e se dissiparia se não fosse controlado por *Guevuráh*, o princípio da limitação. Isso exemplifica como as *sefirót* agem aos pares ao longo da Árvore, equilibrando e controlando uma à outra, enquanto são supervisionadas pelas de cima e concedem poder e controle às que estão abaixo. Uma situação de desequilíbrio é descrita na literatura cabalística antiga, que relata a criação dos primeiros mundos. Neles, um ou outro dos pilares predominava, levando a que um dos universos se tornasse difuso por excesso de atividade, enquanto o outro sucumbia à excessiva contração. "Sem Severidade ou Julgamento", diz o Talmude, "o Mundo seria inundado pelo Mal; e sem a Compaixão, a existência teria sido insuportavelmente severa". Quando o equilíbrio suficiente foi alcançado, o Universo tornou-se estável, mas apenas dentro de certos limites. Tudo que fugisse a essa normalidade relativa representaria um perigo para ele, gerando o que simbolicamente conhecemos como Mal. A economia do nosso organismo é um paralelo: todo excesso de crescimento ou de restrição – Força ou Forma – de moléculas, células ou processos físicos leva à doença e por vezes à morte. Assim como no corpo humano, o equilíbrio é vital na Grande Árvore por cujos princípios ele é composto.

Prosseguindo o Raio de Luz Cintilante, o relacionamento entre *Héssed* e *Guevuráh* forma, em sua síntese, a *sefiráh Tif'éret*, a Beleza, na coluna central. Essa tríade inferior é chamada por alguns cabalistas de Emoção ou Moralidade Divina. No momento esse título não tem sentido, mas terá mais tarde, ao aplicarmos a Árvore ao Homem, criado à imagem e semelhança de seu Senhor. A aplicação do termo "emoção" ao Mundo da *Atzilút* ou Emanação causou grandes problemas aos cabalistas ao longo do tempo, porque seus irmãos mais simples viam sempre tudo em termos literais. Inúmeros trabalhos cabalísticos que esboçam a natureza do Mundo Divino foram condenados pela ortodoxia da sua época por exibirem uma imagem de Deus, o que contraria o Segundo Mandamen-

Figura 12 – ADÁM KADMÓN – O HOMEM PRIMORDIAL

Esta figura da visão de Ezequiel é apresentada aqui na forma de oração. A Coroa e os dois braços indicam a Árvore da Vida. O ADÁM KADMÓN, ou imagem primordial do Divino, foi chamado também de KAVÓD – a Glória de Deus. Os místicos o viam como uma enorme figura com medidas específicas que tinham significados especiais. Alguns acreditavam que o KAVÓD fosse um arcanjo, o que levou a muitas controvérsias eruditas sobre a substancialidade. Certos rabinos eruditos tendem a compreender as coisas de modo literal, pois não experimentaram outras realidades além da física. (Oração cabalística)

42 • Z'EV BEN SHIMON HALEVI

to. No entanto, esse Mandamento tem que ver com o Absoluto antes mesmo de qualquer Existência. O Mundo da *Atzilút*, ao qual esses textos se referiam, localiza-se vários graus abaixo do *Áyin* ou Nada ("Coisa Nenhuma", em tradução literal), e as descrições detalhadas contidas nos livros místicos, no *Shiúr Komáh* e mesmo no *Zôhar*, eram apenas contornos do *Adám Kadmón*, o Homem Primordial. A cabeça, a barba e até o corpo divino e as suas dimensões eram, na realidade, símbolos metafísicos para ilustrar a natureza do Mundo da *Atzilút*. Sem essas analogias, o homem natural não teria nenhuma informação sobre o Mundo da Emanação. Por esse motivo, a Árvore da Vida tornou-se o mais aceito de todos os símbolos da Cabala. Além de conter toda a informação necessária para a teoria e a prática, não era a imagem de algo que pudesse ser visto nas alturas dos Céus ou nas planícies da Terra.

A *sefiráh Tif'éret* é o coração da Árvore. Situa-se a meio caminho entre a mais alta e a mais baixa das *sefirót* na Coluna do Equilíbrio. Como ponto central, seu papel é vital: ela reúne e reconcilia o fluxo dos diversos caminhos que atravessam esse ponto nodal. É chamada O Adorno, bem como A Beleza, pois é produto das outras *sefirót* e não tem, como estas, uma função específica, exceto a de *ser*. É também chamada de Trono de Salomão, pela razão óbvia de estar ligada às *sefirót* Sabedoria e Entendimento, Compaixão e Julgamento, e também às que se situam abaixo. Localizada sob a não *sefiráh Dáat* (Conhecimento), chamam-na também de "Vós", ou de "O Santo Bendito Seja" (*haKadósh Barúch Hu*), nomes que se referem à Presença de Deus no âmago da Existência.

Tif'éret forma, com as duas *sefirót* inferiores *Hód* e *Nétzah*, o início do reflexo das três Supremas mas num nível inferior. A figura geométrica composta por *Kéter, Hochmáh, Bináh* e *Tif'éret* repete-se com *Tif'éret, Nétzah, Hód* e *Malchút*, mais *Dáat* e *Yessód* nas mesmas posições relativas. Conhecidas como Face Superior e Face

O CAMINHO DA CABALA • 43

Inferior, elas desempenham os papéis de complexo superior de Compaixão e complexo inferior de Severidade, de modo que os céus e a terra, outra analogia desse relacionamento, refletem as colunas da direita e da esquerda, mas no sentido vertical. A tríade moral de Compaixão, Julgamento e Beleza forma um triângulo especial entre as duas Faces, crucial por seu relacionamento entre as partes alta e baixa da Árvore, portanto entre o Divino e o Humano. *Nétzah*, a Eternidade, e *Hód*, a Reverberação, são as duas *sefirót* ativas dos dois pilares externos. *Nétzah*, na Coluna da Força, faz circular o poder no conjunto, já *Hód* amplifica o impulso Árvore afora. Isso é possível porque, como já foi dito, havia dez *menorót* (candelabros) no Templo, ou seja, havia uma miniatura completa da Árvore em cada *sefiráh* da Grande Árvore da *Atzilút*. Isso facilita a relação entre as *sefirót* e permite a cada uma delas ter um aspecto ativo e outro passivo, além de todas as qualidades da subárvore que a compõe. A ideia de Árvores dentro de Árvores foi desenvolvida por alguns cabalistas para criar diversos níveis de sutil superposição. (Cada cabalista tem seus interesses particulares.) Nos Nomes Divinos atribuídos à Árvore, o de Hostes (*tzevaót*) é dado a *Hód* e *Nétzah*, cada uma levando dentro de si os aspectos passivo e ativo da Divindade, fazendo que os vários atos necessários sejam implementados. A imagem de *Nétzah* e de *Hód* como as pernas direita e esquerda do Homem Primordial, *Adám Kadmón*, indica sua função de suporte.

Yessód, a Fundação da Árvore Sefirótica, funciona como o último intervalo de uma oitava que se desenvolve para baixo, a partir da primeira nota Dó de *Kéter*. Nessa analogia musical, as notas Ré e Mi são tocadas por *Hochmáh* e *Bináh*, com o primeiro intervalo em *Dáat*. *Héssed* age como a nota Fá, e Sol é a *sefiráh Guevuráh*. *Tif'éret*, no ponto central, é a essência da oitava, que contém em si tudo que foi trazido à existência e tudo que virá a se manifestar. Não tem uma nota específica porque ela é todas as notas

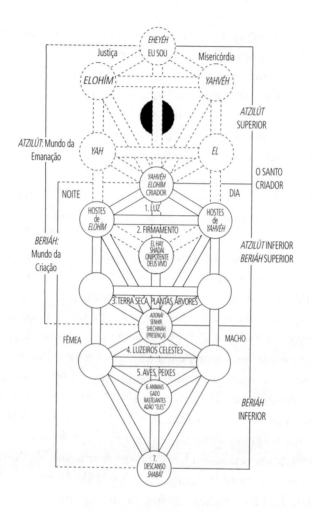

Figura 13 – A CRIAÇÃO

Aqui, um segundo mundo emerge do reino primordial dos Nomes de Deus. Em sua Coroa está combinado o Nome Sagrado *YAHVÉH ELOHÍM*. Esse é o Criador realizando sua obra, diretamente abaixo de *EHEYÉH* – EU SOU O QUE SOU. O termo "o que" nesse contexto é a Existência, o Espelho pelo qual o Absoluto mira a Si Próprio. Dessa combinação das três cabeças supremas, como são chamadas, surge o primeiro Dia de Luz e Trevas, ou a separação entre os Mundos Inferiores emergentes e o Divino. Seguem-se então os seis outros Dias e a criação de um segundo Adão espiritual – que é macho e fêmea simultaneamente.

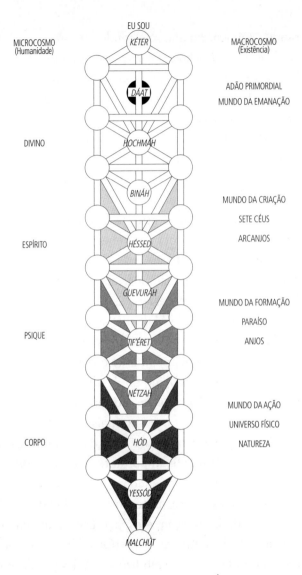

Figura 14 – A ESCADA DE JACÓ

As quatro Árvores que se manifestaram anteriormente são fundidas aqui em uma quinta Árvore, com a linha da Graça (*KAV*) percorrendo-a de alto a baixo pelo centro. Isso permite ao Divino acessar qualquer nível no interior de toda a Existência. Neste esquema estão descritos os nove níveis de ascensão, que podem ser vistos na coluna central, com *Dáat* como o último véu antes da Face do Divino.

no Grande Monocórdio que se estende do começo ao fim e então retorna. *Nétzah* e *Hód* levam o impulso adiante, até o último intervalo antes de alcançar a *sefiráh Malchút*, que absorve, em sua composição de força, forma e consciência, a mais densa – porém mais rica – combinação da divina substância. O relacionamento entre *Yessód*, a Fundação, e *Malchút*, o Reino, é muito particular porque esta última é a única *sefiráh* que não se conecta diretamente a *Tif'éret*. Assim, *Yessód* é a ponte e a barreira de tudo que desce ou sobe, um ponto de grande importância para a teoria da Cabala. *Yessód* situa-se no centro da face inferior. Como foco de todas as *sefirót* inferiores, ela desempenha o papel de primeiro e último passo da manifestação e da concretização, vindo de ou voltando à Fonte de Tudo, simbolizada por *Kéter* no mundo relativo. Em *Yessód* a imagem nasce e assume forma, vida e vontade dentro da materialidade de *Malchút*.

Malchút, o Reino, é conhecida como a morada da *Shechináh*, a Divina Presença. Tradicionalmente composta pelos níveis mais elementares do Mundo Divino de *Atzilút*, ela representa a última etapa de evocação, criação, formação e feitura do *Adám Kadmón*, cujos pés tocam o ponto mais elevado do homem encarnado. Essa *sefiráh*, situada na base da Grande Árvore, não é de modo nenhum a menos importante. De fato, todas as *sefirót* têm o mesmo valor, visto que, como ilustra o símbolo do *Adám Kadmón*, todas elas fazem parte do ser unificado. *Malchút* é o último estágio da Emanação, o espaço Eterno acima do Mundo da Criação. Aqui, a Árvore arquetípica de todos os Mundos Inferiores completa-se e estabiliza-se. A Esquerda equilibra a Direita, o acima equilibra o abaixo, todos interconectados por um sistema de vias e tríades que funcionam como modelo para todo organismo que em seguida seria criado, formado e feito. Esse conjunto abrange todas as leis necessárias para gerir o Universo. Ele expressa, em sua Forma, Força e Vontade, a natureza

Única do Tudo e de sua Fonte. Nesse sistema, complementam-se os opostos e desenvolvem-se os dez estágios que relacionam uma série de tríades à coluna central de consciência, que, por sua vez, se faz acompanhar por um conjunto ativo e passivo de tríades anexadas a cada coluna lateral funcional. Essas tríades, modeladas de acordo com o triângulo supremo, transmitiram a Vontade vinda do Alto ao mais remoto rincão do mundo.

Quando a oitava do Raio de Luz Cintilante vai e volta da Coroa ao Reino, ela se desdobra em quatro grandes estágios, conforme as palavras de Isaías (43:7): "Eu o evoquei, criei, formei e fiz". Esses quatro níveis inerentes à Árvore da *Atzilút* (ver Figura 6) geram três Mundos Inferiores, que periodicamente se desenvolvem a partir de sua Eternidade imutável para dentro do Tempo, ou seja, da Existência Cósmica com todos os seus processos de nascimento, crescimento, decadência e morte. Esses grandes ciclos universais, chamados *Shemitót*, foram estudados com grande fascínio por certos cabalistas, e deles deriva o termo, raramente compreendido, "Jubileu", que descreve o fim do ciclo Cósmico, no qual todas as coisas retornam ao estado perfeito do Mundo Sefirótico Divino, ou *Atzilút*. A intenção do presente estudo, porém, é discutir a prática da Cabala, razão pela qual será apresentado apenas um rápido esboço da origem dos mundos.

Atzilút é o Mundo que surgiu do Não Manifestado pelos Dez Dizeres de Deus. Assim que a Emanação emerge de dentro do *Êin Sóf Or*, a Luz que nasce do Nada, os mundos individuais emanam dos quatro níveis de *Atzilút*. Logo, da região criativa do Divino brota o Mundo de *Beriáh* (Criação), que se manifesta no diagrama como uma Subárvore criadora que jorra de dentro da Árvore da *Atzilút*. O impulso então prossegue, levando a que do Mundo de *Beriáh* emerja a Árvore do Mundo da Formação (*Yetziráh*), cuja raiz reside no nível Yetzirático de *Atzilút*. Do mesmo modo, no nível da *Assiyáh* (Ação, Fazer) do Mundo da Emanação

48 • Z'EV BEN SHIMON HALEVI

germina o Mundo da Ação (ou "do Fazer") que vai surgindo por partes do seio de *Yetziráh*, completando, assim, o esquema sequencial de três Mundos Inferiores abaixo do, mas contidos no, Mundo Divino da Unidade Imutável. Assim como existem várias versões de como os quatro níveis se encaixam na Árvore da *Atzilút*, há na literatura cabalística diversos modelos dos quatro mundos e seu inter-relacionamento. Todos, grosso modo, são corretos e incorretos, pois consistem em percepções subjetivas de um mundo objetivo. "Tudo isto é apenas do nosso ponto de vista", disse um antigo cabalista. É preciso, então, levar em conta de que ponto, na Árvore, ele estava olhando. Em cada nível uma nova paisagem se descortina. Para os propósitos deste livro, foi adotado um sistema específico[3].

---

3. Para uma apresentação mais detalhada da Árvore, ver, deste autor, *The tree of life*. Londres: Rider & Co.; Nova York: Weiser, 1972.

4. A obra da Criação

O Mundo de *Atzilút* é conhecido também como a Glória Divina. Eterno e imutável, ele existia como um completo reino de Emanação antes de iniciar-se a Criação. No quadro sinótico geral de todos os mundos, ele é o lugar da interação entre a Vontade do *Êin Sóf* e os mundos mutáveis abaixo, onde vivemos e temos o nosso corpo encarnado. Na Bíblia, os primeiros versículos descrevem a Criação desses Mundos Inferiores com as palavras "no início, Deus criou os céus e a terra". O fato de no original hebraico ser usado o nome *ELOHÍM* para designar Deus é extremamente significativo porque para a Cabala esse nome de Deus significa o lado severo ou passivo de Deus, enquanto *YAHVÉH* representa sua face clemente e ativa. Ambas as faces se localizam no interior do relacionamento entre *Hochmáh* e *Bináh* e o *EHEYÉH*, o EU SOU de *Kéter*[4]. Juntas, elas formam a Tríade

---

4. O termo *Eheyéh*, em hebraico, é a conjugação, no futuro, na primeira pessoa do singular, do verbo "ser". Trata-se, no texto bíblico, da palavra proferida por Deus quando responde, no episódio da sarça ardente, à indagação de Moisés sobre seu nome – pois Moisés, dentro da tradição de seu tempo, precisava explicar ao faraó que Deus era quem exigia a libertação de seu povo, escravizado pelos egípcios. A resposta de Deus é: *Eheyéh ashér eheyéh*, geralmente traduzida como "Sou o que sou", no presente, ou "Serei o que serei", no futuro. No entanto, pelo fato de no hebraico (bem como no inglês) não existir o modo subjuntivo dos verbos, o sentido "subjuntivo" tem uma significação especial, que a tradução naquelas duas fórmulas deixa oculta. Minha sugestão é a de que essa

50 • Z'EV BEN SHIMON HALEVI

Suprema, que se manifesta abaixo como o Criador – ou *Kéter* de *Beriáh* – no qual a Criação tem seu início (*Beriáh* = Criação). Além disso, pelo uso das palavras "No princípio", sabemos que o processo de manifestação criativa deixou o Mundo Imutável de *Atzilút* e migrou para o Mundo do Cosmo governado pelo Tempo, que passa a existir no primeiro capítulo do Gênesis.

O Mundo da Criação emerge da *sefiráh Tif'éret* em *Atzilút* e não, como estudiosos da Cabala são levados a crer devido a um mal-entendido, da *sefiráh Malchút*. Essa fórmula aplica-se a uma operação bem diferente. *Tif'éret* em *Atzilút* é ao mesmo tempo *Kéter* de *Beriáh*, fazendo que a face inferior da Emanação seja a face superior da Árvore da Criação. O princípio volta a se repetir em cada nível sucessivo descendente, através dos vários mundos, até chegar ao nosso, onde podemos observar, por exemplo, que a psique está interligada ao corpo, mas não inteiramente sujeita a ele. Essa ideia também ilustra a ligação e a separação desses dois mundos distintos.

No nível da Emanação tudo é puramente divino, ao menos entre *Kéter* e *Tif'éret*, onde começa a Criação. Aqui, *Tif'éret* é a fusão de todas as *sefirót* superiores de *Atzilút*, ou Nomes de Deus. Na Cabala, utiliza-se o título *YAHVÉH* – o segundo depois de *ELOHÍM* – para defini-la. Como *Kéter* de *Beriáh*, ou Criação, ela contém o mais excelso dos seres criados, Metatrón, que serve como o emissário de Deus para todos os seres que evoluem.

Dessa Coroa da Criação brotam as outras duas Supremas de Beriáh, suas *Hochmáh* e *Bináh*, que são simultaneamente *Nétzah* e

---

resposta divina, caso fosse traduzida por "Seja Eu quem for", passaria de modo mais preciso a mensagem de radical incognoscibilidade dessa entidade que denominamos Deus, mensagem que se constitui na suprema "palavra de ordem" da percepção monoteísta da Divindade, à qual Moisés estaria sendo apresentado naquele momento. [N. T.]

Hód de *Atzilút*, as Hostes de *YAHVÉH* e de *ELOHÍM*. Elas se tornam o Pai e a Mãe do mundo abaixo. A oitava do Raio de Luz Cintilante prossegue, então, e é isso que o primeiro capítulo do Gênesis descreve: "E o Espírito de Deus (*Rúah ELOHÍM*) pairava sobre a face das águas". O Abismo ou Profundeza da *sefiráh Dáat* de *Beriáh* foi ultrapassado, e o Mundo de *Yetziráh*, simbolizado pela água, foi criado – mas ainda não dotado de forma. O capítulo continua, descrevendo como Deus chamou à Luz e separou o Dia da Noite, ou seja, criou os pilares direito e esquerdo da Árvore de *Beriáh*. O uso da palavra "chamou" indica que ainda estamos dentro da face inferior de *Atzilút*. O processo segue adiante, passando por vários estágios ou dias, até que no sexto dia, o nível Assiyático de *Beriáh*, ele faz um Homem à "nossa imagem, à semelhança". O uso do plural aponta para a operação de vários aspectos simultâneos do Criador. Descreve, também, na criação do Homem, ao mesmo tempo macho e fêmea, a androginia de Adão. Completa-se, aqui, a Árvore Beriática, em *Malchút*, onde os pilares se encontram novamente.

Para muitos cabalistas as sete *sefirót* inferiores na Árvore Beriática constituem os sete dias da Criação. Outros entendem que as seis *sefirót* externas seriam os seis dias, entre o primeiro Dó de *Kéter* e o Dó final do *Shabát* (sábado), o primeiro e o último tornam-se um. Outra escola vê os sete níveis do eixo central da Árvore como os Dias da Criação, com o Homem desenvolvendo-se a partir do *Yessód* beriático no sexto Dia como a imagem de Deus. Todos esses pontos de vista são válidos, de acordo com o uso da Lei da Oitava e da Tríade.

Depois que o Senhor (isto é, *ADONÁI*, o nome de Deus correspondente a *Malchút*) repousou em equilíbrio no sétimo Dia de *Malchút*, Ele observou que não havia um homem para lavrar a terra. O sentido, aqui, é de que, enquanto a face superior de *Yetziráh* estava implícita na face inferior de *Beriáh*, não havia nada abaixo para formar a face superior de *Assiyáh*, simbolizada pela

Figura 15 – OS SEIS DIAS

Os primeiros três Dias falam da criação dos quatro elementos e de sua organização no interior do cosmo. Esse universo, no entanto, ainda não tem substância, sendo apenas essência, o reino do espírito, que corresponde ao Mundo das Ideias de Platão. Ocorre, então, a criação das Aves do Ar, ou arcanjos, e dos Peixes do Mar, ou anjos. A essas criaturas seguem-se as Bestas do Campo, em terra, embora esse mundo ainda não tenha sido criado, nem em forma nem em matéria. O Adão espiritual aparece no sexto Dia. Nesta gravura, Haváh (Eva) emerge, mas trata-se de um equívoco, tendo em vista que ela ainda não estava separada da unidade macho-fêmea Adão enquanto não era criado o Paraíso. (Bíblia de Banks, séc. XIX) *adamáh* – a terra ("solo"). Deus então "formou o homem do pó da terra", ou seja, estendeu a Árvore Yetzirática para baixo, a fim de "fazer" o mundo dos elementos e da ação, e soprou nas suas "narinas" o "sopro da vida" (*nishmát hayím*). Aqui está o homem em Éden, o Jardim daquele Mundo Yetzirático que se estende, para cima, até o Paraíso de *Beriáh*, e, para baixo, até a Terra de *Assiyáh*. Abaixo, a face inferior de *Assiyáh* tornou-se aquela parte da Terra localizada para além dos portões do Éden. Quando Adão e Eva caíram e foram obrigados a deixar o Éden, desceram à face inferior de *Assiyáh* para conseguir peles de animais, que nós, humanos encarnados, usamos até hoje na forma de nosso corpo físico. No entanto, ainda temos, na face superior de *Assiyáh*, uma conexão direta com o jardim inferior do Éden, entrando nele em certos momentos especiais de lucidez – mesmo que seja apenas para vislumbrar a sua beleza estranhamente familiar.

Abaixo e à esquerda e à direita dos três Mundos Inferiores, encontra-se o reino conhecido como *Klipót*, ou Mundo das Cascas. "Cascas" são fenômenos criados por forças e formas não equilibradas que perderam seu controle consciente ou sua função construtiva no Universo. Os cabalistas lhes dão a identidade simbólica de demônios e arquidemônios, correspondendo negativamente ao nível dos anjos em *Yetziráh* e dos arcanjos em *Beriáh*. Há ainda entidades elementares que residem abaixo, dentro e além da face inferior de *Assiyáh*. Todos esses fenômenos, por motivos óbvios, são pouco úteis para o desenvolvimento do iniciado, levando os cabalistas a tratá-los com grande precaução.

Temos agora, portanto, um esboço bem simplificado da Grande Árvore da *Atzilút* e dos Mundos Inferiores que dali emanam. Como totalidade, trata-se do universo relativo manifesto, com seus muitos níveis e um preciso conjunto de leis que o governam. As leis mais importantes podem ser assim resumidas: 1, a Unidade; 2, a complementaridade dos opostos; 3, a Grande

Tríade ou as Três Cabeças; 4, os mundos; 5, o número de faces entre *Kéter* de *Atzilút* e *Malchút* de *Assiyáh*, por vezes chamadas de Os Cinco Jardins; 6 e 7, o número das *sefirót* laterais ou inferiores da Construção (*Assiyáh*); 8, as notas da Grande Oitava; 10, todas as *sefirót*; e 22, o número de caminhos pelos quais a Árvore se torna uma unidade.

Como vimos, há vários modos, na Cabala, de descrever a mesma coisa e muitas versões para a Árvore Ampliada e os quatro mundos. Talvez o primeiro e mais conhecido seja o da Escada de Jacó, cujos pés estavam no chão, onde ele dormia, e seu topo chegava aos Céus, com "anjos do Senhor subindo e descendo por ela" (Gênesis 28:12). Em um sonho, Deus informa a Jacó que estará sempre a seu lado e lhe dará a terra sobre a qual ele repousa. O simbolismo do sonho revela um estado de consciência bem diferente daquele que seria o natural de Jacó. De fato, ao acordar ele diz: "Certamente o Eterno está neste lugar; e eu não sabia". Cheio de reverência, ele então tomou a pedra que havia usado como travesseiro e a partir dela construiu um altar. Após consagrá-lo com óleo, símbolo da Graça Divina, chamou esse local de *Bêit-El*, a Casa de Deus. Essa pedra guarda uma ligação tradicional com aquela que o Santo, Bendito Seja, lançou ao Abismo durante a Criação dos Mundos, diz o *Zôhar*. A parte superior da pedra, porém, permaneceu ligada à sua origem, enquanto a parte inferior desceu para a Direita, para a Esquerda, pela Criação afora. Foi chamada de *Shetiyáh*, que pode ser traduzida por Fundação. Ela reflete, assim, a *sefiráh Dáat*, o Abismo em *Yessód*, a outra "Fundação". Essa ligação pode ser vista claramente no diagrama da tessitura da Árvore, onde *Dáat* e *Yessód* ocupam a mesma posição sefirótica, mas em mundos diferentes. Ambas são pontos cruciais no trajeto para cima ou para baixo dos mundos. A Tradição acredita que aquela pedra não era apenas o travesseiro de Jacó, mas também a tábua em que seriam grava-

Figura 16 – AS QUATRO CRIATURAS SAGRADAS
Estes seres da visão de Ezequiel representam os quatro mundos. O homem é *Adám Kadmón*; a Águia simboliza o reino do Ar, a Criação; o Leão, o reino da Água, a Formação; e o Touro, o reino da Terra, a Existência material. Eles sustentam o Trono celeste e protegem a Jerusalém celestial e o Messias. Assim como outros símbolos antigos, sua forma gráfica nos dá muitas informações. O Leão, por exemplo, é uma criatura poderosa e corajosa, com um grande Coração, o qual resulta do intenso fluxo de sangue, simbolizando, assim, o reino aquático da Formação. (Livro de Kells, início da Idade Média).

dos os Dez Mandamentos. E também seria ela – segundo a lenda bíblica – a fundação de Sião, o Monte Sagrado, e a pedra-base do Santuário de Davi e Salomão.

A visão de Ezequiel é outra fonte bíblica importante sobre os quatro mundos utilizada pelos cabalistas. O profeta, à semelhança de Jacó, passou por uma transformação de consciência que o elevou do estado natural de servidão à visão yetzirática dos níveis acima da *Assiyáh* (Ezequiel I). Quando os céus se abriram, Ezequiel viu a imagem de uma carruagem esplêndida puxada por quatro estranhas criaturas. Acima da carruagem, além do firmamento, estava "algo semelhante a um trono", e sobre esse "algo semelhante à aparência de um trono" estava "algo semelhante à aparência de um homem" que era "algo semelhante à aparência da Glória do Senhor". É notável a ênfase na repetição de "semelhante" e "aparência", para indicar um código de estrita alegoria. Aqui, em forma simbólica, estão novamente os quatro mundos. Ezequiel, abaixo, próximo do rio Quebar, está cativo na Babilônia – *Assiyáh*. A Carruagem e as Sagradas Criaturas Vivas são *Yetziráh*; e o Trono, para além do véu do firmamento entre os mundos, representa *Beriáh*. O homem sentado no Trono é o Homem Primordial, *Adám Kadmón*, a "Glória do Senhor", em *Atzilút*. Os detalhes sutis que surgem ao longo do relato forneceram aos cabalistas muita matéria para estudo, pois trata-se de um vislumbre cuidadosamente observado – mas de baixo para cima – dos quatro mundos descritos nos capítulos iniciais do Gênesis.

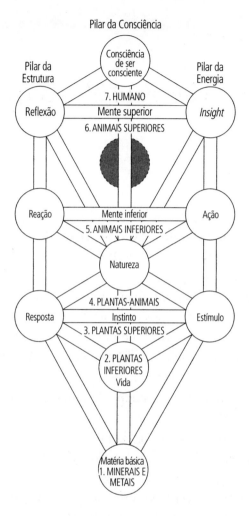

Figura 17 – A EVOLUÇÃO

Nesta Árvore, o crescimento a partir dos quatro elementos terrestres é descrito pelos sete níveis da Natureza. Após milhões de anos, metais, minerais, fluidos e gases formam sistemas que, com a energia do Sol, sustentam a vida orgânica na Terra. Primeiro surgiram as plantas primitivas, seguidas pela vegetação mais sofisticada e pelas plantas-animais, como as esponjas e os corais. Estes últimos deram origem aos invertebrados. As almas humanas apoderaram-se então do corpo dos primatas mais evoluídos. Isso é possível porque o veículo sutil da psique pode penetrar o tecido vivo. A Bíblia chama esse processo de "vestir um casaco de pele" – a encarnação.

5. Adão natural: o corpo

Antes de começar a subir pela Escada de Jacó, devemos tomar conhecimento de nossa condição de Adão natural, o que faremos examinando o mundo à nossa volta à luz dos princípios cabalísticos. O homem encarnado, ou seja, todos os que vivem na Terra atualmente, existe ao menos em dois dos quatro mundos. Tendo por base a Árvore Assiyática, o homem natural faz parte, em sua forma puramente orgânica, da face inferior de *Assiyáh* e dos processos biopsicológicos da sua face superior, que é também a face inferior de *Yetziráh*. Desse modo, ele tem acesso aos dois mundos. Na Tradição Cabalística, a face inferior de *Assiyáh* é a face inferior da Terra, e a superior, a superior da Terra, que também faz parte da face inferior do Éden. Assim, o homem natural que ao menos é consciente da natureza superior ou interna de seu ser natural tem, na verdade, um contato com o Paraíso. Para a maioria das pessoas, esta é apenas uma tênue lembrança de algo muito antigo ou distante que elas não conseguem recordar claramente, salvo naqueles raros momentos de despertar na face inferior ou mundana de *Assiyáh*.

Em *Malchút* de *Assiyáh*, no mais baixo e denso estado de materialidade e consciência dos quatro mundos, residem os quatro estados físicos – terra, água, ar e fogo – que vão compor e gerir o corpo carnal. Como tais, esses quatro elementos interagem em

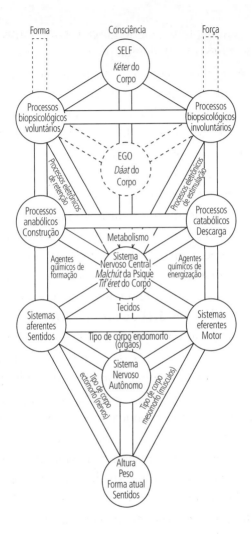

Figura 18 – O CORPO

Como podemos ver, a anatomia do corpo físico combina perfeitamente com a Árvore. Os níveis mecânico, químico, elétrico e consciente que governam um organismo devem harmonizar-se e integrar-se para mantê-lo vivo, seja um peixe seja um homem. Na coluna da esquerda encontram-se as estruturas necessárias e, na da direita, a sua dinâmica. No centro vemos os vários níveis dos vegetais, dos animais e do ser humano. Nos homens esse é o fator "tipo de corpo" herdado do DNA familiar. Vemos aqui como as *sefirót* e tríades funcionam, com *Tif'éret* coordenando o todo.

uma sempre cambiante dança de Força e Forma, que conhecemos como o veículo físico habitado por nossa psique. Provas desse nível elementar são encontradas no princípio sólido – terra – dos ossos e de outras partes duras do corpo, no princípio líquido – água – dos fluidos que nele circulam, no aéreo – os processos gasosos do organismo – e no do fogo – os fenômenos elétricos e radiantes. Todos esses níveis de atividade são, por princípio, elementares, pois matéria e energia são ali absorvidas, utilizadas e descartadas pelo ciclo de manutenção da vida. O corpo no qual nascemos não é o mesmo do qual nos desfazemos ao morrer. Muito pouco restou da substância original. De fato, a maior parte do que trouxemos conosco durou um período relativamente curto, de alguns dias a alguns anos. Apenas certas células cerebrais vivem tanto quanto o homem, de modo que aquilo que acreditamos ser a base estável de nossa existência na verdade é muito efêmero. Nosso corpo pode conter ferro suficiente para fazer um prego, mas, de fato, esse metal está de passagem. E mais, nada no mundo ao nosso redor, mesmo aquilo que parece bem sólido, como as montanhas, é permanente, pois até substâncias de máxima pureza química estão sempre aparecendo e desaparecendo no nível atômico. Além desse nível jaz o mundo eletrônico de puras Força e Forma e, para além deste, o vácuo da Existência Não Manifesta, que espelha a mesma realidade encontrada em *Kéter* de *Atzilút*. Esse é o sentido da expressão *"Kéter está em Malchút e Malchút está em Kéter"*.

Acima do nível elementar da existência (isto é, o inorgânico) encontra-se o nível vegetal, que tem como base e unidade a célula. A célula é um complexo orgânico de Força e Forma atômicas e moleculares elevadas do estado inorgânico ao estado de matéria viva. As células podem ser simples ou especializadas, mas baseiam-se em um único modelo, que lhes permite crescer, alimentar-se, reproduzir-se e morrer – ou seja, devolver os ele-

O CAMINHO DA CABALA • 61

mentos e a energia envolvidos nos processos da vida no nível inorgânico. Na face inferior de *Assiyáh*, as células ocupam um posto-chave, embora se manifestem de diversos modos. A grande tríade composta por *Malchút, Hód* e *Nétzah* constitui o nível vegetal básico, com *Nétzah* como o princípio ativo, propulsor, *Hód* como o sistema passivo, adaptativo, e *Malchút* como a base material da vida vegetal. As três se ligam por meio das vias formadas por membranas que abarcam, reagem e filtram os processos em ação no interior das células. Essa grande tríade vegetal tem em seu centro *Yessód*, que é a Fundação coordenadora dessa existência relativamente autônoma. As plantas são regidas por essa tríade, sendo sua energia e forma mantidas pelo equilíbrio entre as *sefirót* ativa e passiva e a base dada por *Malchút*. *Yessód*, na Coluna da Consciência, indica uma inteligência que se expressa por ritmos e reações que percorrem todas as vias. A pequena tríade, composta pelas vias focadas em *Yessód*, define a capacidade de reagir, de mover-se (mesmo que apenas voltar-se para o sol) e de processar a energia e a matéria que circulam pelo organismo. Mesmo sendo seres humanos, contemos esse nível vegetal à medida que crescemos, nos alimentamos, nos reproduzimos e morremos. Qualquer pessoa que viva apenas para comer encontra-se nessa posição – a mais baixa categoria da condição humana.

O nível seguinte é o do animal. Explicitando-se na face inferior de *Assiyáh* como a pequena tríade *Hód-Nétzah-Tif'éret*, a ligação com o princípio de um sistema nervoso central lhe possibilita o exercício da vontade. Mesmo sendo primitivo, trata-se de um nível mais elevado de consciência e proporciona ao animal uma percepção mais ampla que a do reino vegetal, confinado no interior de limites muito estreitos. O mundo visto pelo sistema nervoso central pode ser simples ou complexo, dependendo do estágio de evolução da criatura. A ovelha é infinitamente mais

Figura 19 – OS NÍVEIS

É possível nascer humano. Contudo, pode-se permanecer no nível da pedra, se nada for feito para evoluir. Um homem ou uma mulher vegetal não buscam nada além de constituir família e um lar confortável, enquanto no nível animal a pessoa pode alcançar bem mais, no mínimo tornar-se o macho ou a fêmea alfa em certo grupo. Pessoas totalmente humanas são bem diferentes – buscam descobrir o sentido da vida na Terra. Isso implica adquirir instrução e disciplina espirituais para conhecer seu possível destino. (Gravura em madeira, séc. XVI) inteligente que a mais elaborada rosa, mas é burra em comparação com um macaco, assim como o macaco diante do homem. No caso da ovelha e do macaco, trata-se do grau de sofisticação do seu sistema nervoso. Com o homem surge algo que pertence a outro mundo, ou ao menos a possibilidade de contato com um nível mais elevado de consciência. A diferença de níveis entre o homem e o macaco constitui um salto quântico tão grande quanto o existente entre este e a rosa, e entre esta e a terra na qual ela cresce. A terra é a pedra no sonho de Jacó, a base de uma Escada que se eleva até o Céu.

Assim como é possível ao homem existir em um nível semelhante ao do vegetal, ele pode existir apenas no nível animal. Esses níveis na Árvore do homem podem ser vistos na face superior de *Assiyáh*. Aqui, os estados do vegetal e do animal são transpostos para a face inferior de *Yetziráh* e existem como a parte autônoma da psique.

A coincidência entre a parte alta de *Assiyáh* e a parte baixa de *Yetziráh* explica a mecânica e o estado da condição psicológica do homem natural. Subjazendo aos seus vários estados, como o de ação ou de repouso, encontram-se os diversos ritmos biológicos. Em dado momento, ele busca a excitação, em outro, a paz. Em certo período, ele está cheio de vitalidade, em outro, encontra-se exaurido e entediado. Esses estados refletem as flutuações entre os pilares passivo e ativo de toda a Árvore Assiyática, abarcando os vários níveis de equilíbrio – físico, celular, químico e atômico –, conforme as suas diversas tríades laterais. Estas últimas sintetizam--se nas tríades centrais dos órgãos, dos tecidos, do metabolismo e dos fenômenos eletromagnéticos, cada qual influenciando o estado psicológico normal do homem natural, como pode facilmente demonstrar a simples observação cotidiana de si mesmo.

O nível vegetal de nossa existência é governado pelas leis do comer e do excretar, da vigília e do sono. Podemos nos reproduzir ou não, mas somos condicionados pelo ritmo da alimentação e da excreção, tanto quanto do dormir e do acordar, caso contrário morreremos – a fase final da grande lei cíclica que rege a vida orgânica. Há também várias outras leis secundárias acopladas a essas mais importantes, como a da respiração, que é a de ingerir e excretar o elemento ar. No entanto, o que é significativo não é o fato de o homem natural estar sujeito a essas leis, mas – de modo absolutamente geral – o de ele não se dar conta de que elas governam sua existência a ponto de nesse nível ele não ter quase nenhuma vontade própria. Isso é, certamente, inaceitável para a maioria das pessoas, mas a verdade é que o estado vegetal do homem é o mais comum. Gerações inteiras vivem e morrem no mesmo lugar, repetem as atitudes de seus pais, têm a mesma visão de mundo, apesar dos avanços da educação. A atitude provinciana da aldeia não é encontrada apenas no longínquo interior, mas também nas cidades, onde milhões de pessoas só querem viver de modo seguro e estável, com o mínimo de perturbação vinda do mundo externo ou interno.

O homem animal é bem diferente. Pelo fato de possuir algum grau de vontade, ele pode, e às vezes o faz, incomodar a massa de homens vegetais que trabalham nos campos, nas fábricas e nos escritórios que sustentam a comunidade. Pessoas desse tipo, como os irmãos Wright, que persistiram até construir um aparelho capaz de voar, abalaram e mudaram o mundo tanto quanto um Hitler ou um Napoleão. O homem animal tem ímpeto e perseverança, e anseia por algo além do conforto e do prazer. Ele desafia a dor e a decepção a fim de alcançar seus objetivos, sejam estes a conquista de um império ou o desenvolvimento de uma ideia. Há muitas dessas pessoas na história, que registra não o que acontece com as massas relativamente plácidas, mas as vitórias e as conquistas dos indivíduos dotados de vontade própria. Na natureza, o mais dominador de uma espécie guia o rebanho e, embora um líder esteja sujeito a uma força cósmica mais intensa, ainda assim ele age como a força motriz daquela comuni-

O CAMINHO DA CABALA • 65

dade ou campo de ação. Homens animais a ponto de se destacar são raros. Eles podem ser vistos nos postos mais altos de sua profissão, seja no comércio, na ciência, na arte ou na política. Suas marcas registradas são a ambição e o senso de direção. É isso que os separa dos homens vegetais, que talvez sonhem com grandes vitórias, mas optam pela segurança de seu ganha-pão cotidiano e não pelos altos riscos do fracasso no mundo da competição acirrada da selva em que vive o homem animal.

O homem plenamente desenvolvido é aquele que chegou a *Kéter* da Árvore Assiyática. Seu organismo psicobiológico contém todas as *sefirót*, os pilares, as tríades e os mundos de *Assiyáh* e a face inferior de *Yetziráh*. Isso significa que ele reúne as potencialidades mineral, vegetal e animal atualizadas ao máximo e, portanto, é um ser encarnado poderosíssimo. Ele é o *Adão* assiyático, a ponta de lança da vida orgânica sobre a Terra.

Como síntese de todos os reinos terrenos, ele domina os animais, as plantas e os elementos de nosso planeta. No entanto, enquanto permanece apenas um *Adão* assiyático, fica confinado a esse reino, para nascer, viver e morrer dentro do que muitas tradições espirituais chamam de Existência Cíclica. Para a Cabala, a reciclagem da *Néfesh* ou Alma Natural é chamada de *Guilgúl*, e seu conjunto é conhecido como Rodas da Transmigração, bem semelhante à noção budista de Rodas da Vida. Nessa condição, a pessoa retorna à existência encarnada até que a missão que aquela alma deve cumprir seja efetivada no nível natural. O número de vezes em que isso ocorre, assim dizem, varia de muitos milhares até um punhado, ou menos. É mesmo possível, e nisso as diversas tradições concordam, libertar-se da roda da existência carnal em uma única vida, e até mesmo em um só momento de total realização, que leva o homem diretamente para o alto, fazendo-o atravessar todos os mundos até estar diante do Divino. Um acontecimento dessa natureza pode significar a morte no nível físico, mas não

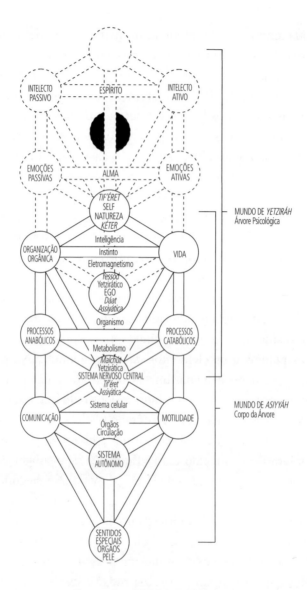

Figura 20 – CORPO E PSIQUE

Aqui, os níveis mais simples da psique integram-se às partes mais refinadas do corpo físico por meio de campos eletromagnéticos e etéreos. Estes vinculam a mente inferior aos instintos. A linha pontilhada representa a posição inconsciente da psique, que inclui o self e se relaciona com a Árvore cósmica da Criação.

O CAMINHO DA CABALA • 67

necessariamente, porque essa alma talvez deva trabalhar, agora com Consciência Divina, no nível do orgânico. Temos exemplos desse tipo nos grandes mestres da humanidade. Para os seres humanos menos abençoados, o caminho para o alto da Escada de Jacó é mais lento porque entrar nos Mundos superiores de modo abrupto e receber toda a sua emanação poderia exceder a capacidade física ou psicológica do seu organismo. O Talmude conta a história de quatro rabinos que entraram no Paraíso. Um deles enlouqueceu, outro morreu, o terceiro perdeu a fé e somente um deles, o último, rabi Akiva, voltou em paz. Essa fábula reforça, mais uma vez, a necessidade de preparar uma base sólida.

A primeira parte da preparação consiste no profundo conhecimento da psique humana natural. Ninguém nasce cabalista. A pessoa pode ter o potencial, mas é, antes de mais nada, um ser natural. As lembranças que ela poderia guardar de sua origem logo se esvaem no final da infância, quando a psique instala-se mais profundamente na existência carnal. Há, é verdade, os assombros incidentes de despertar, mas eles constituem apenas breves vislumbres de coisas passadas e futuras vistas dentro da eternidade do presente. Esses momentos vêm e vão, mas são significativos apenas quando os prazeres e as dores da condição natural perdem o sentido em vista do verdadeiro propósito da vida. Nesse momento, então, em um estado de desilusão com os jogos da vida, ou mesmo diante da possibilidade da morte, certas coisas são possíveis porque a situação se abre para os níveis superiores. Voltaremos a esse assunto em breve. Primeiro, devemos estudar a natureza e a estrutura da psique humana natural, dando início assim à construção de nossa base no mundo mais próximo, o Éden inferior[5].

---

5. Para uma descrição mais detalhada do corpo físico e da Árvore, ver a seção "The body", no livro *Adam and the Kabbalistic Tree*, deste autor. (Birmingham: Tree of Life, 2006).

6. O Adão natural: a psique

O grande triângulo inferior de *Assiyáh* contém as três subtríades de músculos, órgãos e nervos. Estas geram o que conhecemos como os aspectos instintivo, afetivo e racional do homem físico. O aspecto instintivo tem que ver principalmente com questões de natureza prática. Ele é ativo e geralmente se volta para o mundo externo. A tríade afetiva, equilibrada entre os pilares, é introvertida. Intensamente sensível, como mediadora dos estados interiores sua função pode ser passiva ou ativa. A tríade racional age segundo a lógica. Passiva por sua natureza, refere-se à reflexão e à comunicação. Volta-se geralmente para o exterior.

No homem natural, essas tríades funcionam por uma combinação em permanente reorganização, fazendo que em qualquer situação uma das tríades esteja pronta para lidar com ela. Se um homem anda, a tríade instintiva entra em funcionamento. Se ele precisa avaliar o estado de espírito de alguém, a tríade afetiva o informará a esse respeito. Contudo, se ele tem um problema para resolver, a tríade racional avalia os prós e os contras para encontrar a melhor solução.

Na maioria dos homens naturais predomina uma das tríades, pois ninguém tem uma Árvore física ou psicológica em perfeito equilíbrio. O desequilíbrio deriva provavelmente da configuração genética dos pais, do temperamento específico que encarnou naquele corpo ou de ambos os fatores, pois nada existe em total

O CAMINHO DA CABALA • 69

isolamento no universo. Seja como for, homens e mulheres naturais tendem a viver baseados em uma das tríades. Nós os reconhecemos como agentes, sensíveis e pensadores. Na verdade, certas profissões podem ser identificadas de acordo com tipos corporais. Esportistas e soldados são, geralmente, do tipo instintivo, artistas e poetas são sensíveis, cientistas e filósofos são do tipo racional. A classificação não deve ser vista como hierárquica porque as três tríades se equivalem. O matemático agirá como um bobo na selva, assim como o músico diante de um computador e o explorador em uma sala de concertos. Cada tipo físico apresenta qualidades e talentos notáveis, mas todos são biológicos em sua essência: cada qual reflete a seu modo, no homem, os processos automáticos dos vegetais.

Existe uma ligação direta entre os três níveis inferiores do entendimento cabalístico e os três tipos físicos. A abordagem literal serve ao tipo instintivo, ao homem de ação. O ponto de vista alegórico presta seus serviços às pessoas sensíveis, e a abordagem metafísica serve ao modo de entender dos pensadores. Entretanto, a experiência mística é de natureza bem diferente da que faz sentido para a inteligência natural. Seu funcionamento será discutido mais adiante.

A face superior de *Assiyáh* é, simultaneamente, a face inferior de *Yetziráh*. A *sefiráh* no centro do complexo não é apenas *Dáat* de *Assiyáh*, mas também *Yessód* de *Yetziráh*, a Fundação da psique. Juntas, elas formam a imagem que o homem tem de seu corpo. De fato, alguns cabalistas se referem a essa *sefiráh* dupla *Dáat/Yessód* como a fundação do *Tzélem*, o recipiente-sombra preexistente yetzirático segundo o qual o corpo é moldado e para o qual ele cresce ao amadurecer. O foco *Dáat/Yessód* na coluna central da consciência é o órgão psicobiológico de percepção do homem natural. Desde o nascimento, esse é o instrumento por meio do qual chega a ele a experiência tanto de si mesmo quanto do mundo exterior. A função principal dessa *sefiráh* dupla é a de apresentar os dados ao nível da consciência cotidiana. Talvez se trate de estímulos visuais gerados

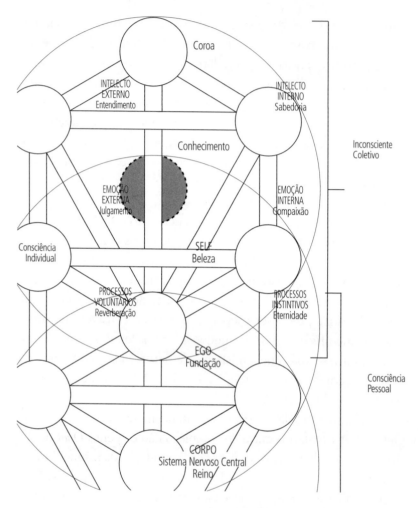

Figura 21 – A PSIQUE COMO UM TODO

Nesta figura, a função principal da psique pode ser vista compondo pares em que as partes se contrabalançam mutuamente. O intelecto externo age de modo filosófico-reflexivo, por oposição à inspiração: ele barra qualquer excesso que poderia levar à loucura. Assim, a emoção interna é o fator ativo que complementa as características restritivas de sua contraparte passiva. O mesmo se aplica ao nível instintivo. Aqui as posições do ego e do self correspondem aos sistemas nervosos central e autônomo no corpo. Os três círculos mostram como diferentes partes da psique se relacionam e se sobrepõem.

O CAMINHO DA CABALA • 71

pelo sistema nervoso central ou autônomo no nível inferior de *Assiyáh*, como os sinais provenientes do olho, ou imagens trazidas do inconsciente, situado abaixo do limite que se estende entre as *sefirót Hód* e *Nétzah* yetziráticas, acima. No estado consciente normal, as imagens costumam ser uma mistura de estímulos internos e externos, mas à noite, ou no estado de devaneio, são principalmente de origem interna. Na Cabala, *Yessód* também é chamado de "espelho não luminoso".

O *Yessód* yetzirático é a mente comum. É o lugar onde se manifesta a influência do lar, da educação e das atitudes da pessoa para consigo. Construído passo a passo desde a infância, o *Yessód* yetzirático congrega uma estrutura de experiências e critérios pelos quais o homem se identifica. Essa imagem, determinada por múltiplos fatores de temperamento, ambiente e acaso, torna-se o ego.

A palavra grega *ego* quer dizer "Eu" e, embora pareça indicar uma identidade única e forte, na realidade constitui uma mescla de vários elementos menores adquiridos ao longo dos anos. Alguns desses elementos agem em grupo, mas em certos casos eles se contradizem ou são inconscientes. A imagem que um homem tem de si mesmo muitas vezes é diferente da que seus amigos têm dele.

A maioria das pessoas desempenha papéis diferentes perante situações familiares, sociais ou profissionais. Os papéis, desempenhados por uma série de personalidades superpostas ao ego a fim de protegê-lo, compõem-se de elementos adquiridos. Defendendo o ego, a *persona* age como uma máscara, que é o sentido da palavra em latim. Para a Cabala, o patriarca José é visto como pertencente a *Yessód*. Ele tinha um manto multicolorido que descreve alegoricamente a composição dessa *sefiráh*. Era também o servo mais graduado do Faraó e o intérprete dos sonhos, um dos elementos característicos daquela *sefiráh*.

Yessód situa-se no centro de quatro vias: três conectadas à grande tríade inferior e uma, conhecida como *caminho do Tzadík* ("a senda do homem justo"), conectada com *Tif'éret*, acima. Forma-se um complexo de quatro tríades focadas no ego biopsicológico. Essas tríades dividem-se em superiores e inferiores, em internas e externas, passivas e ativas, dependendo do pilar lateral ao qual elas se ligam, de modo que há um par passivo-introvertido e outro ativo-extrovertido. Elas agem como tríades de interconexão em qualquer processo que flui entre o corpo e a psique. De estrutura e dinâmica extremamente complexas, elas levam *Yessód* a valer-se das Árvores acima e abaixo, seja para alertar o sistema nervoso central encarnado em *Malchút* de *Yetziráh* de um perigo ainda não visível, seja para resgatar uma antiga lembrança do inconsciente, seja para permitir a iluminação que proporciona uma visão yessódica capaz de mudar uma vida inteira. Sendo o mecanismo mental da face inferior yetzirática, essas tríades constituem a inteligência do homem natural. Embora sejam extraordinariamente sutis e versáteis, não podem se comparar a nada situado acima da consciência possível em *Yessód*.

Acima do limite da mente comum situa-se *Tif'éret* de *Yetziráh*. Como centro de várias vias e "meio do caminho" entre as faces superior e inferior de *Yetziráh*, ela é, ao mesmo tempo, *Kéter* de *Assiyáh*, a Coroa do corpo e o coração da psique. É justo chamá-la, pois, de Trono de Salomão, por sua posição única entre os pilares da Severidade e da Misericórdia, e no meio das partes interna e externa do organismo psicológico. A partir dela, o homem divisa oito vias para baixo, vislumbrando pelo menos onze tríades e três mundos, porque ali se encontra também *Malchút* de *Beriáh*. Esse é o lugar mais elevado a que o homem natural pode chegar em condições normais. É nele que os momentos inesquecíveis da existência podem ser percebidos. E como poderia ser diferente, se nessa posição nos encontramos suspensos entre o Céu e a Terra?

São inúmeros os nomes dados a essa *Tif'éret*. Ela é o espelho luminoso para o não luminoso de *Yessód* que descreve o relaciona-

O CAMINHO DA CABALA • 73

mento entre as duas de modo bastante preciso. Ela é chamada o Observador, e todos nós já tivemos a experiência de, em algum momento da vida, sentir que estamos observando a nós mesmos ou a algum acontecimento de um lugar bem acima do chão. Ela é também o Guardião mencionado com frequência na Bíblia, bem como o anjo da guarda, aquela parte de nós que, com competência, nos guia em meio a uma situação de grande complexidade, por vezes até salvando a vida do tolo. Há quem a chame de o Guia. A moderna psicologia junguiana lhe dá o nome de "o velho sábio". Conhecida também como "Coração dos corações", dizem que ela contém a Presença do Senhor. Na Cabala, ela é o "Trono da Fé", o lugar onde o "Tu" pode ser encontrado.

Para o homem natural, *Tif'éret* de *Yetziráh* é o auge da experiência orgânica. Como ser vegetal e animal, ele tem um corpo e uma identidade no centro de sua *Néfesh* – sua alma vital. A identidade em *Yessód* é a fundação da realidade natural, mas acima dela paira a tênue consciência de algo maior que o ego, algo mais profundo e real, que alcança máxima visibilidade em momentos de grande perigo, paixão ou quietude. A isso um homem pode reconhecer como seu verdadeiro self. É algo mais próximo do que ele essencialmente é; e o ego, em sua presença, não passa de uma máquina de pensar que lida com as coisas do dia a dia. Entrar em contato direto com o self real é uma experiência memorável, mesmo que a pessoa tenda, como muitos, a enterrá-lo sob o viver cotidiano. O motivo para esse recuo diante dessas experiências é o fato de *Tif'éret* ser a *sefiráh* da Verdade, e ver as próprias ilusões e fantasias expostas à sua luz pode provocar intensa dor.

Tif'éret é a individualidade de cada um. É o self encarnado comum a todos os seres humanos, mas, ao mesmo tempo, peculiar a cada um. É, com muita razão, chamada Beleza, além de ser o foco de rara e maravilhosa simetria entre Força, Forma e Vontade; nela está o lugar onde Deus e o homem podem conscientemente encontrar-se. Seu outro nome cabalístico – Adorno – expressa precisamente essa sua qualidade. Ela existe e não existe. Pode ser vista, mas não deve ser considerada a realidade definitiva. Beleza é Verdade e Verdade é Beleza, ambas não são aquilo que permanece oculto por sua manifestação no vidro do espelho luminoso que é o self de *Tif'éret*.

Como Coroa da Árvore orgânica, *Tif'éret* é o nível máximo de experiência possível na existência vegetal e animal. No homem há estágios posteriores, que ele pode vivenciar enquanto ainda incorporado na carne, realização que pode ser consciente ou inconsciente.

A linha demarcatória definida pela via que se estende entre *Hód* e *Nétzah* yetziráticas é o limite normal da consciência entre o ego e o self. Sua penetração flutua para cima e para baixo ao longo do "caminho do homem justo", de acordo com fatores situados acima ou abaixo dessa linha de demarcação. Tal linha é criada pelas funções biopsicológicas de *Hód* e *Nétzah*, que representam os processos voluntários e involuntários da mente e do corpo.

Enquanto esse par de *sefirót* governa a vida instintiva e mental na face inferior de *Yetziráh*, há duas *sefirót* laterais acima de *Tif'éret* que colocam em ação a vida emocional do homem encarnado. No caso da pessoa natural, elas agem a partir do inconsciente, ou seja, bem além do alcance da consciência típica de *Yessód*, mas sua influência sobre a vida da pessoa, mesmo que indireta, é profunda. Elas se tornam conscientes apenas quando a pessoa está firmemente estabelecida em *Tif'éret*, e poucos são os seres humanos naturais que já o alcançaram, apesar de muitos afirmarem que são bastante verdadeiros em relação a seu self. O que *Yessód* acredita ser o "dono do próprio destino" não passa de triste ilusão, como vemos ao examinar honestamente a maioria dessas vidas. A Vontade é um atributo do self e, enquanto é possível evocá-la durante crises, raramente ela se sustenta no tempo, pois *Yessód* logo cobre de nuvens a clareza das decisões tomadas no calor do momento dramático.

Guevuráh e *Héssed* de *Yetziráh* são os aspectos externo e interno da emoção. O Julgamento, no Pilar da Forma, é passivo e reativo, enquanto a Compaixão, no Pilar da Força, é ativa e assertiva. Juntas, as duas equilibram e controlam a vida emocional, tanto a consciente quanto a inconsciente. Elas podem ser vistas como as qualidades morais de uma pessoa, a integridade, a capacidade de amar e a coragem. Aqui está a alma da pessoa. Essa é a tríade onde moram a caridade e o discernimento. Focada no self, a contração do Julgamento contém a expansão excessiva da Misericórdia, que por sua vez abre espaço para a severidade do Julgamento. Abaixo, e em cada um dos lados, encontram-se as tríades que contêm os complexos emocionais ativos e passivos, ligados ao self e às *sefirót* instintivas e mentais *Nétzah* e *Hód*. *Héssed* e *Guevuráh*, com suas vias adjacentes, afetam a vida emocional humana. Situadas além da *Tif'éret* oculta, elas influenciam a mente de *Yessód* a fim de criar diversos estados de espírito.

Acima da emoção exterior, que nos mantém em estado de alerta, e da emoção interna, que nos fornece enorme força psicológica, encontram-se as *sefirót* gêmeas do intelecto – *Bináh* e *Hochmáh*. Localizadas nas colunas ativa e passiva, elas desempenham as funções do Entendimento e da Sabedoria. O Entendimento é a vertente refletora e formuladora. Não realiza a ginástica mental de *Hód* a partir de um princípio informativo e comunicador, mas sim o trabalho intelectual profundo, ligado aos princípios básicos. O Entendimento age, como o Julgamento em relação à Compaixão no nível emocional, para contrabalançar a Sabedoria, que exerce o poder ativo da revelação. Contudo, o Entendimento precisa, por sua vez, da Sabedoria para impedi-lo de formular ideias como se fossem dogmas rígidos. Definidas no homem como intelecto externo e interno, a dupla de *sefirót* representa o pensamento em sua profundidade máxima. A experiência nesse nível é muito rara no homem natural, tanto quanto a da emoção verdadeira. A maioria das pessoas acredita que seus pensamentos e sentimentos cotidianos são intelecto e emoção, mas estes geralmente são apenas as produções mecânicas de *Hód, Nétzah* e das tríades que as circundam. Em consequência de experiências diretas nos níveis mais altos de intelecto e emoção, algumas pessoas naturais realizam grandes descobertas e obras de arte. Isso, porém, acontece poucas vezes ao longo da vida, e a pessoa passa o resto do tempo vivendo sobre os louros de um sonho do que viu pelas frestas dos portões do Paraíso. Para sustentar essa posição e ganhar uma entrada permanente nos mundos superiores, é preciso tornar-se sobrenatural.

No homem natural, o mais longe que lhe é dado alcançar encontra-se bem guardado no interior do inconsciente, bem além do self. Com seu centro no ego de *Yessód*, a consciência pessoal estende-se em um círculo que abarca *Malchút* de *Yetziráh*, ou seja, o sistema nervoso central de *Tif'éret* do corpo, e as duas *sefirót* psicobiológicas *Hód* e *Nétzah*, indo até o Observador da *Tif'éret* yetzirática. Esse é o alcance máximo da mente em seu estado rotineiro durante o dia. À noite, a consciência do corpo mergulha para focalizar principalmente o sistema nervoso central, o Observador da corpo. A órbita seguinte da consciência tem como centro o self. Seu alcance vai ao ego, abaixo, e abarca os dois pares de *sefirót* instintivas e emocionais. Para cima, seu limite é a não *sefiráh Dáat* de *Yetziráh*, ou seja, o conhecimento de um mundo um tanto diferente daquele percebido nas condições normais da vida na Terra. Essa esfera é conhecida, no homem natural, como Inconsciente Individual, que se relaciona com todas aquelas experiências que passaram pelo ego de *Yessód* e pela psique, buscando ligar-se às *sefirót*, vias e tríades que circundam o self (ver Figura 22).

Ainda mais ao fundo, tendo como foco *Dáat* de *Yetziráh*, encontra-se a extensão do inconsciente ligada a todos os homens que já viveram, estão vivos e viverão no futuro. A Tradição coloca a Grande Mãe e o Grande Pai no cume dos dois pilares externos,

O CAMINHO DA CABALA • 77

e estes, junto com *Guevuráh* e *Héssed*, as *sefirót* da emoção, colaboram na composição da memória da espécie humana, presente em todos os homens. A conexão é feita, em seu ponto mais baixo, com o self e, em seu ponto alto, com *Kéter* de *Yetziráh*, que é, ao mesmo tempo, *Tif'éret* de *Beriáh*, o reino do espírito. Essa consciência existe em uma escala cósmica e, para a vasta maioria dos seres humanos, reside, totalmente oculta, nas profundezas do Inconsciente Coletivo. Esse nível é a ponte entre o Humano e o Divino.

Como poderemos observar, todas as órbitas de influência se entrelaçam; assim, o homem natural não está, de modo nenhum, excluído inteiramente da fonte de sua existência. A maior dificuldade espiritual deriva do fato de ele não ter consciência da correnteza que flui através de seu ser. Não precisa ser assim, mas essa costuma ser a sua escolha. Até mesmo um indivíduo plenamente desenvolvido, capaz de comandar seus aspectos vegetal, animal e mineral, poderia estar destituído de qualquer poder sobre si mesmo, não obstante os vislumbres que tenha tido do Paraíso e mesmo do próprio Céu, por ser egocentrado demais para perceber ou excessivamente útil à Terra a ponto de se deixar utilizar por ela para os seus propósitos.

A fim de libertar-se das leis naturais e escapar aos *Guilgulím* de nascimento, vida e morte, o homem natural deve tornar-se sobrenatural, transformando o inconsciente em consciência e elevando-se além de *Kéter* de *Assiyáh*, a dimensão terrestre mais alta, mesmo que seu corpo continue a ser regido pelas leis orgânicas. Para fazer isso ele deve submeter sua vontade e comprometer-se a superar a escravidão mundana, conhecida na Cabala como "escravidão no Egito".[6]

---

6. Para um exame detalhado da psique, ver, deste autor, *Adam and the kabbalistic tree* (Londres: Rider, 1974) e *Kabbalah and psychology* (York Beach: Samuel Weiser, 1986).

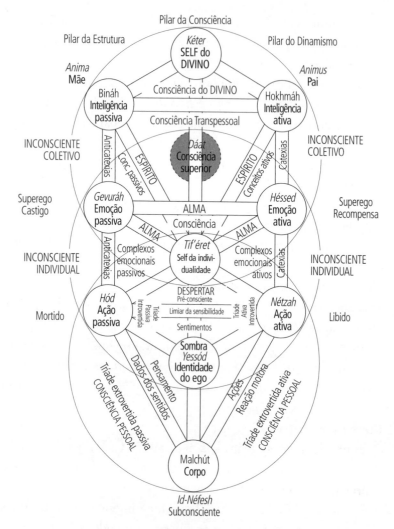

Figura 22 – A PSIQUE EM DETALHE

Aqui vemos as tríades em ação. Abaixo, encontram-se as do pensamento, da ação e do sentimento, muito influenciadas pelo corpo. Acima delas estão a linha divisória e a Tríade da Consciência que Desperta, onde as lembranças podem ser trazidas para a tela yessódica do ego. Em cada lado há os complexos dinâmico e estrutural das emoções, com todas as suas lembranças pessoais. Acima destas estão os conceitos transpessoais adquiridos da cultura que se infiltram pelo inconsciente. A tríade da alma contém a identidade individual. Mais acima vemos a tríade do espírito, que se conecta ao Divino.

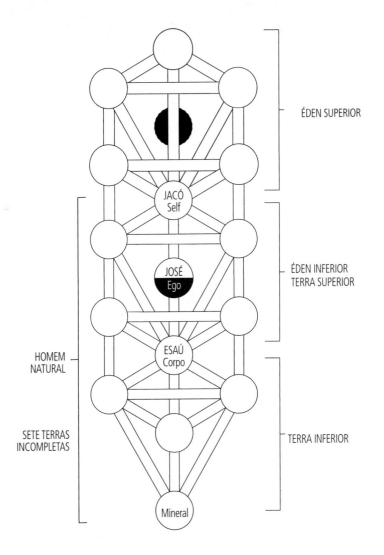

Figura 23 – A BÍBLIA

Os antigos cabalistas usavam as Escrituras como modelo arquetípico da condição humana. Jacó e Esaú são os exemplos clássicos de dois níveis humanos diferentes, apesar de serem gêmeos. Aqui Jacó representa o self, Esaú, o corpo, José, o ego. Esaú permanece puramente físico, enquanto José, o sonhador, se torna o principal representante do faraó. Jacó, depois de sua visão da escada celestial e do seu encontro com o anjo, é transformado e torna-se Israel, o Campeão de Deus.

7. *Os escravos no Egito*

Vimos nos dois últimos capítulos como o homem natural existe conscientemente em partes e em sua totalidade no mundo. Seu corpo ocupa toda a Árvore Yetzirática, e seu ego comum a metade inferior de *Yetziráh*. Os outros mundos estão presentes em seu ser, mas não chegam a manifestar-se, agindo como influências inconscientes sobre sua vida. Para o homem natural comum, a ideia de ser governado por forças imperceptíveis não lhe ocorre ou é uma premissa inaceitável. Apesar de apreciar e respeitar os poderes e a materialidade do Mundo da *Assiyáh*, ele geralmente descarta a noção do sobrenatural. Digo "geralmente" porque existe dentro dele a lembrança natural de um passado remoto, a suspeita de que o presente é constituído não só do que é visível, e um profundo receio quanto ao que o futuro lhe reserva. Para a mente do ego voltado para a existência física, as bases de sua existência tornam o que é sólido insubstancial, e o que é permanente, efêmero. Basta um ligeiro vislumbre da Eternidade para fazer que a mais antiga montanha desapareça na intemporalidade, experiência nada agradável para os que, com base em seu ego, acreditam-se especiais ou mesmo imortais. Poucos homens conseguem enfrentar a ideia da própria morte. Isso pode acontecer aos outros, mas não a eles. Ao menos não hoje – e o amanhã ainda está muito longe. Essa ilusão yessódica é o véu com que o ego encobre qualquer outra realidade.

O CAMINHO DA CABALA • 81

Que processo levou a esse estado de coisas, a essa inconsciência do homem? A Bíblia explica-o com a narrativa da queda de Adão, que o afastou da Graça. Adão desceu dos Mundos Superiores do espírito até o Mundo Inferior da matéria. Em termos cabalísticos, isso pode ser traduzido pela ideia de escorregar para um nível inferior da Escada de Jacó, descendo um degrau, de modo que Adão, cuja morada normal seria o Éden, ou *Yetziráh*, encarnou no corpo físico da face inferior *Assiyáh*. Existem tantas versões quantas explicações para a queda. Alguns cabalistas descrevem-na como um mau funcionamento das *sefirót* durante o desenvolvimento dos mundos. Outros, como a inevitável separação entre a criatura e o Criador. Há ainda quem entenda a situação de Adão como aquela do príncipe enviado por seu pai aos Mundos Inferiores a fim de familiarizar-se com o Reino que ele governará. Segundo alguns cabalistas, Deus colocou Adão nessa posição para que ele tivesse o prazer de ajudá-lo. Vários outros, porém, afirmam que o Homem, em *Assiyáh*, é a manifestação carnal do Adão de *Atzilút*, por meio da qual Deus pode ter acesso direto aos Mundos Inferiores. Aceito esta última ideia e o pensamento segundo o qual cada indivíduo encarnado em *Assiyáh* tem uma missão específica a ser cumprida usando seu talento particular e seu caminho pessoal na vida.

Ao nascer, o corpo yetzirático – psicológico – adere firmemente ao corpo assiyático – orgânico. A ligação se faz primeiro em *Kéter* de *Assiyáh*, que é também *Tif'éret* de *Yetziráh*, e o processo continua para baixo, ao longo da oitava da Luz Cintilante, pelos estágios do pai (*Hochmáh*), da mãe (*Bináh*), da concepção (*Dáat*), da multiplicação das células (*Héssed*), da diferenciação das células (*Guevuráh*), até o estabelecimento de *Malchút* de *Yetziráh* em *Tif'éret* do corpo, ou seja, o sistema nervoso central. A face inferior é completada no organismo quando *Nétzah* e *Hód* colocam-no em funcionamento, de modo que, depois do intervalo em *Yessód*, o sistema autônomo entra em ação assim que o corpo malchútico do bebê é separado do de sua mãe.

A face inferior da Árvore Assyática é composta de tecidos, órgãos, músculos e nervos. Sem nenhuma interligação com o Mundo Yetzirático ou outro Mundo Superior, ela se encontra, de certo modo, incompleta. Na Cabala, a expressão "mundos incompletos" refere- se àquelas existências criadas antes da atual. Elas desmoronaram, segundo dizem, ou porque eram instáveis, tendendo em demasia para um dos pilares ou para o outro, ou porque lhes faltava uma parte do poder do Espírito Sagrado. Quando o Universo atual surgiu, os remanescentes dos seis mundos incompletos foram incorporados à parte inferior do esquema evolutivo geral. Eles foram chamados de Reino de Edóm. O sétimo Reino, o de Tevél, por ser quase completo, tornou-se o modelo para o Adão encarnado, que conhecemos como ser humano. No entanto, fragmentos dos mundos anteriores ficaram fora do sistema do mundo final, dando, assim nos conta a Tradição, origem ao mal, ou seja, às forças demoníacas, não equilibradas, que se encontram além dos pilares exteriores e abaixo do incompleto Mundo de Edóm.

Sem as conexões yetziráticas, a Árvore Assyática assemelha-se às Sete Terras incompletas, e de fato suas limitações terrestres são bem definidas pela morte física, quando o metabolismo mineral ou químico cessa e a vida se afasta do corpo vegetal e animal. Nesse momento, a *Néfesh*, ou alma vital, separa-se da face superior de *Yetziráh* ou metade inferior da psique. Como é de esperar, a parte inferior do corpo assiyático desaba, degrada-se, e suas partes constituintes, seus vários níveis de energia, matéria e consciência elementar, desfazem sua unidade anterior.

Na Tradição Cabalística, essas Sete Terras de *Assiyáh* representam também sete níveis ou graus de existência terrena ao longo da coluna central da Árvore Assyática. Por vezes, elas são chamadas de países e têm nomes, sendo a mais inferior, *Malchút*, denominada *Éretz*, ou Solo. Esses países são habitados, e cada um deles encontra--se em um estágio particular de consciência. Na verdade, eles se situam uns acima dos outros, ocupando o mesmo lugar, mas de

Figura 24 – JOSÉ

José simboliza o ego que organizou o Egito para o faraó, ou governante do corpo. Essa é a função do ego: fazer a vida do indivíduo seguir de acordo com os ritmos naturais e os hábitos adquiridos. Ele pode, também, como vemos aqui, ser o instrumento pelo qual a consciência se expressa por meio de sonhos ou da imaginação. Enquanto José era poderoso, encontrava-se sob as ordens do faraó. Mas seu pai Israel, o self, tomou a dianteira quando se tornou necessária uma submissão completa. (José interpretando o sonho do Faraó, Bíblia de Banks, séc. XIX)

84 • Z'EV BEN SHIMON HALEVI

maneiras diferentes. Como exemplo, a bactéria e a psique humana habitam um mesmo corpo, mas têm consciências de níveis distintos. Segundo esse ponto de vista cabalístico, a bactéria que ocupa a face inferior da Árvore Assiyática relaciona-se muito pouco com os Mundos Superiores. É possível dizer, inclusive, que os níveis de experiência mineral, vegetal e animal, sendo quase totalmente confinados a *Assiyáh*, são, por isso, incompletos. Só o homem, que pode modificar seu estado e assim converter a face superior de *Assiyáh* na face inferior de *Yetziráh*, pode ser considerado um ser terrestre completo. Como vimos, no entanto, a maioria dos homens prefere conservar o centro de gravidade de sua consciência no nível vegetal, vivendo, portanto, no seu equivalente humano. Nessa condição, eles sofrem as agruras da face inferior de *Assiyáh* sem se dar conta de que existe, na verdade, uma face mais elevada, equivalente à Terra, para não falar do Éden Terrestre, que se interconecta com ela. Era essa a condição em que viviam os hebreus no Egito.

A Bíblia conta-nos que Jacó desceu ao Egito levando consigo 70 almas. Ou seja, ele desceu de Canaã, ou *Yetziráh*, com as sete *sefirót* construtoras (pois cada *sefiráh* tem dez *sefirót* menores próprias), e foi até *Assiyáh*, o Egito, onde fixou residência. Em hebraico, a palavra Egito é *Mitzráyim*, cuja raiz denota "constrição" ou "confinamento". No início, as coisas corriam bem para os hebreus porque José, o filho de Jacó, era vice-rei do Faraó e seu fiel funcionário. Em termos cabalísticos, Jacó, o self, é *Tif'éret* de *Yetziráh* e *Kéter* de *Assiyáh*, e José, o ego, é *Yessód* de *Yetziráh* e *Dáat* de *Assiyáh*, o que explica suas funções e seus relacionamentos, e por que tudo ia bem enquanto eles estavam no Egito. Mas o tempo passou, Jacó morreu e foi transportado de volta a Canaã – *Yetziráh* – para ser enterrado, enquanto seu espírito retornava para seus antepassados, em *Beriáh*. Mais tarde, José também morreu e foi encontrar-se com seus antepassados, permanecendo seu corpo mumificado no Egito até que os hebreus rumaram para Canaã. Temos aqui, alegoricamente, a situação do homem natural depois de passar algum tempo em *Assiyáh*. Do nascimento à

O CAMINHO DA CABALA • 85

juventude ele tem inocência, integridade e uma percepção da verdade, mas tudo isso é geralmente perdido, ou no mínimo enterrado, sob camadas de prazeres e sofrimentos carnais. Com o tempo, ele se esquece do país superior de onde veio. As lembranças desaparecem ou se turvam pelas atividades da vida assiyática. Desejo, sobrevivência e conforto tornam-se mais importantes que todo o resto. Os vislumbres momentâneos do Paraíso dos seus primeiros anos de vida tornam-se cada vez mais raros, enquanto as responsabilidades da vida aumentam, até que aqueles passam a ser vistos como sonhos e fantasias infantis. Por ocasião de sua aposentadoria e velhice, é tarde demais para fazer alguma coisa e ele é arrastado para a morte, começando o ciclo todo outra vez. Esse é o *Guilgúl*, a Roda da Escravidão. Totalmente comandado pelas leis dos elementos e da sua natureza orgânica, o homem fica confinado na Terra Inferior do Egito. É verdade que o ego ainda tem poder sobre a Terra, como vice-rei, mas agora ele não passa de uma veste colorida vazia, pois, não havendo mais o self para guiá-lo, ele se acredita o faraó, ou Rei-Deus.

No entanto, nem todos os Filhos de Israel desejam ser escravos. Alguns ainda conservam uma tênue lembrança do lugar de onde vieram e a cada geração ouvem a lenda sobre a promessa feita a seus antepassados de uma terra distante onde fluem o leite e o mel. Para a maioria dos hebreus, trata-se de um conto de fadas, cheio de maravilhas – mas não muito digno de crédito. A existência no presente é a única realidade, dizem eles, e já é suficientemente árdua para ficar pensando em uma aventura por territórios desconhecidos. Para os que prestam atenção, porém, torna-se cada vez mais claro não se tratar de uma fantasia infantil, mas de uma história e de um método bastante precisos de ação, devoção e contemplação cuja mensagem verdadeira é a de como libertar-se da escravidão. Para quem consegue fazer essa opção, muitas coisas tornam-se possíveis. Pois o Céu, alertado para o despertar de Adão, coloca em ação a Providência para que desça através dos mundos e ajude-os as elevar-se. Assim, eles poderão entrar, mesmo ainda incorporados em *Assiyáh*, no Jardim do Éden inferior.

8. A Terra Prometida

O sentimento de solidão é comum a todos. Na verdade, tal sensação de isolamento é uma das forças mais importantes na vida. Ela leva homens e mulheres a se unir, cria famílias e promove o surgimento de tribos e nações aos quais as pessoas se sentem integradas. Mas, como todos sabem, mesmo na mais íntima das relações pessoais cada um está sozinho. E no interior dos grupos isso é mais intenso, por maior que seja o grupo. Esse sentimento de solidão não tem origem na natureza, do contrário seria fácil resolvê-lo pela vida coletiva. Não, a causa é outra. É nossa distância dos Mundos Superiores que nos aflige enquanto vivemos apenas nos reinos incompletos da *Assiyáh*.

A sensação de estar deslocado no mundo natural é encontrada em todas as culturas e em todos os tempos. Uma antiga canção folclórica americana expressa-a nas seguintes palavras: "Sou apenas um pobre estrangeiro, trabalhador itinerante, que viaja por este mundo de aflição. Mas não temo a labuta e o perigo nessa terra para onde vou". Na Bíblia encontramos a mesma ideia nos símbolos do Exílio e da Terra Prometida. Percebidos literalmente, os homens viam o Exílio e a Terra Prometida como fenômenos históricos. Cristãos e muçulmanos lutaram pela posse da Palestina na Idade Média, e hoje os israelenses, após dois mil anos de exílio, ainda lutam para permanecer em Sião. Ainda que esse pequeno território no Oriente Médio signifique muito para três das maiores religiões do mundo, seu sentido real é geralmente esquecido. Sião

O CAMINHO DA CABALA • 87

é o Monte Sagrado em cujo cume encontra-se a Paradisíaca Jerusalém. Isso indica que, embora a Terra Prometida tenha sua base em *Malchút*, assim como a Escada de Jacó começava em um travesseiro de pedra, a verdadeira Terra Santa está situada, por definição, em outro mundo. A noção de uma terra distante e ideal também pode ser encontrada no mundo inteiro, em mitos e no folclore. Alguns povos acreditam que a Terra Prometida está no Céu, outros a situam do outro lado das montanhas ou do oceano, ou mesmo no final do arco-íris. Seu lugar nunca é este. O homem natural, no entanto, a percebe sempre como um lugar físico, algo que deve ser encontrado ou construído, como o Eldorado ou a Utopia. Talvez a versão mais moderna desse mito seja o vale secreto de Xangrilá, no Himalaia. Mesmo este, porém, estaria localizado em *Assiyáh*.

Para a Cabala, a Terra Prometida situa-se além de *Tif'éret* de *Yetziráh*, o self da Árvore Psicológica. Seu início está em *Tevél*, a mais elevada das Sete Terras, que pode ser definida como a suprema tríade de *Assiyáh* ou, simultaneamente, como a tríade *Hód-Nétzah-Tif'éret* de *Yetziráh*. Em termos psicológicos, esse complexo é conhecido como a Consciência que Desperta ou como a Tríade da Esperança.

Vislumbres da Terra Prometida, ainda que um tanto diluídos e geralmente distorcidos, são inúmeros na cultura popular. Um deles é a famosa lenda de João e o Pé de Feijão. João, um menino (ou seja, um homem natural, ainda incompleto) sobe por um pé de feijão mágico e entra em um Mundo Superior. Naturalmente, tudo ali lhe parece maior que o normal e algo ameaçador, daí o símbolo do gigante. Sua descida precipitada e o corte do vínculo com a derrubada da maravilhosa planta atestam sua decisão de viver na segurança do mundo natural, bem abaixo. A história de Aladin é outra versão do encontro do homem natural com os Mundos Superiores, assim como o conto da Cinderela. Este último, por sinal, nos dá um relato detalhado dos poderes e dos mundos envolvidos.

Cinderela, a herdeira legítima (a alma) da casa de seu pai, é obrigada a viver na cozinha (o corpo) enquanto suas feias meio-irmãs (*personas*), filhas de sua madrasta (ego), usurpam o seu lugar. No entanto, com a ajuda de sua fada madrinha (um mestre), uma abóbora (a alma vegetal) e alguns ratinhos (a alma animal) são transformados em carruagem e cavalos (a *Merkaváh* da visão de Ezequiel) que levarão Cinderela ao baile (o Mundo Vindouro). Seus andrajos são transformados em um maravilhoso vestido (ela passa do mundo natural ao sobrenatural). Nesse estado de Graça, a jovem é elevada de *Assiyáh* para *Yetziráh*, onde encontra o príncipe (o espírito de *Beriáh*). Depois de várias dificuldades com as reivindicações do ego e das *personas*, a alma e o espírito unem-se em matrimônio, para a grande satisfação do rei (*Adám Kadmón* – ou *Atzilút*).

Esses contos populares não são, é óbvio, concebidos por simples contadores de histórias. Na Cabala há uma tradição pela qual a cada momento existem no mundo 36 Homens Justos (*Tzadikím*). A ideia de sermos acompanhados em segredo por pessoas sábias e poderosas é, de novo, muito comum em todas as culturas. Tais sábios surgem nos contos populares na forma de estrangeiros misteriosos em momentos cruciais na jornada do herói. De início não reconhecidos, o mágico ou a fada madrinha intervêm para que a missão seja cumprida. O paralelo com o progresso espiritual é preciso, tanto que o mestre só é reconhecido quando o discípulo está pronto. Isso nos fornece um forte indício de que tipo de pessoas escreveram os contos originais, por que estes foram escritos e a quem eram dirigidos.

A função dos *Tzadikím* ocultos é vital para a humanidade. Eles são os Mestres ou *Maguidím* cuja missão é ajudar homens e mulheres que desejam a evolução espiritual. Entretanto, não é possível alcançar esse objetivo diretamente porque o homem natural, em geral, não consegue reconhecer a presença de tão evoluídas criaturas, que sempre aparecem na forma de pessoas comuns. Esse fato torna tudo, ao mesmo tempo, mais fácil e mais difícil. Mais fácil porque o *Tzadík* oculto pode estar bem no meio da vida cotidiana sem ser percebido, mais difícil porque ele só pode ajudar quem o reconhece e admite a própria necessidade de ser ajudado. Somente assim ele pode revelar sua identidade. Em todas as tradições espirituais há pessoas desse tipo. Pode-se encontrar, sem perceber, um antiquário que é sufista ou um contador que é cabalista, embora ambos possam se reconhecer rapidamente como duas pessoas se reconheceriam num dormitório. O número de *Tzadikím* é com certeza maior que 36, embora eles talvez ocupem um lugar especial na hierarquia espiritual, que às vezes é chamada de Círculo Interno da Humanidade.

Enquanto os *Tzadikím* de todas as tradições difundem seus ensinamentos por meio de contos populares, dando pistas e indícios de sua presença e de seu trabalho no Mundo da *Assiyáh*, nada pode ser feito pelo homem natural até que ele tome a decisão de fazer, ele próprio, alguma coisa.

Nos momentos em que ocorre um *insight* visionário, seja na calmaria ou na crise, as pessoas são levadas a pensar que deve haver algo mais que as atividades físicas de comer, procriar e obter poder por um dia, antes de fenecer, aposentar-se e morrer. A maioria das pessoas lembra-se de fatos desse tipo com muita clareza, como se elas tivessem invadido outro mundo, o que de fato aconteceu. O impacto dessa experiência ao mesmo tempo fascina e assusta o homem natural, como ocorreu com João sobre o pé de feijão, porque ele se vê na iminência de avançar no interior desse novo mundo ou então recuar. A maioria recua porque prefere o mundo que já conhece, com suas agruras e tribulações, ao que lhes é desconhecido – por maiores que sejam as suas promessas. Por vezes, a rejeição do Paraíso (o aspecto yetzirático) na face superior de *Assiyáh* é violenta, não só por sua novidade, como por sua ameaça ao *status* do ego situado no lado Terra daquela face. Perder a identidade do ego é insuportável para a maioria das pessoas porque, como *Dáat* de *Assiyáh*, esse é seu único conhecimento da realidade física. Para os seres orientados para a Terra, a ideia de renunciar ao mundo natural é difícil demais. É isso que nos conta a história bíblica de Jacó e Esaú. Este último, o irmão mais velho, vendeu seus direitos de primogênito à herança do pai por um prato de comida porque estava sentindo fome. Agindo assim, perdeu a chance de evoluir espiritualmente. Permaneceu embaixo, no mundo natural, para tornar-se o pai dos reis de Edóm, que representam *Assiyáh*, antes que existissem reis em Israel. Os reis de Edóm personificam, nesse contexto, os sete estágios incompletos antes que o Reino de Israel fosse estabelecido nos Mundos Superiores. A Casa de Israel é o nome cabalístico do Círculo Interno da Humanidade.

Quando o homem natural decide penetrar mais a fundo no mundo que existe além de Edóm, a Providência lhe abre portas que não apenas estavam fechadas como eram invisíveis aos olhos. Subitamente, contos populares começam a se tornar realidade, e a Bíblia se transforma em um documento sobre o presente, não mais sobre o passado. É então que a *Teshuváh* – a volta ao lar na Terra Prometida – pode começar. *Teshuváh* é a palavra hebraica que significa tanto "arrependimento" quanto "conversão". Em termos cabalísticos, ela descreve a libertação da maldição de Adão (a de trabalhar a Terra) e a transformação da face superior de qualquer Mundo Inferior na face inferior de um Mundo Superior. Entretanto, antes que o Êxodo do Egito comece, certas precondições devem ser preenchidas. Quando uma pessoa está suficientemente descontente e decidida para querer renunciar à sua escravidão, precisa receber treinamento. É nesse momento que o guia espiritual ou *maguíd* costuma aparecer. Isso aconteceu aos Filhos de Israel na pessoa de Moisés. E o mesmo acontece na vida dos indivíduos.

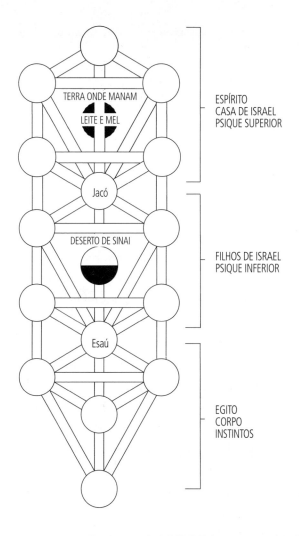

Figura 25 – O CATIVEIRO

Neste esquema, a parte superior da árvore corresponde ao aspecto espiritual da mente, simbolizado pela "Terra onde manam o leite e o mel". Daí se originam os israelitas. Pela ação de José, seu pai Israel desceu ao Egito com todo o seu clã. Esse é um modo de dizer que o ego e o self estão encarnados no corpo. Aqui eles se tornam escravos do que é físico, simbolizado por Esaú. Somente os levitas, a tribo de Moisés, lembravam-se de onde tinham vindo. Eles se tornaram os sacerdotes e os anciãos.

9. Jacó e Esaú

Jacó e Esaú eram irmãos gêmeos, ou seja, frutos da mesma semente. Esaú não apenas vendeu sua primogenitura como perdeu a bênção de seu pai e casou-se com uma mulher idólatra. Por essas três faltas, ele perdeu seu lugar na Terra Prometida conquistada pela Aliança entre seus antepassados e Deus, onde ele e seus descendentes poderiam ter vivido para sempre. Desse modo, perdeu também a imortalidade e foi morar no Sul, abaixo de Israel, na Terra de Edóm, que significa "vermelho", a cor do sangue, o reino dos homens animais. Esse lugar também é chamado de "selva".

Jacó, o gêmeo mais novo, sucedeu a Esaú porque percebeu o valor da primogenitura e, com a ajuda de sua mãe, conseguiu para si a bênção dada ao primogênito. Assim, ele converteu a face superior de *Assiyáh* na face inferior de *Yetziráh*. Esse é primeiro passo para a *Teshuváh*, ou Redenção. Esaú, que não se converteu nem se arrependeu, permaneceu em *Tif'éret* de *Assiyáh*, enquanto Jacó elevou-se e se tornou *Kéter* de *Assiyáh*, o filho primogênito. Posteriormente, depois de lutar com o anjo de Deus, Jacó passou a ser chamado de Israel. Houve, então, uma segunda conversão, ou elevação, fazendo que *Kéter* de *Assiyáh* e *Tif'éret* de *Yetziráh* entrassem em contato com *Malchút* de *Beriáh*, pois as três ocupam a mesma posição. Nesse momento, inicia-se seu segundo nascimento, ou elevação da alma para fora

O CAMINHO DA CABALA • 93

do corpo físico de *Assiyáh*. É nessa face, abaixo de Jacó e acima de Esaú, que se encontram os Filhos de Israel. A expressão "Filhos de Israel" (*Benêi Israel*) é um termo cabalístico muito preciso. Ele não se aplica apenas às pessoas de origem hebreia, pois define um estado do ser, acima do nível animal de Edóm e da escravidão no Egito, mas abaixo da face superior de *Yetziráh*, conhecida como a porta de entrada para a Terra Santa ou, neste contexto, a Casa de Israel. Nascido como homem natural regido pelas leis de *Assiyáh* (ou "em pecado", como alguns cabalistas posteriores preferem), qualquer indivíduo na Terra começa a vida como Filho de Israel.

Na infância e na juventude, é comum sentirmos a presença de outro mundo, às vezes em momentos de profunda admiração pela natureza ou pela imensa vastidão do céu. Chega a hora, porém, em que o Mundo Assiyático exige seu pagamento pelos serviços prestados, pois tudo no universo, inclusive o desenvolvimento espiritual, tem seu preço. Em *Assiyáh*, é o trabalho de Adão na Terra e de Eva na criação dos filhos. Quando essa dívida é paga, a criança (o homem natural) torna-se adulto e pode mover-se para o Mundo Seguinte. Esse movimento, aliás, nem sempre acontece. Os Filhos de Israel logo esquecem, por causa das preocupações da vida no mundo natural, as lembranças da outra realidade. Eles deixam de lado a promessa feita a seus antepassados e vendem seus direitos de nascença por posses minerais, conforto vegetal e poder animal. Como Esaú, eles faltam ao encontro com a bênção de seu pai e se casam com pessoas descrentes. Não apenas se distanciam de sua origem, como deixam mesmo de acreditar que ela de fato é real. Tornam-se, então, na pior das hipóteses, escravos vegetais no Egito, e, na melhor, Filhos de Esaú, que vivem como animais no reino de Edóm.

Os que persistem em ser Filhos de Israel, que mantêm alguma ligação, por mais tênue que seja, com os Mundos Superiores de onde vieram, ainda assim não têm uma vida fácil como se poderia imaginar. Viver em Edóm ou no Egito é duro porque todos à sua volta não só estão totalmente envolvidos com as atividades típicas de *Assiyáh*, como os olham como estranhos, preguiçosos e até perigosos. Em primeiro lugar porque, como diz um cabalista, "os filhos deste mundo têm mais sabedoria em sua jornada que os filhos da Luz" e, em segundo, porque o questionamento incessante dos valores da existência física é uma ameaça direta à religião de Esaú. O problema do Filho de Israel é participar de dois mundos. Não lhe é possível ter satisfação total, como os filhos de Esaú, na simples *Assiyáh*. Ele, porém, não sabe como entrar nem como permanecer no Paraíso de *Yetziráh*. O mundo terreno considera-o anormal porque ele não deseja posses nem se interessa por *status*. Até sua família muitas vezes o estranha.

Com frequência, ele é censurado por não ter ambições materiais e, ao falar de mundos elevados, provoca no homem natural uma raiva mais profunda que qualquer paixão animal, por questionar sua filosofia de vida.

Enterrada no inconsciente do homem natural encontra-se a dolorosa percepção de que existem Mundos Superiores que lhe foram negados. O ressentimento de Esaú por perder seu lugar continua vivo, embora essa perda tenha sido causada por sua decisão. Ele se agarra como um cão à segurança racionalizada dos sentidos, forçando-se a acreditar na realidade de algo que teima em se desfazer diante dos seus olhos. O Filho de Israel o enfurece porque insiste em relembrar que tudo na Terra tem um fim, que as ilusões do ego sobre sua importância são falsas, que cada novo nascimento nada mais faz do que confirmar o inevitável declínio e a morte. Foi essa a aflição de Adão e Eva, essa consciência impossível de suportar, de ser encarada de perto ou muito profundamente. Buscando defender-se, os Filhos de Esaú primeiro ridicularizam os Filhos de Israel. Perguntas sobre o

Figura 26 – A BÊNÇÃO

Aqui, enquanto Esaú está caçando lá fora, Jacó, com a ajuda de sua mãe, obtém a primogenitura de seu irmão mais velho. Isso foi possível porque Isaque não podia mais enxergar. O trauma de ter sido quase sacrificado provocou-lhe medo excessivo e a perda da visão, impedindo-o de reconhecer, como fez Rebeca, que Jacó era mais apto a receber a Tradição Interior. Esse episódio serve-nos de advertência para que não tomemos uma única direção. (Isaque abençoando Jacó em vez de Esaú, Bíblia de Banks, séc. XIX) sentido da vida e sobre a busca da eternidade são vistas como irreais e inúteis em um mundo governado por perdas e ganhos, por unhas e dentes. "Então, para que conservar a religião de nossos pais?", perguntam os Filhos de Israel, à vista dos milhares de templos no Egito e em Edóm. "Porque essa é a Tradição" é a resposta. "Mas", continuam os Filhos de Israel, e assim tem sido a cada geração, "vocês não praticam os preceitos. Vocês são hipócritas." Nesse momento, os Filhos de Esaú muitas vezes se tornam violentos, especialmente aqueles que se pretendem sacerdotes e guardiões da religião de seus pais. Eles se voltam contra os questionadores e os que procuram a verdade, expulsando-os da comunidade. E é assim que Esaú e Jacó, irmãos de sangue, não conseguem mais conviver. Eles são incapazes de, mesmo quando já reconciliados, viver no mesmo país. Jacó deve sair em busca de uma terra para si (Gênesis 33).

Jacó é o forasteiro, o estrangeiro – um dos significados originais do termo "hebreu". E Abraão torna-se um forasteiro até para seu pai, que vivia da fabricação de ídolos. Em Gênesis 12, "Deus disse a Abraão: Vai-te da tua terra, do lugar onde nasceste, da casa de teu pai, para a terra que Eu hei de mostrar-te".

Depois que Jacó toma a sua decisão, mandam-no para longe de sua terra natal sem que pudesse levar consigo nada de seu. É essa a situação do Filho de Israel. É verdade que ele tem a bênção de seus pais, ou seja, a influência de *Hochmáh* e *Bináh*, as *sefirót* de Adão e Eva, a Sabedoria e o Entendimento. Estas, porém, geralmente se encontram na forma de histórias e ideias que ele mal compreende. Ele sabe que não pode mais viver com, ou sob o jugo de, Edóm e suas leis, mas não tem ideia de como ir embora. Procura, desesperadamente, a saída daquele lugar, pedindo a Deus que o ajude como ajudou os Filhos de Israel cativos no Egito. Por vezes, sua solidão e a loucura que ele suspeita haver em si encontram alívio em um vislumbre do Paraíso; assim, por alguns momentos, a face superior de *Assiyáh*, ou Terra, quando se transforma no Éden inferior, confirma a sua crença de que a Terra Prometida de fato existe. Ele anseia cada vez mais por ingressar nessa realidade mais elevada, mas falta-lhe o controle sobre essas experiências que ocorrem tanto nos instantes de alegria como nas horas de tristeza profunda. Ele procura a chave, a porta, algo que lhe permita entrar. Alguns dos que buscam tentam as drogas. Estas abrem uma janela para um mundo diferente de *Assiyáh*, mas cujas paisagens são distorcidas e cujos vidros estão embaçados pelas impurezas psicológicas, fornecendo uma visão que em nada se compara à clareza dos momentos de Graça. Cabalisticamente, a droga é vista como algo que proporciona um caminho não só ilegítimo como perigoso. Tais expedições podem convencer os ingênuos da existência de um Mundo Vindouro, mas as imagens não passam de reflexos nos espelhos do ego, cuja superfície pode acabar estilhaçada para sempre pelo abuso químico, destruindo, assim, sua propriedade vital de refletor não luminoso da verdadeira iluminação. A destruição do *Yessód* yetzirático e da *Dáat* do corpo não é uma questão fácil. Ela pode incinerar o direito de nascença presente no corpo da pessoa, deixando-a apenas com uma pálida lembrança do que poderia ter sido.

Para o Filho de Israel que busca um caminho tradicional e legítimo, trata-se de um percurso longo e solitário. Ele lê e estuda os textos e as Escrituras, executa diversos rituais, reza e medita. Contudo, está sozinho, rodeado por pessoas que o consideram esquisito, sua capacidade de manter esse esforço é instável e de curta duração. Ele precisa de outros com quem falar, com quem compartilhar e trocar ideias, mas não os encontra. Ninguém ali compreende sequer um fragmento dos problemas que ele precisa resolver, ou dos mundos que ele deseja conhecer. Volta e meia ele encontra pistas, mas são como palavras entreouvidas de uma conversa que acontece em outro cômodo. Ele sabe, mas desconhece o que sabe. Ele vê, mas não enxerga com suficiente clareza a ponto de se lembrar do que certa vez viu com tanta precisão. Os livros e as práticas indicam, mas não falam, embora revelem mais do que ele consegue entender. Eles não bastam. Ele precisa de ajuda. Nada conseguirá tentando sozinho. Sua pretensão espiritual lentamente se esvai. Começa a suspeitar de que não é superior aos Filhos de Esaú. Eles são como ele. A única diferença é que ele sabe que é diferente.

Ele continua sendo um homem natural, apesar de todos os seus anseios, percepções e promessas. Desejar não é o mesmo que realizar, e logo fica claro que não lhe será possível entrar no Mundo seguinte sendo o que é. É preciso mudar. É necessária uma conversão, um passo concreto rumo à redenção, embora ele não saiba, naquele momento, que é disso que se trata. Nessa hora de crise, quando todo trabalho e todo sacrifício parecem ter sido em vão, a Providência, muitas vezes, organiza um encontro aparentemente casual com alguém ligado a uma tradição viva. Pode ser um dos 36 Justos, Buda ou Maomé. É mais provável, porém, que seja uma pessoa situada no primeiro degrau da escada dos mestres, alguém que está somente um passo adiante do forasteiro, mas sabe o bastante para reconhecer seu estado e sua necessidade. Esse encontro pode demorar muito para acontecer, com o mais velho observando o mais novo até que este esteja pronto para a Cabala, que significa "receber" a Tradição.

10. O *Tzadík*

O *Tzadík* é um homem justo, um santo. Ele, porém, não nasce assim, mas é moldado, em parte com o auxílio de Deus, em parte pelos próprios esforços. Ninguém se torna *Tzadík* contra a vontade ou ninguém é escolhido para sê-lo. Ele escolhe a si mesmo. Por virtude ou por decisão, ele faz de si mesmo um dos eleitos da humanidade. Muitos são chamados, poucos são escolhidos. Ou seja, não são eles que se elegem dignos das responsabilidades da tarefa, fazendo-se merecedores dela. Algumas pessoas acreditam erroneamente ter sido escolhidas, e vivem de acordo com o que lhes parece ser uma missão divina. Tais pessoas muitas vezes não só arruínam o próprio progresso, como impedem o progresso de outras. No entanto, até mesmo esses desastres espirituais têm sua função, alertando os peregrinos para o que não se deve fazer.

O *Tzadík* é alguém que tomou para si a responsabilidade de ser adulto. Ele é ele mesmo, como os melhores Filhos de Esaú que alcançam o nível de *Kéter* em *Assiyáh*. Homens inteiramente naturais, porém, não desejam ir mais longe. Contentam-se em ser os governantes do Mundo Inferior, em vez de ser servos no mundo que está acima. Há, é claro, algumas raras exceções, quando um Esaú completo, um grande homem deste mundo, de repente abandona tudo que tem e volta-se para Deus. Na verdade, um réprobo dedicado às vezes tem mais chance de entrar no

Reino dos Céus que um santo indiferente, pois ele se conhece e sabe como comprometer-se e dirigir sua vontade.

O ato de dirigir a própria vontade é a primeira lição que o aspirante deve aprender porque, como ele deve ter percebido, não é possível concentrar-se em uma única direção por um razoável período. Essa dificuldade advém do fato de que, enquanto a Árvore do corpo assiyático encontra-se bem organizada e equilibra de modo eficaz os processos orgânicos, o mesmo não acontece com a Árvore Yetzirática da psique. O homem natural funciona muito bem em *Assiyáh* enquanto sua mente trabalha no nível mínimo de operação da mecânica mental. Ele pode, na verdade, viver bem mesmo que as funções cerebrais mais elevadas estejam fora de uso em virtude de doença ou de um dano acidental. No entanto, aquele que que deseja viver no mundo acima do estado animal e vegetal do homem não conseguirá começar sua jornada, pois não terá nem organização nem fundamento no qual apoiar-se. Um exemplo da dificuldade de apreender um novo conceito pode ser visto na educação rotineira da mente egoica yessódica. Uma instrução mais sutil é necessária para formar uma fundação no Mundo de *Beriáh*. É essa a razão pela qual tão poucas pessoas conseguem educar a si mesmas até alcançar de modo equilibrado a condição de *tzadík*. É necessário um mestre, um guia espiritual que fez, ele mesmo, essa travessia. Os melhores mestres, em geral, acabaram de chegar ao nível imediatamente superior ao do discípulo. Ensinar àqueles que estão abaixo dele é um meio de retribuir o que receberam de seu *maguíd* ou professor.

Na Cabala, o caminho entre o ego-*Yessód* e o self da Árvore Yetzirática da psique é conhecido como o Caminho do Tzadík, segundo a letra hebraica que lhe foi designada. A raiz do nome da letra *tzade*, além de significar "honestidade", está associada também à ideia de "o que está à espera". O motivo para o primeiro sentido é até óbvio, pela ligação entre o brilho luminoso da Verdade

Figura 27 – A UNÇÃO

Aqui vemos Samuel ungindo Saul. O nome "Samuel" significa "Ouvir – prestar atenção – a Deus". Essa é a marca registrada dos grandes profetas, santos ou sábios. O *Tzadík*, de acordo com algumas interpretações, é uma pessoa justa que aspira a ser totalmente humana. Isso requer mais que apenas ser ortodoxo. Significa que o indivíduo deve trabalhar sobre suas imperfeições e conscientizar-se cada vez mais de quem ele realmente é. Quando determinado grau de êxito é alcançado, ele pode então ser "ungido". Em certo momento, saberá que se tornou conhecido e que lhe cabe uma missão específica naquela vida. (Bíblia de Bank, séc. XIX) na *sefiráh* Beleza (*Tif'éret*) e o reflexo não luminoso da *sefiráh* Fundação (*Yessód*). Os símbolos do Sol e da Lua são, de vez em quando, utilizados para indicar *Tif'éret* e *Yessód*, ilustrando o relacionamento existente entre ambas. O outro nome desse caminho, "o que está à espera", deriva da colocação, na Árvore, das 22 letras do alfabeto hebraico, uma para cada um dos caminhos ou canais. Seguindo o trajeto do Relâmpago, a letra *tzade* preenche o caminho entre o ego e o self. Esse caminho pode estar aberto ou fechado, dependendo de qual *sefiráh*, *Tif'éret* ou *Yessód*, funciona como sede da consciência. Quando o comando pertence a *Yessód*, o ego controla o estado natural dos pensamentos, sentimentos e atos rotineiros; já quando *Tif'éret* comanda, surge um senso mais elevado de percepção, descrito como "olhar para o interior de si mesmo". Essa condição de consciência que desperta é o prelúdio de um estado de Graça, ou de um vislumbre do Paraíso.

O sentido de "o que está à espera" pode ser entendido de dois modos. Um deles se refere à manifestação do demônio pessoal, que reside no lado obscuro do ego, e o outro à presença oculta do *Tzadík* interior, conclamando a pessoa a despertar, mesmo que seja em cima da hora. Podemos chamar esses dois aspectos – bom e mau – de "Dr. Jekyll e Mr. Hyde" pessoais [o médico bondoso e o monstro destrutivo]. Essas duas figuras são bem diferentes dos anjos bom e mau, situados na Árvore, nas partes mais altas, um para ensinar, o outro para instigar. A luta entre esses anjos emocionais só ocorre conscientemente quando a pessoa já alcançou a capacidade de distinguir o bem do mal. Para um *Tzadík*, esta não é a questão mais importante, pois a pessoa ainda não está desperta o bastante para ser capaz de lidar eficazmente com esse estágio. Essa é outra razão pela qual o discípulo necessita da ajuda do *maguíd*. Como acontece nos contos populares, a estrada para o país desconhecido é muito arriscada. O herói, mesmo o mais corajoso, precisa de um guia.

Um dos primeiros perigos que o inexperiente pode vir a enfrentar é o de encontrar um homem que acredita equivocadamente ser um *Tzadík* ou Mestre, ou ter sido um que agora tem planos próprios. Aquele que acredita ser um *Tzadík* cedo ou tarde se revelará um impostor porque, mesmo que tenha lido todos os livros ou copiado de alguém que ele imagina ser um autêntico, não é capaz de produzir mudanças reais em si mesmo quanto mais em um discípulo. Seus conselhos são falsos, e o discípulo logo abandona a ele e a suas ilusões. Mais perigoso é o homem que de fato alcançou certa realização espiritual. Suas qualidades são geralmente enigmáticas, e não raro ele tem poderes notáveis, utilizando-os para intrigar e manipular pessoas não tão evoluídas quanto ele. A história está repleta dessas pessoas, cuja influência moveu grande número de pessoas, como fez Shabtái Tzvi no século XVII. Ele era um homem singular, grande conhecedor da Cabala, que usou seus conhecimentos para persuadir uma grande comunidade de judeus de que ele era o Messias. Como todos os que abusam do Ensinamento, acabou caindo no abismo que ele próprio cavou. Homens desse tipo, aliás, têm a capacidade de fascinar e aprisionar pessoas com seu carisma, que é o oposto exato da Cabala, cujo objetivo é o de libertar os indivíduos da servidão. Por esse motivo, é proibido aos cabalistas exercer seu poder sobre outros contra a vontade deles.

A tendência de usar o ensinamento ou, na verdade, qualquer outra coisa para obter benefícios pessoais é a marca registrada do falso *Tzadík*. Apesar de ter estudado com um mestre por algum tempo e de ter sido, talvez, um discípulo exemplar, a iniciação no controle da vontade pode levar um estudioso a abandonar seus objetivos já no fim do caminho. Alguém assim deixa para trás o caminho do *Tzadík* e desce até o ego, onde exercerá os poderes e as habilidades que aprendeu, ao que parecia, pelo bem do trabalho espiritual, mas, na verdade, apenas para glorificar a própria imagem yessódica. Para tais pessoas, sua imagem é o mais importante, e com ela vêm vestimentas e maneirismos que sugerem que elas conhecem o Mundo Superior. Esse papel pode ser exercido de forma ortodoxa ou não, e é encenado por mágicos, rabinos, líderes de correntes psicológicas e até por sacerdotes de ilustre linhagem. Tal fenômeno ocorre à margem de todas as tradições e é uma das razões para a existência de dinastias de *Tzadikím* que vigiam uns aos outros. A tentação sempre é possível ao longo da Escada de Jacó. Lúcifer era um dos mais excelsos arcanjos antes de cair. Somente Deus é perfeito. O contato com Mestres "negros"[7] ou caídos faz parte, muitas vezes, da formação do discípulo. Vários becos sem saída surgirão, mas com cada um deles o discípulo aprenderá algo, nem que seja o fato de que outros tropeçaram antes dele ou como livrar-se da diáfana rede que o falso Mestre tece em volta de seus seguidores para alimentar o próprio ego. Quando o aspirante encontra o verdadeiro *Tzadík*, em geral só o reconhece no momento em que suas perguntas são respondidas, porque o verdadeiro Mestre nada oferece a não ser que seja questionado de forma explícita. Nisso ele difere totalmente do falso professor, com suas promessas fabulosas, que se autoilude e busca o poder. De fato, o *Tzadík* genuíno tentará afastar o discípulo, criará obstáculos e sairá de sua frente, dificultando o contato.

Na Cabala, é por esse método que os simples curiosos logo perdem o interesse. Apenas os que tiverem olhos capazes de discernir perceberão o porquê das barreiras, pois atravessá-las implica grande sacrifício e dispêndio de energia – para obter não mais que um pequeno, porém vital, indício. O verdadeiro conhecimento não é adquirido nos livros, mesmo que seja possível divisar

---

7. Utilizado aqui sem referência a cores, mas sim marcando a oposição entre a Luz e as Trevas. [N. T.]

O CAMINHO DA CABALA • 105

um tênue esboço além das palavras. Somente o contato pessoal com uma conexão viva torna possível a transmissão da Cabala, e ainda assim é preciso que a pessoa esteja preparada para receber. Aquele que acredita ter conhecimento pode ignorar um comentário aparentemente casual mas na verdade pertinente, capaz de produzir profunda mudança em outra pessoa. Um rabino talvez tenha mais conhecimento que um funcionário público, mas este pode ser na verdade o *maguíd* cabalístico daquele. Quando uma pessoa encontra o professor que lhe foi destinado, começa o trabalho. De início, há apenas uma longa conversa, que pode durar anos, sobre o lado mais sério da vida. Aos poucos, vai brotando um relacionamento em que aquele que busca passa a suspeitar, e depois a ter a forte impressão, de que seu conhecido sabe de algo que ele ignora e de que sua conversa tem como base um quadro de referências impossível de ser encontrado no cotidiano. Todo mundo tem opiniões, mas seu novo amigo tem uma objetividade, uma proporção, uma profundidade e um equilíbrio incomuns, porque se referem sempre ao estado e às potencialidades do Homem. Um dia, quando o aspirante está pronto, a base dessa objetividade acaba por emergir. Na Tradição Cabalística, trata-se do diagrama da Árvore da Vida. Ela contém, e isso o *Tzadík* talvez não diga, todas as leis do Universo Manifesto. O discípulo, que ouviu algo a esse respeito no passado, de início reage com ceticismo, mas mantém sua atenção porque não lhe pedem que acredite em nada que ele próprio tenha testado. A Cabala não é um caminho de crença, mas de conhecimento. Por esse motivo, a primeira coisa a ser estudada é sua linguagem. Se o aspirante deseja ir além de sua Fundação egoica e tem a mente aberta, ultrapassará sua primeira iniciação yessódica e prosseguirá para o estágio de *Hód*. O *Tzadík*, se o aceita como aluno, assumirá então o papel de *Tif'éret* ou Guia dessa pessoa na viagem de volta até o Impulso Luminoso na Fonte de seu ser.

11. A Cabala

Dizem que ninguém deveria estudar a Cabala antes de chegar aos 40 anos. Esse é um dos vários mitos sem fundamento que surgiram ao longo do tempo. Este autor já tem mais de 40, mas existem, e sempre existiram, muitos cabalistas bem mais jovens. Um dos maiores, o rabi Isaac Lúria, morreu antes de completar essa idade, tendo estudado a Cabala desde a juventude. E na Tradição Esotérica ocidental existiu Johannes Reuchlin, um erudito cristão muito sensível que publicou o primeiro livro sobre a Cabala escrito por um não judeu aos 39 anos, em 1494. Ambos viveram no fim de um período excepcionalmente criativo da Cabala, que teve início há cerca de cinco séculos. Durante esse tempo, a forma do Ensinamento modificou-se radicalmente para adaptar-se ao Método Escolástico na religião e na filosofia.

O impacto sobre o judaísmo tradicional foi enorme, e houve grande resistência dos ortodoxos que desejavam preservar o caráter estritamente hebraico de sua religião. Tal fenômeno já tinha ocorrido mais de uma vez e afetaria também a Cabala ao longo do tempo. Como exemplo podemos mencionar os escritos de Maimônides, um dos grandes rabinos da Idade Média: em certa época esses escritos foram banidos pelo fato de seu método aristotélico ter sido considerado não judaico. Seus livros acabaram queimados por serem vistos como heréticos. Atualmente, no entanto, esse autor é considerado um dos pináculos da ortodoxia judaica, e seus Treze Princípios da Fé são um dos pontos altos dos livros de oração judaicos. Assim é a natureza humana, para a qual o que é antigo e experimentado recebe o crédito de genuíno, e o que é novo é tachado de estranho e falso. Ironicamente, os tradicionalistas que condenaram Maimônides provavelmente nunca se deram conta de que a própria palavra sinagoga é de origem grega, e de que muitos costumes considerados clássicos na liturgia e na prática doméstica tiveram origem na Babilônia e até no Egito.

A Cabala sempre constituiu um processo contínuo, ou seja, por mais que seus princípios e objetivos permaneçam os mesmos ao longo do tempo, sua forma exterior é periodicamente modificada para adaptar a linguagem à das novas gerações. Assim, Ibn Gabirol escreveu em árabe na Espanha mourisca, e o rabino hassídico Itzhak Epstein usou o ídiche, idioma corrente dos judeus na Europa Ocidental do século XVIII, a fim de explicar certa questão cabalística com mais precisão.

A Cabala continua sendo, portanto, uma tradição viva, que não deriva sua autoridade de uma única escola, de dado conjunto de documentos ou de determinada pessoa. Além da corrente judaica principal, que mantém sua forma religiosamente aceitável, existem várias outras, pois a Cabala foi estudada fora do âmbito judaico em diversos momentos da civilização ocidental. O primeiro desses momentos deveu-se a um dos maiores cabalistas, Yehoshúa ben Miriam, mais conhecido como Jesus, filho de Maria, cujos ensinamentos estão permeados por seus conceitos e sua terminologia. Sua oração do Pai-Nosso, quando sobreposta à Árvore das sefirótica, é um exemplo extraordinário, podendo ser lida a partir de cada extremo do percurso do Impulso Luminoso, proporcionando considerável iluminação. O segundo momento ocorreu com São Paulo, que teve como mestre um dos maiores cabalistas de sua época, o rabi Gamaliel, mencionado nos Atos dos Apóstolos.

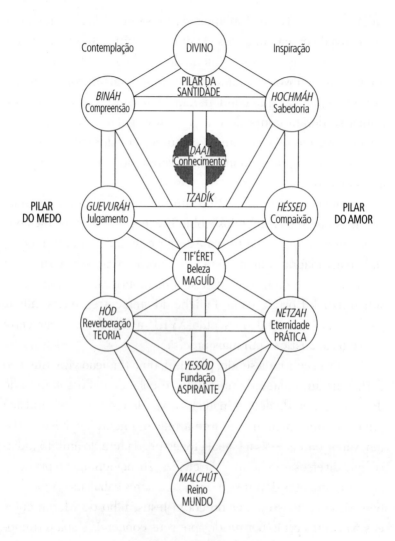

Figura 28 – O ASPIRANTE

Para evoluir, é preciso um mestre. Este pode ser um rabino ou um discreto instrutor de Cabala que o aluno encontra quando está pronto. Existem também os tutores não encarnados. Estes são geralmente almas antigas, talvez já mortas há muito tempo, que cuidam de indivíduos pouco diferentes deles mesmos e os guiam pelo Caminho. Esses "cuidadores" proporcionam o tipo de conhecimento que não pode ser obtido nos livros, adquirido em sua longa experiência com a Tradição Oculta.

O terceiro impulso na direção do esoterismo ocidental foi dado por eruditos, intelectuais e místicos da Idade Média e da Renascença como Pico della Mirandola, Reuchlin, Ruysbroeck e Fludd, sem mencionar os vários judeus convertidos que projetaram a Cabala no cenário europeu com tal êxito que a intelectualidade cristã ficou por algum tempo quase obcecada pelo assunto. Felizmente, essa "moda" passou, e a Cabala veio a interessar apenas a indivíduos isolados e grupos, como o Rosacruz, devotados à missão de ajudar pessoas a se desenvolver espiritualmente. Esse, é óbvio, é o objetivo supremo da Cabala, e quem quer que a pratique a sério é um cabalista, sendo de origem judaica ou não. O Ensinamento, em qualquer época, lugar ou forma, destina-se sempre à humanidade como um todo.

A Cabala pode se manifestar de diversos modos. Contudo, sempre haverá duas correntes principais, tanto dentro quanto fora de cada linha genuína. Uma é a abordagem da Instrução, a outra a da Revelação, correspondendo aos dois pilares externos da Árvore da Vida. Não apenas o Universo Manifesto tem por modelo o plano básico das *sefirót* da Árvore, mas todas as outras manifestações menores, do arcangélico Mundo da Criação até o corpo físico do Homem – inclusive a organização da Tradição, que é um organismo vivo por direito próprio. No cristianismo, a Igreja é atualmente denominada o "Corpo de Cristo". Na Cabala, o mesmo organismo espiritual é chamado de *Knésset Israel* (a "Assembleia de Israel"). Sua porta se encontra em *Malchút* de *Beriáh*. Essa *Malchút*, o Reino, é para o cabalista cristão o "Reino dos Céus", e para o cabalista judeu, o "Portão da Casa de Israel", ou "Céu".

Se examinarmos a situação daquele que acaba de fazer contato com um *Tzadík*, veremos que a Árvore Yetzirática está envolvida. Nessa Árvore da psique, o mundo natural é representado pela *Malchút* yetzirática que é, ao mesmo tempo, *Tif'éret* de

Assiyáh. Fisicamente, é o sistema nervoso central do corpo, a base celular do cérebro e a essência dos níveis vegetal e animal da existência. Biblicamente, é Esaú, a necessária parte natural de um ser humano espiritualizado, pois na ausência de certas habilidades e desejos de Esaú nem um santo poderia sobreviver. O aspirante ao Conhecimento, então, encontra-se na posição de *Yessód*, a mente egoica. Esse é o ponto de Conhecimento no Mundo abaixo, e a Fundação no Mundo acima. Antes de receber o treinamento, tudo que ele tem é a sua educação normal e sua experiência de vida. Estas são configuradas por seu corpo e seu tipo egoico. Assim, talvez se trate de um pensador extrovertido, ou de um homem de ação introvertido. São várias as combinações, dependendo de qual tríade é a mais forte, ou da que se desenvolveu ou se retraiu ao longo dos anos.

Quando o aspirante encontra o *Tzadík*, que pode vir a tornar--se seu mestre ou *maguíd*, é muito importante que o seu tipo seja definido com precisão. A ideia de ser "um tipo" é, por si só, uma afronta ao ego, que sempre se julga muito especial, mas essa é uma parte da iniciação yessódica e ninguém será admitido à formação cabalística se esse primeiro teste não for realizado. O teste, no caso, é uma forma infalível de impedir que pessoas ego--orientadas (isto é, voltadas para a própria satisfação) ingressem em algo para o qual não estão preparadas. Quando alguém está preparado para aceitar que é um "tipo", já entrou em contato com sua *Tif'éret*, pois ao menos já é capaz de ver, mesmo que só por um momento, a imagem imparcial que o self faz do ego. Esse é, de fato, o primeiro passo para a verdadeira individualidade. O *Tzadík* talvez já esteja esperando há muito tempo por esse salto quântico, conduzindo, lenta e delicadamente a consciência do aspirante pelo caminho da honestidade, indicando-lhe o mecanicismo da vida comum, a repetição de pensamentos, sentimentos e atos, e o alcance reduzido da mente egoica. O *maguíd* faz esse trabalho aplicando seu conhecimento de tipos para iluminar, ilustrar e demonstrar a servidão do indivíduo, em contraste com os momentos de liberdade de que ele goza quando em estados mais elevados de percepção. Quando o homem reconhece a verdade daquilo que lhe foi dito de modo tão direto, ele percebe que precisa fazer algo a esse respeito e que o *Tzadík* pode ajudá-lo. Aceitando a necessidade de uma nova Fundação, ele se posiciona *Yessód*, diretamente abaixo do *Tzadík*, que assume o posto de *Tif'éret* na Árvore que organiza a Tradição Cabalística. Essa disposição situa a ambos, mestre e discípulo, ao longo do período de iniciação, no pilar central — pelo qual, se esse for o desejo dos Céus, a *Bracháh* (a Bênção da Graça) pode descer pela Coluna da Consciência. Desse modo o aspirante entra em contato direto com a Tradição Cabalística.

Os dois pilares funcionais, externos, agem para propiciar a Instrução e a Revelação. A primeira desce pelo lado da Forma, inicialmente por meio da teoria, na *sefiráh Hód*, enquanto a segunda entra em cena por meio de *Nétzah*, pelo lado da Força. Os dois fluxos entram na mente do aspirante em *Yessód*, a fim de construir a Fundação necessária para alcançar uma base estável no Mundo seguinte. Tradicionalmente, cada uma dessas colunas ou pilares tem diversos nomes, cada qual contribuindo para a compreensão de sua tarefa específica. Às vezes, o pilar esquerdo é chamado Coluna da Justiça; em outras, da Severidade (ou Rigor). Isso indica o método da disciplina rigorosa sob a vigência da Lei. Também pode receber o nome de Temor a Deus. A coluna da direita é chamada de Virtude, Compaixão ou Amor a Deus. Ambas as colunas têm seus aspectos positivo e negativo, porque o excesso em qualquer uma delas causa desequilíbrio, que pode gerar tolerância ao Mal, de um lado, e excesso de zelo, do outro.

O *Tzadík* sempre mantém as duas colunas em equilíbrio, por concentrar-se na coluna central da Clemência e do Conhecimento, o Pilar da Santidade.

A tarefa do *maguíd* de centrar o aspirante em *Tif'éret* e equilibrar as duas colunas externas da Instrução e da Revelação é essencial. Tanto que mesmo os místicos extáticos da Cabala, que não têm um mestre na Terra, falam de um *maguíd* não encarnado que cuida deles. O cabalista cristão do século XVII Jacó Boehme, que por vários dias entrou em um estado de consciência cósmica e bem-aventurança no qual ascendeu pela Escada de Jacó até ver toda a Criação, tinha um *maguíd* espiritual que lhe disse que ele se tornaria outro homem: seria convertido de Jacó natural em Israel espiritual. A Cabala cristã chama esse fenômeno de "renascer" ou "tornar-se outra pessoa".

Os *maguidím* sobrenaturais não são raros na história da Cabala. De São Mateus, diz-se que escreveu o que lhe era ditado por um anjo; já os rabinos Isaac Lúria e Moisés de León receberam ensinamentos, assim reza a tradição, de seres vindos de Mundos Superiores. O rabi Moisés Luzzato foi imprudente a ponto de permitir que se soubesse que ele havia escrito seus trabalhos sob uma supervisão direta mas não encarnada, o que o levou a ser perseguido por homens naturais que não admitiam nem compreendiam a ideia de um mestre vindo de um Mundo Superior ou interno. A existência de mestres desencarnados era considerada tão óbvia que certo rabino do século XVIII comentou que ele, na verdade, preferia um de carne e osso.

Existem quatro abordagens da Cabala, mas sete níveis de Conhecimento. Os três primeiros – o literal, o alegórico e o metafísico – referem-se diretamente às três tríades cujo eixo central é *Yessód*. Nesse sentido, estão ligados ao ego; portanto, nenhum deles é superior aos demais. Isso porque, embora o homem

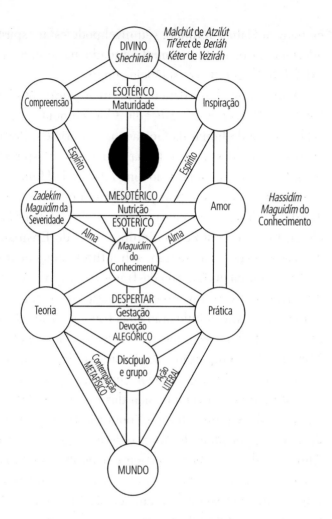

Figura 29 – AS ABORDAGENS (ou MÉTODOS)

Na tríade mais "baixa" da Árvore encontram-se as três linhas formais da Cabala. Para além da teoria e da prática, tem início a gestação interna. Isso leva a pessoa do nível básico até uma escola da alma onde o aspecto exotérico do Ensinamento lhe é dado. Com isso, o self desperta para a dimensão mesotérica do alimento para a alma. Com disciplina e amor ao Ensinamento, chega-se ao estágio esotérico, em que a compreensão e a inspiração amadurecem. Essas experiências podem ser momentâneas, mas são reais por ocorrerem onde os três Mundos Superiores se encontram – *Kéter* da psique, *Tif'éret* do espírito e *Malchút* do Divino.

114 • Z'EV BEN SHIMON HALEVI

conheça a Cabala a fundo, seu nível pode estar espiritualmente adormecido e, portanto, ainda situado na grande tríade *Hód- -Malchút-Nétzah* da consciência comum.

O quarto nível, o Místico, tem início com a mudança para a tríade *Hód-Tif'éret-Nétzah*, da Consciência que Desperta. Nela, acima do limiar da Gestação, a Teoria e a Prática do Ensinamento começam a se tornar reais para o aspirante a cabalista. Ele está em contato, ao longo da via da Honestidade, com o seu self e vai entrar, pois já vislumbra o Mundo seguinte, na Tríade da Alma, formada por *Guevuráh-Tif'éret-Héssed*. Aqui ele entra em contato com o quinto nível do Ensinamento e se coloca, se estes o aceitarem, sob a tutela dos encarregados da parte Exotérica ou Externa da Tradição Interna. As pessoas responsáveis por esse nível recebem várias designações, mas dois nomes cabalísticos indicarão suas funções. Eles são chamados por vezes de *Tzadikím*, mestres da Severidade, ou de *Hassidím*, Mestres da Compaixão. Na Idade Média, eram conhecidos como os *maguidím* (plural de *maguíd*) do "Terror" e da "Brandura". Seu método, à semelhança das escolas de Hilel e Shamái na época do Segundo Templo (pouco antes da era cristã), era o de ensinar, por meio do Amor e do Medo, assuntos relativos à Alma, e o de encorajar e corrigir o aspirante quanto ao que sabia acerca de si mesmo e de todos os acontecimentos e pessoas importantes em sua vida e em seu destino. Esse estágio é conhecido como Obra da Nutrição.

O nível seguinte é o Mesotérico, relativo à camada mediana do Corpo Interno do Ensinamento. Aqui, na grande tríade *Bináh- -Tif'éret-Hochmáh*, são ensinadas a Revelação e a Instrução sobre o Mundo e a Providência. Esse estágio exige um nível cósmico de experiência e uma consciência objetiva. Ele só é possível aos que já estabeleceram uma Fundação real no Mundo do Espírito, àqueles que já entraram realmente na Casa de Israel, a

Terra Prometida, a Ilha dos Santos, o Corpo Místico de Cristo – seus vários nomes nas diferentes tradições. É o estágio conhecido como Maturidade. O sétimo nível de conhecimento da Cabala situa-se acima da Maturidade. Ele se refere às coisas do Divino, e com justa razão, graças à sua conexão direta com *Kéter* de *Yetziráh*, que é também *Malchút* de *Atzilút*, a Morada da *Shechináh* ou Presença de Deus. Esse é o núcleo esotérico e o coração do Círculo Interno da Humanidade. Diz-se que é nesse lugar que os Dez Anciãos de Sião são instruídos pelo único Homem completamente desenvolvido, que age como a Coroa de toda a Humanidade. Toda Tradição viva tem essa Cadeia de Ensinamento. De fato, há motivos para crer que, a partir de certo ponto na Escada do Ensinamento, eles são as mesmas pessoas. Se são cristãos, judeus ou muçulmanos é tão relevante quanto o fato de estarem encarnados ou não.

Para os mortais comuns, a conexão com um ser humano, um *maguíd* encarnado, é suficiente. A Cabala implica um longo processo de crescimento. Não é possível acelerá-lo nem brincar com ele. Não é assunto para imaturos nem para tolos. Receber a Cabala significa mudar para um tribunal superior, e esse é o motivo pelo qual, depois de um contato inicial e verdadeiro com uma Tradição viva, a vida do aspirante não raro sofre uma surpreendente transformação. Às vezes, ela se manifesta pelo rompimento de uma situação antiga, em outras desencadeia uma nova possibilidade, totalmente imprevista. Quando a Verdade é tocada, rachaduras ocultas escancaram-se, e o que precisava conectar-se funde-se à sua luz. Nada permanece igual depois de iniciado o Mistério da Carruagem. Como disse o *maguíd* de Nazaré, "Quem põe a mão no arado e olha para trás não é apto para o Reino de Deus".

12. Conhecimento objetivo

Ao longo das eras e em diversos países surgiram variadas abordagens à Cabala. Em determinado lugar ela era praticada em termos puramente bíblicos, em outro foi estudada pela cosmologia, e num terceiro tendo como base a ciência dos números. Sua forma expressou-se em rituais, oração e contemplação, na evocação de anjos e no estudo do alfabeto hebraico, na pesquisa sobre a natureza da alma e o destino do homem. Todas essas abordagens são válidas, desde que levem à relação correta entre Homem, Mundo e Deus. Qualquer coisa menos que isso não passará de mera erudição ou magia.

Nos bastidores, e comandando a busca desse objetivo da Cabala, encontraremos a Torá, que significa "Ensinamento". No judaísmo, isso é conhecido como a Lei. No entanto, não se trata aqui do que a maioria dos judeus entende por Lei quando lê os pergaminhos de Moisés aos sábados pela manhã. Já foi dito que as palavras, na Torá, são como uma fina vestimenta; atrás do tecido está a alma e, dentro dela, a alma da alma, que é Deus. Ainda que o homem natural conheça profundamente as escrituras, isso não quer dizer, como já observado, que perceba sua essência. Ele pode cumprir com rigor os Mandamentos, fato que lhe será creditado como mérito, mas isso não significa que ele entenda do que realmente trata a Lei. Para tanto, é necessária uma transformação no modo de ver, um processo de conversão que lhe possibilite conhecer não só o corpo e sua anatomia, mas também a alma que habita esse corpo. Esse outro estágio exige preparação e treinamento superiores ao estudo normal dos textos bíblicos e dos comentários talmúdicos – que, por maiores que sejam seus esforços e sua capacidade, não levarão os que os estudam além do estágio do entendimento literal.

Uma história contada pelos *maguidím* explica alegoricamente o relacionamento entre o cabalista e o Ensinamento, a Torá. A Torá é comparada a uma linda moça que vive em um palácio. Ao ouvir falar de sua beleza, o cabalista põe-se a andar nas redondezas do magnífico edifício, esperando vislumbrar sua figura. Certo dia, abre-se uma janela secreta e a jovem olha para fora. Ele não obtém nada mais que um vislumbre, porque ela se encontra protegida por um pesado véu. No entanto, ainda assim, a Graça da moça se deixa divisar a ponto de o cabalista apaixonar-se por ela. Daquele momento em diante ele se compromete a cortejá-la. Ele se devota totalmente à sua missão, indo ao palácio pelo menos uma vez ao dia na esperança de que ela abra de novo a janela. De vez em quando ela o faz e, se ele estiver tão atento quanto está fascinado, notará que ela abre a janela como se esperasse por ele. Aos poucos, cria-se um relacionamento, pois ela dá sinais de se interessar por ele. Por fim, ela o convida a aproximar--se para conversarem, mesmo que seja ainda através do véu. Um dia, ela retira o véu e ele a vê frente a frente. Eles conversam e, no amor que surge entre eles, muitos segredos são revelados. Totalmente enamorado por sua Verdade e sua Beleza, o cabalista deseja nada menos que se casar com ela e, quando o consegue, amante e amada tornam-se Um.

Do ponto de vista metafísico, a Lei é um Conhecimento Objetivo. É ela que dita o funcionamento da Realidade. Tendo por origem o primeiro Mundo da Emanação, ela é eterna e imutável. Em cada tradição espiritual viva há um corpo de conhecimento objetivo preservado pelos *Tzadikím* daquela linha. O modo como ele é apresentado, conforme assinalamos, varia muito de acordo com a época, o lugar e as necessidades individuais. No entanto, ainda que o formato possa ser moldado segundo o complexo Livro da Formação (*Sêfer Yetziráh*), a história do Êxodo do Egito ou um ritual simples, seu conteúdo é sempre a mesma verdade objetiva sobre as leis que regem o homem e o Mundo e sua conexão com o Criador. Na Cabala, talvez a mais famosa formulação dessas leis seja a *Etz haHayím* – a Árvore da Vida.

A Árvore da Vida é um diagrama esquemático das *sefirót*, ou Princípios Divinos que governam a Existência Manifesta. Ela contém, e isso é repetido até que se aprenda, os conceitos de unidade e dualidade, a ideia da tríade criadora, os quatro mundos e o desdobramento da oitava do Impulso Luminoso entre o um e o Todo, e dali, de volta ao início. Seu desenho traz ainda as várias leis menores das tríades ativas e passivas, e os diversos níveis do ser no eixo central da consciência. Resumindo, ela é a chave para a compreensão das leis do mundo, tanto o conhecido quanto o desconhecido ao homem. Na Tradição é chamada, com toda justiça, de Chave de Salomão.

A simples posse do conhecimento objetivo não implica compreensão. Alguém que lê a Bíblia sistematicamente e tem a Árvore da Vida pendurada na parede do quarto há 30 anos nem por isso entende de fato alguma coisa. Muitos estudaram as duas coisas, ensinaram e escreveram livros sobre o conhecimento objetivo, e ainda assim deixaram passar algo vital – e viram negado seu acesso ao sentido de tudo isso. Esse "algo" é o desejo de mudar, de converter-se. Várias pessoas de notável esperteza falharam onde outras, mais ingênuas, tiveram êxito – porque relutaram em abrir mão de sua antiga Fundação. Como disse um cabalista, "é difícil que um homem rico entre no Reino dos Céus". É preciso vender tudo que se tem, decisão difícil para

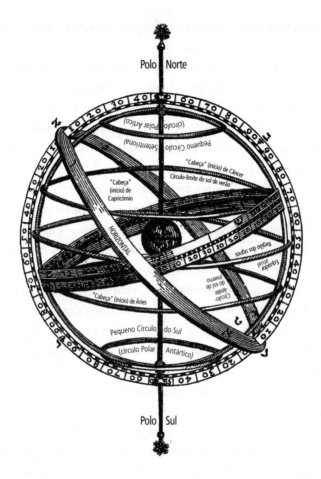

Figura 30 – A OBJETIVIDADE

A informação geralmente é vista como conhecimento. Do mesmo modo, muitos modismos foram vistos como Verdade. Na realidade, apenas os princípios universais podem ser classificados como conhecimentos objetivos, pois foram testados pelo tempo e pela experiência, provando ser estáveis. Os ciclos celestes e a anatomia do corpo são exemplos. A forma puramente intelectual da filosofia está sujeita a revelar-se delirante: vários conceitos eruditos acabaram não passando de falácias. No entanto, a noção de causa e efeito pode ser encontrada em qualquer cultura. Uma ideia universal como essa provém de uma revelação: embora impossível de ser comprovada pela razão, é totalmente evidente para o sábio. (Esfera astronômica, Tobias Cohen, séc. XVIII) quem investiu muito tempo e esforço para juntar posses – tanto espirituais quanto materiais. A capacidade de mudar é o pré-requisito da Cabala. Ir em frente sem a intenção de se converter pode resultar em desastre. Uma vez iniciado o trabalho, as leis dos Mundos Superiores alteram a visão do discípulo, e se ele pretende voltar atrás, ou apegar-se ao seu estado natural, pode, como aconteceu à mulher de Lot, ser transformado em estátua de sal. Esse é um símbolo do estado cristalizado, uma psicologia que não é da Terra nem do Céu. É uma condição dolorosa porque o sal puro, apesar de ser uma substância necessária à vida, é insuportável quando usado em grande quantidade. Pessoas nessa condição perambulam entre os dois mundos, sentindo desprezo pelo inferior e medo e raiva pelo situado mais acima, por terem sido expostos a mais do que podem digerir. Assim funciona a lei dos dois mundos, mas de modo desequilibrado, pois a pessoa não consegue decidir que conjunto de leis deve obedecer. É outro exemplo de como a Cabala entende o Mandamento "Não cometerás adultério", ou seja, não se deve misturar coisas que não têm elementos comuns. O arrependimento — outro sentido da palavra *"Teshuváh"*, conversão — é a solução para esse problema. Geralmente, porém, a vaidade cria obstáculos. O Mandamento "Não terás outros deuses diante de Mim", mais que uma lei endereçada aos que vivem em regiões idólatras, é uma afirmação do conhecimento objetivo para ser aplicada em todos os níveis. A excessiva crença na própria importância implica a idolatria do ego. E, embora o ego seja a identidade funcional e o centro do mundo para o homem natural, aquele que pretende tornar-se cabalista não pode permitir que assim seja. Ele deverá abrir mão de seu ego por um rápido instante e submeter-se às instruções de seu *maguíd*, a fim de preparar uma nova Fundação que lhe permita ingressar em segurança no mundo seguinte. Essa é uma lei objetiva. Qualquer

O CAMINHO DA CABALA • 121

entrada ilegal, como por meio das drogas, resulta em queda, como já perceberam inúmeras pessoas que tentaram chegar desse modo ao Mundo Yetzirático. Obedecer a uma lei inclui beneficiar-se dela. Um pássaro em voo não apenas respeita as leis da aerodinâmica – ele também as utiliza a seu favor. Apesar de adquirido ao longo de muitas gerações, esse conhecimento deve ser aprendido individualmente. Assim é também com a Cabala. Os princípios são inerentes a cada pessoa, bem como ao universo à sua volta, mas para alcançar os Mundos Superiores é preciso um grande esforço individual. Esse esforço, sob as instruções de um *maguíd,* dirige-se à preparação para a mudança aplicando a teoria à prática.

Estudar a dinâmica da Árvore não é suficiente. Entender a teoria dos pilares e das tríades, bem como os títulos das hostes de anjos e os Divinos Nomes de Deus sem saber onde está não tornará o aprendiz cabalista. O início do treinamento consiste em enxergar a própria posição, perceber, enquanto aprende sua Metafísica, que ele está, na maior parte do tempo, confinado à face inferior de *Yetziráh,* no reino dos mecanismos mentais. Isso é conseguido por meio da observação e da aplicação das leis objetivas que ele é capaz de entender, para poder ter algum vislumbre das várias faces superiores na Escada da Árvore Ampliada. Para ajudá-lo, seu *maguíd* não só lhe fornece as informações teóricas de *Hód,* como também lhe proporciona uma vivência de *Nétzah* mediante exercícios. Estes podem consistir em tarefas simples, como memorizar o diagrama da Árvore para determinados momentos do dia, repetir uma oração ou cumprir o ritual de ficar em pé com os braços para cima logo ao acordar e momentos antes de ir dormir, a fim de sentir fisicamente a Árvore em seu corpo. Esses exercícios destinam-se a fixar o conhecimento objetivo na Fundação do aspirante, descendo os caminhos de *Hód* e *Nétzah* até *Yessód.* Essa tríade, chamada "Andar em círculos", com o tempo transfere o conhecimento não luminoso de *Yessód* para cima, para a tríade *Hód-Nétzah-Tif'éret*, chamada "Firmar posição". Aqui, tendo ultrapassado a linha limítrofe da consciência comum, ver-se-á no espelho luminoso do self como o nível do iniciante eleva-se na vertical, ao longo do caminho da honestidade entre *Yessód* e *Tif'éret*. Longo e vagaroso, esse processo faz parte de um processo mais abrangente de preparação e mudança.

Um dos aspectos da transformação a ser realizada nesse primeiro período, visto que a pessoa só se torna cabalista quando estabelece uma conexão real com *Tif'éret*, é compensar face a inferior. Em seu estado natural, o aspirante é alguém de um tipo natural específico, com propensão a inclinar-se mais para uma das tríades de pensamento, sentimento e ação, incluída aí a característica de introversão ou extroversão. Esse desequilíbrio em sua mecânica mental é resolvido pelo *maguíd* porque, se ele se cristalizar na nova Fundação, causará muitos problemas de difícil correção. Por exemplo, se a pessoa é do tipo pensativo-introvertido, pode se tornar permanentemente inclinada ao Pilar da Forma; sendo ensimesmada e rígida, faltar-lhe-á a capacidade de contribuir sem aplicar uma disciplina severa. Comum nas diversas tradições espirituais, esse fenômeno indica um mau desenvolvimento da Coluna da Força, ou Misericórdia. Por outro lado, aquele que se inclina em demasia para o Pilar da Força pode se tornar excessivamente tolerante, faltando-lhe discernimento, controle e entendimento. O religioso bem-intencionado mas fanático é um ótimo exemplo dessa outra possibilidade. Como se pode ver, é essencial que haja harmonia na face inferior da psique antes que todo o poder dos Mundos Superiores seja entregue ao aspirante; do contrário, ele não apenas ficará desequilibrado internamente como será uma ameaça aos outros. Esse processo é às vezes chamado de purificação.

O equilíbrio é alcançado trabalhando-se as fraquezas do aprendiz. O pensador deve sentir e fazer, o sensível deve pensar e fazer, e o "fazedor" deve pensar e sentir. A pessoa capaz de pensar deve ser colocada, por exemplo, em situações em que a mente seja inútil; então ela terá de contar com suas habilidades práticas. Já o homem de ação será desafiado a mediar adversários em uma situação em que as emoções transbordam, enquanto aquele muito sensível precisará realizar uma tarefa puramente física que exige apenas raciocínio lógico, como projetar uma pequena estrutura. Todos esses exercícios são aplicados com muito cuidado pelo *maguíd*, que poderá ou não explicar a sua natureza. Porém, ele sempre exigirá do aspirante que observe todos os detalhes da situação e redija um relatório do que aconteceu. Isso tem por objetivo cultivar ao máximo o pilar central da consciência, sem a qual todo esse trabalho será inútil. Muitas pessoas alcançam os níveis de *Hód* e *Nétzah*, mas jamais o de *Tif'éret*. Sem esse grau de autopercepção, elas nunca se tornarão cabalistas, por mais informações que acumulem ou por mais exercícios que pratiquem.

Ser cabalista significa ser capaz de, conscientemente e por vontade própria, elevar o próprio nível de *Yessód* até *Tif'éret*. É possível apoiar-se na Coluna da Forma, à esquerda, ou na Coluna da Força, à direita. Contudo, se não houver vida no pilar central, a Graça não poderá descer, e sem a Graça é melhor deixar a Cabala em paz. A pessoa pode ser poderosa, mas não necessariamente será boa ou útil.

Outra parte do treinamento inicial é a construção de um vocabulário para dar conta do conhecimento objetivo. Isso implica a criação de uma linguagem nova e específica para que aspirante e *maguíd* saibam exatamente o que está sendo dito. Esse fenômeno é visível em vários textos cabalísticos, muitas vezes ininteligíveis até para leitores familiarizados com seus aspectos culturais e vernaculares. Ocorre que, além dos aspectos literais, alegóricos ou metafísicos em que os textos apresentam suas ideias, a terminologia neles empregada reflete muitas vezes o pensamento da escola cabalística que os produziu, e utiliza expressões cunhadas pelo *maguíd* que a lidera. Tais diferenças de linguagem geralmente explicam as aparentes divergências entre escolas cabalísticas sobre, por exemplo, os vários usos de diversos nomes para a alma ou os usos diferentes para o mesmo termo. *Neshamáh*, por exemplo, é utilizado por alguns para designar a alma mais elevada, e por outros para indicar a alma individual. Neste livro, esse termo é empregado nesse segundo sentido, e a palavra *Rúah*, "Espírito", é reservada para o primeiro.

A utilização de uma linguagem especial leva a duas consequências. Isso abre novas perspectivas. Primeiro, permite ao aspirante a tomar contato com o conhecimento sem ideias preconcebidas. Segundo, ela lhe permitirá conversar sem dificuldade com qualquer estudante da Cabala que conheça seu *maguíd* ou tenha sido ensinado por ele.

No primeiro aspecto, o estudante da Cabala que desconhece a língua hebraica leva interessante e importante vantagem sobre aquele que já conhece esse idioma. Ele pode, por exemplo, atribuir sentidos às *sefirót* com base em suas experiências, enquanto a pessoa educada na religião judaica fica impedida de fazê-lo em razão de seus nomes hebraicos já trazerem consigo diversas associações. Obviamente, no caso de uma herança cultural, isso funciona nos dois sentidos, mas no fim das contas, esse é um fenômeno de importância menor porque ao longo do tempo ambos os discípulos construirão uma nova maneira de ver o mundo e a si mesmos.

O segundo aspecto, o do encontro com outras pessoas envolvidas no estudo dos Mistérios da Carruagem, refere-se ao estágio em que o aprendiz é admitido, por convite, em um grupo. Isso pode demorar muito a acontecer e depende apenas dos seus esforços. Algumas pessoas são convidadas assim que entram em contato com a Tradição, outras esperam anos até que surja o convite. O movimento de uma situação a outra, do estudo individual com o *maguíd* ao trabalho dentro de um grupo, é um reconhecimento de que o aspirante lançou as bases de sua Fundação. Ele já tem conhecimentos e experiências suficientes para enxergar quase tudo em seu interior, em termos da Árvore Sefirótica. Percebe quando está trabalhando a partir de um dos lados da Árvore ou do outro e é capaz de corrigir os desequilíbrios na face inferior e de ao menos admitir o fato de viver em servidão a maior parte do tempo. Talvez a mais importante de suas conquistas seja o firme propósito de elevar-se até *Tif'éret*. Qualquer outra ambição é deixada em segundo plano, embora o sucesso legítimo em atividades da vida cotidiana não seja proibido. De fato, permanecer em *Assiyáh* e ainda assim conectar-se com os Mundos Superiores de modo que seu fluxo desça diretamente até a existência normal nos Mundos Inferiores é o que se constituirá no próximo estágio de seu treinamento. Porque, se *Kéter* não chega a *Malchút* em um indivíduo, ele jamais será cabalista.

13. *Grupos*

Há indícios de grupos de trabalho ao longo da história da Cabala. Eles funcionam em paralelo às escolas ortodoxas e à vida religiosa de sua época, mas nem sempre o fazem abertamente. Sem levar em conta a linha mitológica das escolas místicas, começando com os anjos que instruíram Adão — o qual passou o Ensinamento adiante por meio de uma corrente humana até alcançar o final do período do Velho Testamento —, uma das primeiras referências a grupos cabalísticos não bíblicos encontra-se nas escolas rabínicas de Shamái e Hilel (c. 30 a.e.c.), que estiveram provavelmente entre os primeiros a formular a Tradição Oral. Nessa época, teve início a escrita dos comentários talmúdicos à Bíblia, textos de grande envergadura em que o ensinamento esotérico é disseminado de modo sutil. Esses fragmentos indicam a presença de um sistema objetivo, mas esse conhecimento, acredita-se, somente era dado de modo integral a discípulos seletos, sendo conhecido como *Hochmáh Nistaráh* – a Sabedoria Oculta.

Pelo caráter dos rabinos Shamái e Hilel é possível deduzir seus métodos de ensino cabalístico. Hilel era famoso por sua clemência, e Shamái por sua severidade. Em meio a seus dois pilares, é provável que eles tenham ajudado toda uma geração a alcançar a liberdade. Aliás, como é comum, os que vieram depois tentaram perpetuar o sistema sem de fato compreendê-lo e, na época de

O CAMINHO DA CABALA • 127

Jesus Cristo, as duas escolas já tinham se tornado rivais. Eis um exemplo de Árvore organizacional destituída do Pilar Central da Consciência que eleva o nível espiritual. Com o tempo, porém, as duas instituições afundaram nas polêmicas do conflito político, e apenas os herdeiros de Hilel sobreviveram à destruição do Estado Judeu pelos romanos. Gamaliel, o neto de Hilel, foi o professor de Saulo de Tarso — depois chamado São Paulo, ensinou doutrinas básicas da Cabala. Considerem-se seus comentários sobre os "filhos da carne" e os "filhos da promessa" (Romanos, 9:8), ou seu ensinamento sobre corpo, alma e espírito.

Talvez o mais famoso grupo esotérico, à parte o de Joshúa ben Miriam de Nazaré e seus 12 discípulos, tenha sido o do rabino Shim'ón bar Yohái, que viveu na Palestina durante o segundo século d.e.c. Os debates registrados nos comentários do livro do *Zôhar* ilustram muito bem a linguagem utilizada pelos membros do grupo, em especial nas conversas sobre a Árvore Sefirótica, em que era usado o simbolismo de uma figura humana para descrever os Atributos de Deus. Se essas conversas aconteceram na Palestina do século II ou na mente de Moisés de León, escritor que viveu na Espanha do século XIII, não importa. (Podemos deixar a cargo dos eruditos decidir sobre a verdadeira autoria do *Zôhar*.) O que importa é que temos ali um panorama de como ocorria o trabalho de um grupo. Esses encontros deram-se obviamente durante todo o período posterior à destruição do Primeiro Templo, nas comunidades judaicas exiladas na Babilônia e em outras espalhadas pelo mundo antigo. O livro denominado *Sêfer Yetziráh*, ou Livro da Formação, é desse período, bem como outros relatos que chegaram até nós sobre a ascensão dos viajantes na *Mercaváh* (a "Carruagem") na Escada de Jacó, até os *Heichalót* ou Palácios Celestiais, sendo o mais conhecido entre eles o Livro de Enoque.

Conforme foi descrito na breve história da Cabala contada no início deste livro, o Ensinamento migrou da Ásia para a Europa provavelmente antes do século X. Na Europa ele lançou raízes e deu origem às escolas da Provença e da Espanha. Dos escritos dos cabalistas de Gênova, por exemplo, sabemos que o trabalho em grupo era um dos principais métodos de estudo e prática. O volume de obras produzidas nessa época também indica que ficou de lado a preocupação em manter secreto o conhecimento, ao menos do ponto de vista teórico. Isso indica a necessidade não apenas de contrabalançar a atração exercida pelos estudos escolásticos, que, na época, gozavam de grande prestígio, mas ainda de satisfazer o desejo de uma geração para quem as antigas respostas ortodoxas haviam perdido seu poder de convencimento. Essa é também a situação em que nos encontramos hoje. O interesse atual pelo misticismo deriva da mesma causa, assim como a grande produção de livros sobre a Cabala.

A escola de Isaac Lúria, no século XVI, era um dos vários grupos de estudos na cidade de Safed, ao norte do Mar da Galileia. Lá os cabalistas se encontravam e trabalhavam com grande afinco, compondo grupos que lembravam a comunidade esotérica essênia da época do Segundo Templo. Desse período originou-se o impulso que deu origem a grupos cabalísticos em locais tão distantes quanto a Polônia. De fato, as ideias propagadas eram tão fortes que as grandes catástrofes que se abateram sobre a vida religiosa judaica levaram a ortodoxia a reagir intensamente à Cabala, banindo seu estudo pelas pessoas comuns. A Proclamação de Brody, em 1772, pesa até os dias de hoje e é uma das razões pelas quais a maioria dos judeus ocidentais nada sabe da Cabala. No entanto, para crédito das autoridades religiosas, o estudo continuou permitido às pessoas mais amadurecidas, e encontramos muitos livros e pergaminhos de conteúdo cabalístico publicados no tempo do meu avô.

Na corrente predominante da Cabala judaica, tanto sefarditas quanto asquenazes, isto é, tanto comunidades judaicas orientais quanto ocidentais permanecem. Diversos grupos, alguns abertos, outros fechados, podem ser encontrados ao redor do mundo. Alguns destes trabalham de acordo com o modo ortodoxo; outros, seguindo uma linha bastante tradicional da prática cabalística, vêm reformulando a linguagem do Ensinamento a fim de adaptá-la ao idioma falado pelas gerações atuais. Essa conduta leva, como sempre, à resistência dos religiosos mais conservadores, mas o fato é que a Cabala trata de algo mais amplo que os hábitos criados ao longo da história. Ela respeita a Tradição na medida em que esta tem conteúdo, mas a descarta caso seja vazia de Espírito. Os costumes criados em determinada época, por si sós, acorrentam as pessoas a esse vazio, e a missão da Cabala é justamente a de proporcionar liberdade aos que a desejam.

Quanto aos grupos abertos e fechados, trata-se de diferentes níveis e funções. Os grupos abertos lidam com o aspecto externo da Cabala e geralmente se limitam a repetir conteúdos antigos sem compreendê-los, como fazem, por exemplo, aqueles cujo trabalho se resume a tratar trechos do *Zôhar* como orações a ser simplesmente recitadas. Ou então estudam na esperança de vir a entender alguma coisa. Determinadas escolas abertas têm por objetivo explicar partes da teoria ou da prática cabalística aos que se interessam. Os trabalhos geralmente são coordenados por um grupo interno, ou por um *maguíd* que pretende atrair as pessoas a fim de ajudá-las a sair do Egito. Os métodos empregados variam bastante – de discussões metafísicas realizadas em meio à meditação silenciosa até cantos e danças, dependendo do estilo adotado pela escola. Existem também muitos grupos e professores pseudocabalísticos, como já foi assinalado, que simplesmente mantêm viva a memória, mas não o espírito, dos ensinamentos de antigos mestres.

A prova é a vitalidade e a percepção dos participantes do grupo. Como disse certo *maguíd*: "Se o método não faz o praticante feliz, então ele é inútil". É possível ser feliz e sério ao mesmo tempo. "Pelos frutos os conhecerás", disse outro *maguíd*. Dos grupos fechados pouco se pode falar, uma vez que, por sua natureza, eles não deixam rastros visíveis. Há, como vimos, alguns registros a seu respeito, mas estes, obviamente, se modificam entre a Tradição Oral e o registro escrito, e assim não passam de tênues imagens evanescentes de fatos que não poderiam ser explicados aos que não estavam presentes. O melhor que se pode fazer, aqui, é esboçar os contornos dos princípios envolvidos e algumas das práticas. Tentar mais que isso é iludir os leitores, prometendo-lhes algo que até mesmo o grande cabalista-poeta Salomon Ibn Gabirol teve dificuldade de realizar.

14. A estrutura dos grupos

A palavra "cabala" assumiu, em várias línguas europeias, o sentido de "encontro secreto", no que há alguma verdade. Historicamente, há dois motivos para isso. O primeiro é que por vezes os cabalistas eram vistos como possíveis hereges por seu povo, assim como pelas autoridades religiosas do país em que viviam. O segundo motivo já foi explicado ao tratarmos da progressão do aspirante a cabalista do Mundo Inferior ou externo para o Mundo Superior ou interno, onde ele pode encontrar outros que também alcançaram o Jardim do Éden inferior. Antes desse estágio, a pessoa entenderia muito pouco – ou nada – da linguagem e dos objetivos do grupo, porque não tinha uma Fundação no mundo onde este trabalhava. Outra razão para a natureza oculta desses grupos é a de que nada pode ser dado àqueles que não estão preparados ou, o que é mais importante, aos que estão apenas semipreparados. Enquanto um filho de Esaú ficaria apenas entediado com os procedimentos de um grupo desse tipo, um filho de Israel mal treinado poderia reagir de modo um tanto exagerado antes de estar em condições de receber o Ensinamento. Portanto, apenas mediante suficiente teoria, prática, experiência e estabilidade para trabalhar com um objetivo definido é que o convite para participar de um grupo pode ser feito.

A composição do que teria de ser um grupo preparatório varia muito, mas em geral segue alguns princípios básicos. No passado, no contexto da tendência judaica majoritária, os grupos eram compostos apenas de homens, a maioria dos quais, se não eram rabinos, ao menos eram bem versados nos estudos bíblicos. Essa qualificação era lugar-comum até pouco tempo atrás porque a maioria dos judeus estudava a Bíblia e os comentários talmúdicos desde cedo, dominando amplamente sua linguagem e seu simbolismo. De fato, não é possível entrar para um grupo cabalístico ortodoxo sem uma bagagem desse tipo porque o estudo e os métodos de sua prática baseiam-se em grande parte nos comentários do *Zôhar* sobre as Escrituras. No entanto, a Cabala é mais antiga e vasta que o próprio *Zôhar*, que pode ser mal interpretado como a autoridade máxima no assunto. A verdade é que autoridade máxima sobre a Cabala não pode ser encontrada em livros, grupos, *maguidím* ou mesmo em um *Tzadík* oculto. Ela só será encontrada no relacionamento entre o self e Deus.

Fora da Tradição ortodoxa existe uma linha da Cabala situada a meio caminho entre a Igreja e a Sinagoga na Europa Ocidental, composta geralmente por cristãos devotados, judeus e outros religiosos não conformistas que buscam a elevação espiritual que não encontraram na ortodoxia. Essa linha cabalística assumiu muitas aparências e nomes, e surge com frequência ao longo da história, às vezes como um comentário em um livro, como uma ideia voltada para o social, nas artes e até em reformas políticas. À diferença das várias linhas ortodoxas, aqui homens e mulheres reúnem-se em grupos mistos porque a maioria das pessoas envolvidas não pertence a nenhuma comunidade religiosa na qual a segregação dos sexos é a norma, mas é movida por circunstâncias comuns da vida. Assim é que um desses grupos, na Idade Média, chamava-se Irmãos e Irmãs da Vida em Comum. Uma firme ligação com a vida cotidiana é um pré-requisito para o cabalista, especialmente quanto ao seu relacionamento com o sexo oposto, que representa o pilar complementar no grupo, na vida privada e nos aspectos masculino e feminino de cada um.

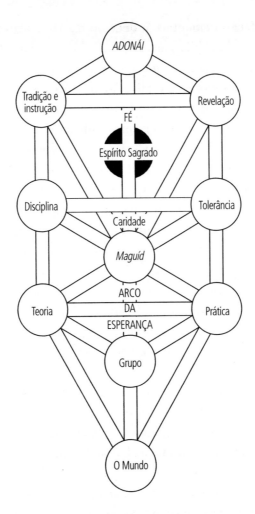

Figura 31 – A CABALA

Esta é uma tradição esotérica como muitas outras. No seu centro encontra-se o mestre que instrui seus alunos no método descrito nesta Árvore. A teoria e a prática são vitais para manter o equilíbrio, tanto dentro da pessoa quanto no mundo externo. A esperança é a grande oferenda dada pelo Ensinamento a qualquer um que busque sinceramente a Verdade. A caridade para todos deriva da disciplina e da tolerância, permitindo à alma crescer. A fé provém do conhecimento objetivo com base na instrução bem dada e na revelação proporcionada pela inspiração. Isso leva o indivíduo ou a escola ao contato direto com *ADONÁI* – o SENHOR.

Muitos leigos ocidentais, judeus ou não, têm algum conhecimento básico da Bíblia graças à sua educação na infância. Por exemplo, quase todos os que vivem em culturas europeias ou dela originadas sabem algo sobre Adão e Eva e, se os pressionarmos um pouco, certamente se lembrarão de um surpreendente número de histórias e personagens bíblicos. E todos, mesmo os totalmente ignorantes quanto às Escrituras, guardam em seu inconsciente as figuras da Grande Mãe e do Grande Pai, a *anima* e o *animus*, levando os que buscam a Cabala a ter sempre algum instrumento psicológico que lhes serve de apoio. O grau de esforço, a experiência e a linguagem comum característica logo fazem do aspirante um membro do grupo capaz de colaborar.

Grupos que trabalham a Cabala de forma não ortodoxa compõem-se, portanto, de homens e mulheres. Tradicionalmente, há um quórum mínimo de dez pessoas, perfazendo assim um conjunto sefirótico completo. Idealmente, um número igual de cada sexo cria um equilíbrio, no centro do qual se encontra o *maguíd*, ou a pessoa colocada no papel de mestre, pelo fato de ser em relação aos outros o *Zakén*, o Mais Velho. Esse título tem origem em Moisés, que doutrinou os 70 homens mais velhos no deserto do Sinai e os nomeou seus assistentes para ensinar a Lei aos Filhos de Israel. Tempos depois, institucionalizou-se o costume na forma do *San'hedrín* – o Sinédrio. O presbítero desempenha o mesmo papel na Igreja. No caso de um grupo, o *Zakén* pode ter recebido essa função não apenas para compartilhar o ensinamento, regra básica da Cabala, mas também para vivenciar, por meio de sua *Dáat* yetzirática, o Conhecimento que flui do *Yessód* beriático para baixo, através dele, enquanto está no papel de mestre. O cargo de *Zakén* tem diversos graus, mas por ora basta assinalar que em um grupo é suficiente que haja dois níveis, de modo que o fluxo vindo dos Mundos Superiores seja auxiliado pela diferença de potencial entre o papel do *Zakén* em *Tif'éret*, mais elevado, e o de *Yessód*, do grupo abaixo.

Desse modo, o grupo segue os princípios da Árvore da Vida. De um lado, temos os pilares esquerdo e direito dos dois sexos nas funções ativa e receptiva; de outro, o acima e o abaixo das faces superior e inferior de *Yetziráh*, com o *maguíd ou Zakén* no centro, em *Tif'éret*. Se posicionarmos o mundo externo em *Malchút*, o grupo em *Yessód* e a teoria e a prática em *Hód* e *Nétzah*, teremos o funcionamento normal de um encontro social. Entretanto, se o *maguíd* estiver em *Tif'éret*, a Tríade da Esperança entra em ação. Essa configuração às vezes é chamada de "Arco da Esperança", por apontar a flecha da consciência em direção ao alto do pilar central, de *Malchút* a *Kéter*. É o grupo que segura a flecha, enquanto o arco está nas mãos do *maguíd*, e na tensão gerada pelos pilares da Força e da Forma ela é lançada para os Mundos Superiores. Seu alcance é determinado pelo esforço do grupo, e sua precisão em acertar ou não o pilar central deriva da distância em relação aos pilares laterais em que estava o alvo no momento da penetração. O *Rúah haKódesh*, o Espírito Sagrado, situa-se nesses momentos em *Dáat* da Árvore Yetzirática e pode descer para indicar, com sua Presença, que a flecha atingiu o alvo. Momentos como esse são inesquecíveis.

Se a teoria está em *Hód* e a prática em *Nétzah*, o discernimento pode se localizar em *Guevuráh* e a tolerância em *Héssed*. Esses dois atributos são fundamentais na vida do grupo porque permitem ao aspirante exercitar o Julgamento sem ser ferino e a Compaixão sem ser hiperindulgente. Assim, o caminho da Verdade fica livre para manifestar-se sem afogar-se em excessivo entusiasmo ou ser asfixiado por arrogância. O eixo em torno do qual gira o grupo é o *maguíd*, cuja posição em *Tif'éret* lança o foco de *Guevuráh* e *Héssed* na direção da tríade emocional conhecida por alguns cabalistas como Caridade ou Amor. Essa tríade, entre as faces superior e inferior, é o estágio seguinte da consciência acima de *Hód-Tif'éret-Nétzah*, a Tríade da Esperança – que representa, no grupo e nos indivíduos, o nível da alma. Aqui se alcança o nível da autopercepção, no qual muitos aspectos da natureza da pessoa e dos outros só podem ser vistos com Amor. A síntese de *Guevuráh* e *Héssed*, explicitada em *Tif'éret*, é chamada de Compaixão. É na Tríade do Amor que os indivíduos de um grupo se encontram em comunhão emocional e compartilham, em meio à confiança mútua, suas vivências. Essa experiência se dá graças às condições anteriormente descritas e vai muito além dos encontros sociais comuns. Essas condições especiais são geradas pelos objetivos, pelos conhecimentos, pela linguagem comum e pelo grau de disciplina e integridade exigidos de cada um dos integrantes do grupo. Por exemplo, a necessidade de dominar o ego pode significar a contenção da assertividade em um indivíduo, ou o estímulo a que se manifeste em alguém modesto demais – sem, porém, chegar a excessos.

A disciplina no grupo é importante. Sem ela, o tronco da Árvore da Comunidade pode sofrer rachaduras, ou mesmo tombar por inteiro, destruindo, desse modo, o sutil equilíbrio de um organismo capaz de receber algo que nenhum indivíduo conseguiria sem longo treinamento. A disciplina se manifesta externamente em cortesias como a manutenção do completo silêncio sempre que alguém estiver falando ou praticando um exercício. Internamente, ela se expressa pela atitude de atenção dos integrantes, sempre prontos a observar a partir do self, e a falar e agir à luz de *Tif'éret*. Quando se perde o contato com a própria *Tif'éret*, a conexão com a *Tif'éret* do grupo se desfaz, e restam somente as ilusões cotidianas do ego que circulam pela tríade mecânica de *Hód-Nétzah-Yessód*. Quando mais da metade do grupo se encontra nesse estado, a qualidade dos encontros diminui e arrasta consigo os demais, até que o *maguíd* aplica um choque para acordar os sonâmbulos. Esse choque pode implicar uma pressão na coluna lateral em que o grupo está apoiado, para que haja uma reação da coluna complementar. Se o grupo estiver demasiadamente severo, por exemplo, a reação será provocada por uma resposta da

Compaixão, levando-o a equilibrar-se de novo. Em condições normais, essa técnica pode até ser socialmente agressiva, mas, sob a disciplina requerida pelo grupo, todos saberão que há um motivo interno para esse ato, e ele é aceito como algo a ser estudado à luz da lei do conhecimento objetivo e de sua aplicação.

O papel do *maguíd*, aqui, é de muita responsabilidade. Na qualidade de *Tif'éret* do grupo, ele deve receber de cima e compartilhar para baixo, corrigindo sempre a tendência do grupo a pender para a rígida formalidade ou para a dispersão hiperenergética. Ao ensinar e guiar dessa maneira, ele trata também de elevar o nível do grupo, conduzindo-o para além da polaridade habitual em *Hód--Nétzah*. Leva o grupo Escada acima pela via da honestidade em direção a *Tif'éret*, ultrapassando a Tríade da Esperança. Se ele próprio estiver abaixo, em *Yessód* – pois afinal o *maguíd* é sempre apenas humano –, nada resultará de toda a verbalização e dos exercícios. É preciso que ele se lembre permanentemente de quem é e de onde está, visto ser ele o elo do grupo com os Céus e a Terra. Na qualidade de espelho luminoso dessa pequena comunidade, ele deve olhar para dentro de si a fim de receber e refletir o que poderia estar fluindo do alto por algumas das vias que desembocam em *Tif'éret*. Assim, ele funciona como o entroncamento sefirótico do grupo, influenciando e sendo influenciado a todo momento, em uma situação de grande complexidade e sutileza. O Trono de Salomão é a âncora do grupo, e qualquer um que esteja preparado para aceitar a responsabilidade pode ocupá-lo. De fato, esse pode ser um dos exercícios a ser realizados pelos componentes do grupo. Nessa condição, o indivíduo que ocupa o Trono se torna não apenas o foco da face inferior da Árvore da Comunidade, com o grupo na posição passiva em *Yessód*, mas também o veículo do contato com a face superior de *Yetziráh*. Isso o coloca em relação direta com *Bináh* e *Hochmáh* da Tradição, e ele passa a receber instruções e revelações sobre temas bem além de sua compreensão. Todos os que já estiveram nessa posição e vivenciaram essa conexão vívida sabem, sem sombra de dúvida, como o cabalista adquire seu Conhecimento.

Além de se constituir em *Tif'éret* do grupo, o Trono de Salomão é *Malchút* do mundo mais acima. Esse é também o lugar onde Jacó tornou-se Israel. Nessa conversão, a face superior de *Yetziráh* torna-se a face inferior de *Beriáh*, o reino criativo do Espírito puro. Para o grupo, o *maguíd* representa o ponto de contato com a Casa de Israel. A grande tríade *Tif'éret-Hochmáh- -Bináh* é chamada Fé. "Fé", na Cabala, significa não exatamente "crença", mas "convicção", graças à presença de *Dáat* de *Yetziráh* nessa Tríade do Espírito. A Tradição situa o Arcanjo Gabriel nesse lugar, e é ele o guardião de *Yessód* de *Beriáh*. Ensinando, o *maguíd*, caso ainda não esteja ali, começa a construir sua firme Fundação Beriática Esse é seu próximo passo ao longo da Escada de Jacó, de modo que há sempre uma contínua ascensão, do mais novo aspirante do grupo até a ascensão do *maguíd* rumo à Casa de Israel.

Na alegoria bíblica, o *maguíd* desempenha o papel de Moisés no Monte Sinai de *Tif'éret*, com os Filhos de Israel esperando lá embaixo, em *Yessód*, tendo atravessado o Mar Vermelho a fim de concretizar sua saída da Terra da Servidão. Eles esperam no sopé da montanha – *Hód-Tif'éret-Nétzah* – para ser guiados adiante, enquanto o *maguíd* recebe instruções da coluna de nuvens – o Espírito –, que desce por entre a face superior de *Yetziráh*. Na fímbria de *Kéter* de *Yetziráh* encontra-se *Malchút* de *Atzilút*, chamada pelo nome de Deus – ADONÁI – o Senhor. Aqui há contato direto com o Divino. No Êxodo, o Senhor pede a Moisés que não permita aos Filhos de Israel ir longe demais montanha acima, para não acontecer de Ele "abater-Se sobre eles. Moisés, então, desceu até o povo, e lhes falou". Havia ainda muito a fazer antes que eles pudessem, finalmente, entrar na Terra Prometida.

15. A dinâmica dos grupos

No momento em que o aspirante é convidado a participar de um grupo, ele já deve conhecer a teoria, ou seja, o funcionamento da Árvore Sefirótica. Com essa base, ele pode ao menos ideia do que significam os exercícios propostos e acompanhar a conversa no grupo. No entanto, ele ainda precisará aprender muitas outras coisas, pois cada grupo tem suas características específicas e linguagem própria, que ele desconhece. Esse fenômeno ocorre mesmo nos grupos que seguem estritamente a corrente ortodoxa da Cabala, porque os seres humanos nunca são idênticos e a combinação particular de indivíduos em cada grupo determina sua forma de agir, apesar da sua base hebraica clássica. Nunca haverá dois grupos iguais. Um grupo que começou em *Bináh* será filosófico e totalmente tradicional, enquanto outro, que partiu de *Hochmáh,* trabalha e se desenvolve de modo inovador. Já um terceiro, com forte base em *Héssed,* será mais emotivo e devoto, contrastando com o grupo que, partindo de *Guevuráh,* enfatizará a disciplina e a pureza. Aqueles que trabalham essencialmente a partir de *Hód* e *Nétzah* são grupos preparatórios, que não estabeleceram ainda uma conexão significativa com *Tif'éret.* Tais grupos ficarão por algum tempo confinados à face inferior, no qual a teoria e a prática ainda não se tornaram parte substancial da sua Fundação. O aspecto inconclusivo de sua natureza revela o nível desses grupos.

Se a *Tif'éret* de determinado grupo não se materializou ainda porque ele pende demais para um dos pilares, porque ainda não foi feito um esforço consciente suficientemente intenso ou porque falta uma conexão entre seus membros, o grupo pode ser dissolvido por seu *maguíd* ou desintegrar-se. Abortos espontâneos não são desconhecidos na Cabala. Uma das regras diz que, se há menos de sete participantes em um encontro, o Espírito não é evocado, e a reunião permanece informal. Além disso, se há menos de sete pessoas por quatro encontros seguidos, o grupo se desfaz. Isso pode acontecer pelo fato de, na melhor das hipóteses, aquela fase do trabalho estar completa ou, na pior, um número grande demais de integrantes não ver sentido em prosseguir. No primeiro caso, um novo grupo pode se formar a partir de vários que se dissolveram, ou seus membros podem se juntar a outro já existente, que trabalha de modo mais consistente. Esse processo celular de nascimento, divisão, fusão e morte constitui a vitalidade da Tradição.

Todo grupo que ultrapassa seu tempo de vida logo inicia um processo de fossilização e se institucionaliza. Muitos são os exemplos desse fenômeno, dentro e fora da Cabala. Apesar de bem-intencionadas, essas escolas geralmente vão além de seu alcance humano, e o indivíduo deixa de ser importante. Quando isso acontece, a perpetuação da instituição torna-se o seu objetivo principal, e surgem os inevitáveis escalões das pessoas ocupadas em preservar um "ontem" há muito falecido e em alcançar um "amanhã" um tanto irreal. Na Cabala só é possível viver o hoje, só o Agora existe de fato. Se um grupo não focaliza o presente, é porque está morto ou ainda não nasceu, e seu corpo é inútil. Esse é um dos motivos pelos quais se conhece tão pouco da Tradição Oral. Ela acontece naquele momento. Cumprida sua missão, desaparece e deixa atrás de si apenas um rastro pouco visível, como o de um navio singrando as águas do tempo.

Quando alguém abandona o grupo e não volta, há uma série de regras a cumprir. Em primeiro lugar, é preciso entender por que o

O CAMINHO DA CABALA • 141

abandono ocorreu. Talvez tenha sido porque alguém do tipo racional nada tivesse a fazer em um repasto ritual dos *Hassidím* de Belz, em que agilidade e força física são exigidas tanto quanto a devoção. Em outro, alguém interessado apenas em rezar não se sentiria confortável em um grupo que estuda a complexa metafísica do rabi Luzzato. Essas pessoas deveriam buscar o próprio caminho e, se for esse seu desejo, a Providência as guiará – se o seu *Tzadík* não o fizer – ao *maguíd* apropriado.

Contudo, quando ocorre o abandono do estudo da Cabala, e não especificamente a saída de determinado grupo, a questão é bem diferente. O motivo para essa decisão é, geralmente, o surgimento de uma crise em seu ego, e a pessoa não deseja avançar no caminho da honestidade. A racionalização para o abandono da Cabala varia muito, indo do desagrado com os sistemas formais até uma antipatia pessoal pelo grupo ou pelo *maguíd*. Seja qual for a razão ostensiva, a causa é a defesa, pelo ego, da autoimagem da pessoa. Quando essa imagem for ameaçada pela mudança que deve ocorrer com o trabalho cabalístico, o ego lutará para preservar sua soberania. Essa luta se manifestará de diversas maneiras, até que ocorra a rejeição pura e simples de tudo que a Cabala representa. A partida em geral é encoberta por uma mentira, contada diretamente ao *maguíd* ou indiretamente por algum membro do grupo, que quebra a confiança mútua. Os vínculos se rompem, desfazendo a ligação entre a *Tif'éret* do grupo (razão pela qual o *maguíd* é muitas vezes o alvo do ataque) e a Tríade da Compaixão, ou Alma do Grupo. A partir daí, não há o que fazer, e diz a regra que nenhum membro do grupo deveria se aproximar dessa pessoa, a não ser que esta solicitasse o contato. Essa conduta não representa, de modo nenhum, uma punição, mas a obediência ao princípio psicológico de que nenhuma pressão – por Julgamento ou Compaixão – deve ser exercida sobre a pessoa, garantindo-lhe assim o livre-arbítrio.

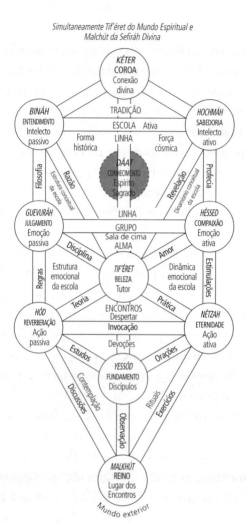

Figura 32 – ESCOLAS DA ALMA

Este pode ser o resultado de séculos de trabalho ou a criação de determinada pessoa e talvez de uma geração. O mesmo formato pode ser encontrado em escolas da alma em cada cultura. Na África, no Japão, na China e também na Índia, na Europa e na América, o chefe de uma escola é chamado Mestre. Todos, além disso, utilizam os métodos da Ação, da Meditação e da Contemplação para ter acesso aos Mundos Superiores, onde poderão entrar em contato com os "Ancestrais" ou anciãos do celestial "Colégio nas Alturas".

Diga-se de passagem que esse princípio é visto às vezes como a expulsão de um herege. Naturalmente, esse não seria jamais o caso de pessoas que estão trabalhando na Tríade da Compaixão. O relacionamento entre *Guevuráh* e *Héssed* caracteriza-se, por definição, como uma amizade discreta. Portanto, caso a crise de ego daquela pessoa encontre solução positiva e ela deseje retornar ao grupo, encontrará sempre as portas abertas. A ninguém se deve negar um direito de nascença.

Há, porém, outra razão pela qual um aspirante pode deixar o grupo: ser expulso pelo *maguíd*. Às vezes, trata-se de uma decisão temporária, para que o aspirante possa refletir, digerir e formar suas ideias do Ensinamento. Alguém pode tornar-se dependente demais do *maguíd* e, por mais que o mestre deva funcionar como *Tif'éret* dessa pessoa por algum tempo, não lhe é permitido exercer essa função indefinidamente. Em algumas vertentes da Tradição, o apego ao *maguíd* constitui um método de devoção, mas o excesso de apego é coibido porque, depois de certo ponto, o *maguíd* se torna o Caminho da pessoa para Deus, o que fere o Mandamento que proíbe cultuar outros deuses e prostrar-se perante ídolos. Os indivíduos são capazes de transformar em falsos deuses qualquer coisa à qual se apeguem, seja o dinheiro, o *status* e até outras pessoas, por mais que elas mereçam. Embora o *maguíd* deva ser o vínculo inicial em uma cadeia de conexões entre o Céu e a Terra, é vital que ele saiba quando se afastar e deixar que o fiel crie os próprios vínculos. Essa atitude pode exigir, inclusive, a ruptura do relacionamento com o discípulo, para que a identificação deste último para com o mestre se dissolva de forma gradual ou abrupta, conforme o caso. O primeiro método consiste em mandar o aspirante embora; o segundo se concretiza quando o *maguíd* precisa mostrar à pessoa que ele também é humano. Talvez o *maguíd* cometa um ato intolerável a fim de destruir a imagem que o discípulo apegado tem de seu mestre. O falso deus é demolido e a pessoa passa a assumir total responsabilidade pela própria vida.

Um indivíduo também pode ser excluído do grupo por ter alcançado uma conexão permanente com sua *sefiráh Tif'éret*. Ele tornou-se um verdadeiro indivíduo e sua utilidade para a Cabala será bem maior caso assuma a condição de *maguíd* pelo próprio mérito. Nesse caso, terá completado sua iniciação, e o *maguíd* lhe dará suas últimas instruções como discípulo, para que comece a buscar os conhecimentos necessários para tornar-se um *Tzadík*. O compromisso, agora, será com a tarefa de assumir responsabilidades também sobre outras pessoas. Tornar-se *Tzadík* implica não somente ligar-se à longa corrente de seres humanos que se estende gerações afora, mas preparar--se para ingressar na companhia dos Justos, o Círculo Interno oculto da Humanidade. Para que essa decisão maior seja tomada, a pessoa precisará da mais completa solidão, distante de qualquer influência externa, pois o anjo e o demônio interiores serão desafios suficientes durante essa jornada pelo deserto. As histórias bíblicas de Moisés e Jesus no início de suas missões descrevem muito bem essas crises.

Os grupos são formados por homens e mulheres e incluem também tarefas e papéis sociais diversos. O grupo ganha, desse modo, grande riqueza de objetivos, desde que todos contribuam para o bem comum com suas experiências. Durante os encontros, não importa se alguém é profissional liberal, comerciante ou arte-são, porque o ego deve ser deixado de fora, lá embaixo na face inferior de *Assiyáh*. Do contrário, não haverá encontro. O ego distancia as pessoas, e as máscaras da personalidade e do *status* o fazem ainda melhor. As únicas distinções nos grupos são as do tipo físico, da verdadeira individualidade e do nível de consciência. Os dois primeiros aspectos são inerentes, embora possam ser contrabalan-çados, já o terceiro varia continuamente até que surja uma cons-ciência permanente do self. Isso acarreta o fenômeno, raro no mundo exterior, de uma dona de casa que explica a um psiquiatra

O CAMINHO DA CABALA • 145

uma verdade psicológica profunda que este não percebe, talvez por sua mente estar turvada por conhecimentos técnicos. O significativo, aqui, não é apenas a lucidez da dona de casa, mas a concordância do profissional. Se estiverem ambos comprometidos com a Cabala, nada mais será levado em conta, somente a verdade. Afinal, Espinoza era fabricante de lentes; Boehme, de botas. *Bináh* e *Hochmáh* manifestam-se por intermédio de qualquer pessoa.

Os três tipos físicos são simbolizados, na Bíblia, pelos três filhos de Noé: Jafé, Sem e Cam: pensadores, sensíveis, agentes. A predominância de um dos tipos obviamente carrega todo o grupo para dentro de um dos pequenos triângulos no triângulo maior *Hód-Malchút-Nétzah*, fazendo que o método do grupo seja fortemente influenciado no rumo da contemplação, da devoção ou da ação. No entanto, a maior influência vem sempre do próprio *maguíd*, que, embora tente alcançar o equilíbrio, tem sua maneira de fazer as coisas. Essa é a parte natural de sua verdadeira individualidade, que é um atributo de *Tif'éret*. Diz-se na tradição monástica cristã que a vida de um mosteiro sempre assume as características do seu abade, e assim é também na Cabala; em virtude das Leis da Providência, as pessoas simpáticas a determinado modo de trabalhar são atraídas para aquele *Tzadík*. Outro *Tzadík*, usando um método diferente, talvez nunca venha a ser notado. Portanto, o *maguíd* reúne à sua volta aqueles a quem ele pode ser útil, os quais serão, por sua vez, úteis a ele. Embora essa ideia pareça pouco espiritual, é preciso lembrar que no universo tudo tem seu preço. A ação é paga com uma reação e com a compensação entre matéria e energia. No trabalho espiritual acontece o mesmo. De fato, sem investimento não haverá retorno e, como disse um cabalista, "quanto mais você investe, mais você ganha – trata-se de uma simples lei".

O objetivo do *maguíd* é praticamente o mesmo que o dos

aspirantes. A diferença se deve aos respectivos níveis que eles ocupam. Enquanto o aprendiz trabalha inicialmente para o próprio desenvolvimento, e depois contribui com algo mais para o grupo além do dinheiro para o pão e o vinho, o *maguíd* atua em outra escala. Por mais que isso seja de conhecimento de todo o grupo, apenas quando se tornam *maguidím* eles passam a saber realmente o que isso significa no tempo e no espaço. Ao longo dos séculos, os *Tzadikím* agiram não apenas em favor da própria geração, mas com uma amplitude que abarcava a Humanidade. Os contos populares já mencionados, como o da Cinderela, são a evidência de ideias planejadas para ser divulgadas pelo mundo todo e repetidas por pelo menos dois milênios. Um *Tzadík* de nossos tempos tem a mesma meta que seus antepassados: transmitir o Ensinamento de modo que, mesmo que seus discípulos não compreendam seu objetivo, ainda assim continuem o trabalho à sua maneira, preparando a próxima geração. É fascinante perceber como, apesar de suas tantas variações e da sua história tão multiforme, a Cabala demonstra que a transmissão foi eficaz, visto que não houve mudança nenhuma nas bases do Ensinamento. Para citar Joshúa ben Miriam, ou Jesus, filho de Maria, "enquanto existirem céus e terra, de forma alguma desaparecerá da Lei a menor letra ou o menor traço, até que tudo se cumpra".

Assim, existem três níveis de Trabalho Cabalístico: o do Indivíduo, que pode ser situado na face inferior de Árvore Yetzirática; o do Grupo, localizado na Tríade da Compaixão; e o do Trabalho para a Humanidade, que se relaciona com a face superior de *Yetziráh*. Essa face, obviamente, é também a face inferior de *Beriáh* e abarca toda a Humanidade, os mortos, os vivos e os ainda não nascidos. Em uma palavra, Adão.

16. O encontro

Enquanto *Kéter* não chega até *Malchút*, a operação cabalística não se completa. Vejamos, então, como é o cenário de nossos estudos em *Assyiáh*, para termos uma ideia de como é um grupo. Como o passado já se foi e o futuro ainda não chegou, tomaremos o presente como o nosso tempo. É nele que a Cabala trabalha. E nele se encontra embutido tudo que já houve e tudo que haverá. Emanando da primeira Coroa, a Existência desce através do Mundo Eterno das *sefirót* para o Mundo de *Beriáh*. Aqui a Existência é criada – antes de seguir mais para baixo, para *Yetziráh*, a fim de ser formada. Vinda dos Mundos Eterno, da Criação e da Formação, *Assyiáh* passa a existir como uma praça em Londres, cercada de árvores floridas e fragrâncias agradáveis. Trinta mil anos atrás, esse lugar era uma estepe a poucos quilômetros de uma geleira. Há dois mil anos, ele fazia parte de uma floresta ao norte de uma estrada romana. Duzentos anos atrás, era um cemitério de indigentes, e agora é um elegante quarteirão de casas em um bairro sofisticado da cidade. O Eterno ainda está aqui. A Criação prossegue seu trabalho, e as Formas estão sempre mudando à medida que matéria e energia, por um breve momento, cristalizam-se na cena que vemos agora, às oito horas de um anoitecer de primavera. Às oito e meia, a cena já será outra, e dentro de mil anos não haverá mais como reconhecê-la, pois o todo da Existência Relativa sempre muda, embora seja sempre o mesmo. Quanto a nós, só nos importa o agora, porque é tudo que temos e tudo de que precisamos para trabalhar conforme a Cabala.

Vindas de várias direções, dez pessoas convergem para uma casa no quarteirão; algumas delas levaram metade da vida para chegar aqui. Cumprimentam-se como se fossem íntimas, embora jamais tenham se encontrado em situações sociais ou profissionais. Entrando na sala, ocupam seus lugares no semicírculo de cadeiras dispostas em frente ao diagrama da Árvore Sefirótica pendurado perto da cadeira do *maguíd*. Depois de contar as novidades, todos se calam. Lentamente o silêncio se apodera de cada um assim que começam a meditar. O mundo lá fora recua aos poucos e os problemas cotidianos esmaecem à medida que a atmosfera na sala se torna perceptivelmente carregada e focada. Quando todos já estão presentes, tanto de corpo quanto de alma, o *maguíd* levanta-se e abre os braços, formando uma Árvore da Vida física. Ele profere a Grande Oração, o *Shemáh*, que começa com a palavra "Ouve", e recita os nomes das *sefirót* um a um, descendo pela trilha do Impulso Luminoso e fazendo uma evocação. Em seguida, ele se dirige aos mundos angelicais pedindo sua ajuda e roga ao Espírito Sagrado que derrame sua Graça sobre aquela assembleia. O ritual se conclui com a iluminação de duas velas, que representam os pilares da Compaixão e do Julgamento. A coluna central, naquela situação, será o próprio grupo.

Depois da abertura, começa o Trabalho. Seu início pode ser a apresentação de perguntas e comentários, sendo as respostas sempre ligadas ao diagrama da Árvore, que se torna o foco da atenção geral durante a maioria dos procedimentos. Desse modo, todos veem claramente qual *sefiráh*, tríade, via ou pilar estará no centro das atenções.

Uma pergunta feita ao *maguíd*, por exemplo, é sobre a natureza da prece meditativa. Em que lugar da Árvore ela se encaixa? Ele

O CAMINHO DA CABALA • 149

aponta para *Yessód*. Esse é o nível normal da consciência. Aqui, a mente egoica focaliza o Nome de Deus e medita sobre ele. A meditação reverbera em *Hód* e é repetida por *Nétzah*. Com as duas colunas laterais funcionando através de *Yessód*, e a atenção dirigida para cima, a consciência é elevada para além da tríade *Hód-Yessód--Nétzah*, alcançando *Hód-Tif'éret-Nétzah*, a Tríade da Esperança. Enquanto o Nome continua a ressoar abaixo, a atenção agora é dirigida para mais alto ainda, chegando à Tríade da Compaixão. Se Deus assim desejar, a Grande Tríade da Fé lançará o fluxo da Graça para *Tif'éret*, fazendo que o self subitamente se eleve na coluna central, atingindo a via chamada Reverência/Veneração (*Awe*). Aqui o meditador chega à não *sefiráh Dáat*, e seu senso de separação se dissolve, mesmo que por alguns instantes. Quando ele emerge desse "mergulho para cima", talvez mergulhe novamente, ou desça e tome consciência de si mesmo e de sua mente egoica repetindo e reverberando o Nome de Deus.

Depois das perguntas, das respostas e dos comentários de outras pessoas, a partir das próprias experiências e do entendimento acerca da Árvore, o grupo passa para o objetivo central daquele encontro, o estudo do episódio dos Filhos de Israel no deserto. Os trechos bíblicos pertinentes foram estudados durante a semana, e cada pessoa apresenta o que lhe foi possível entender, cabalisticamente falando, dessa narrativa, traçando paralelos entre aquele episódio e o crescimento espiritual. Aos poucos, surge uma percepção que se baseia não na opinião de alguém de fora, por mais sábio que seja, mas nas tomadas de consciência dos próprios integrantes do grupo. Pouco a pouco a simbologia do Êxodo vai sendo desvendada. Uma a uma, as pessoas sentem o forte anseio natural de voltar ao Egito, onde pelo menos os israelitas se sentiam seguros. Quarenta anos no deserto equivalem a um pesadelo sem fim, sobretudo se a estrada não leva diretamente à Terra Prometida. As pessoas reconhecem o

Figura 33 – ORIENTAÇÃO

Assim como os israelitas foram guiados em segurança através do deserto do Sinai, uma escola, como uma caravana, é guiada para atravessar o território da psicologia. Aqui também há perigos, como o dos amalequitas bíblicos, que representam os aspectos primitivos da psique. Existe ainda o risco da rebelião, quando alguns israelitas, no passado, e personalidades menos desenvolvidas, no presente, opuseram-se e opõem-se a Moisés – o self. Isso acontece quando a falsa segurança da escravidão – ou dos hábitos sedutores – desafia as difíceis responsabilidades da alma. Por essa razão, os pilares de fogo da Sabedoria e do Entendimento existem para guiar tanto a nós quanto a nosso mestre. (Bíblia de Banks, séc. XIX) rebelde hebreu que carregam dentro de si, sentem na psique a divisão entre aquilo que vai a favor de Deus ou contra Ele, compreendem o significado do Bezerro de Ouro e como, tal qual o ego, ele foi fabricado com material trazido do Egito, tornando-se a imagem do deus yessódico ao qual tudo deve ser sacrificado. A confecção do ídolo dourado evoca um significado que não escapa a nenhum dos membros do grupo.

Em certos momentos do encontro, cada um recebe algo endereçado especialmente a ele e ao seu desenvolvimento. Às vezes é algo que veio do *maguíd* ou de outra pessoa, uma ideia ou um comentário casual; em outras trata-se de algo surgido das profundezas da própria pessoa. As várias *sefirót*, tríades, vias e colunas são passadas em revista, revelando, iluminando, conectando coisas invisíveis que jazem no interior do que parecia muito simples. Alguém se dá conta de ser jogado de um pilar a outro quando não há uma consciência presente em *Tif'éret*. Outra pessoa percebe como os Dez Mandamentos cabem perfeitamente dentro da Árvore, se o "Não terás outros deuses" for colocado em *Kéter*. Outra ainda se assusta ao entender que toda uma geração de maus hábitos terá de morrer no deserto: somente um dos escravos que saíram do Egito, Josué, entrou na terra do leite e do mel, e isso porque ele nunca permitiu que a dúvida o subjugasse.

O encontro prossegue por várias outras fases. Intercalam-se momentos de leveza e momentos pesados. O movimento pendular entre os pilares não cessa, por vezes subindo de nível, e o grupo, constituído por muitos, torna-se um. A maré vai e volta de modo bastante sutil. A média é dada por *Yetziráh*, o mundo da psique, e muitas correntes em vários níveis movem-se a favor ou contra umas às outras. O *maguíd* está sempre vigilante, orientando e interpretando, aplicando *Guevuráh* e *Héssed*, compartilhando *Hód* e *Nétzah* por meio de informações ou exercícios. Em certos momentos ele é o polo ativo, em outros, um membro do

152 • Z'EV BEN SHIMON HALEVI

grupo exerce esse papel. O foco move-se para cá e para lá, por vezes detendo-se em um silêncio retraído quando todos estão refletindo. Em determinado momento não é apenas o silêncio que se faz sentir na sala. Há uma quietude tão profunda que todos se dão conta de haver algo além deles ali. Algo que lembra um forte vento em uma vastidão imensa, criando um sentimento de reverência. E então esse fenômeno desaparece, tão subitamente como surgiu, e o tempo volta a correr. Depois de uma pausa, alguém rompe o silêncio com uma pergunta. A eternidade desaparece. A pergunta é respondida, mas todos dentro da sala sabem, exceto alguém que se deixou levar por um devaneio, que eles acabaram de receber a visita da Presença.

Desse ponto em diante, o grupo começa a resumir o trabalho da noite em formulações que serão acrescentadas à Fundação construída por todo participante no *Yessód* do Mundo seguinte. O *maguíd* propõe uma síntese, mas deixa algumas pontas soltas para que ninguém conclua se tratar de uma resposta completa. Ele, então, traz à tona a pergunta surgida das tomadas de consciência daquela noite quanto à natureza do ego, e a projeta adiante, para o símbolo yessódico da bata multicolorida de José – tema que norteará o próximo encontro. Os participantes deverão estudar os textos indicados e relacionar esse símbolo às suas observações pessoais sobre a estrutura e o funcionamento do *Yessód* de cada um. Deverão trazer exemplos da *performance*, das qualidades e dos defeitos desse *Yessód* pessoal, e refletir sobre a ideia do *Yessód* como um servo exemplar.

Com a missão da semana seguinte já definida, o grupo senta-se em silêncio e assume uma postura da meditativa. Aos poucos a quietude interna e externa permeia o ambiente. Suavemente, cada um entra no mesmo lugar, elevando-se conscientemente até a Tríade da Compaixão. Há amor no ar, e eles se sentem unidos às gerações passadas e futuras que fizeram e farão parte desse Trabalho. Algo mais parece estar presente, algo mais profundo e mais elevado, como se observadores de outro mundo estivessem com eles naquela sala. Sua presença apenas paira no ar, mas é sentida com bastante clareza. O *maguíd* se levanta e, erguendo os braços, profere os nomes das *sefirót*, retornando de *Malchút* a *Kéter*. Ele repete as palavras do *Shemá*: "Ouve, ó Israel, o Senhor é nosso Deus, o Senhor é Um". O grupo se mantém imóvel, em silêncio, ao tomar consciência de que a parte formal do encontro chegou ao fim. Por um longo momento ninguém diz nada. As pessoas saem da potura de meditação, mas somente quando o *maguíd* fala e traz o Mundo da *Assiyáh* de volta à atenção do grupo, abrindo a garrafa de vinho, elas começam a voltar para a realidade pessoal. A conversação recomeça e as reflexões e lembranças do que houve na primeira parte do encontro ganham impulso. A atmosfera muda, mas o propósito ainda é o mesmo. O grupo reorganiza-se em unidades menores, falando de assuntos triviais e também da Cabala, mas nunca esquece a razão de estar ali. Ainda há perguntas e respostas, comentários e até discordâncias. Alguém descreve um fenômeno a partir de um dos lados da Árvore, outro o faz a partir do lado oposto, até que um terceiro – nem sempre o *maguíd* – traz de volta a harmonia ao resolver o problema colocando a origem do fenômeno discutido na coluna central. O *maguíd* pergunta a cada um o que aprendeu naquele encontro, para fixar tudo em *Yessód*. Ele sugere um exercício a um dos participantes, a fim de ajudá-lo a entender melhor *Hód* e *Nétzah*. Diante de alguém que fala de um problema, ele pede-lhe que coloque os elementos na Árvore e pergunta à pessoa que solução ela recomenda, tendo em vista o desequilíbrio percebido entre as *sefirót*. A pessoa encontra a solução e é instruída a colocar em prática o próprio conselho. As conversas prosseguem, levando a algumas percepções ainda mais profundas que as surgidas durante o tempo formal do encontro. Quando a reunião chega ao seu fim natural e a última pessoa vai embora depois de uma consulta privada com o *maguíd*, todos os participantes terão mudado algo dentro de si. Assim como, no quarteirão florido naquela noite específica de maio, nada jamais será exatamente como antes, pois o processo nunca termina – até que tudo tiver voltado a unir-se ao Uno.

Um encontro cabalístico como esse não é, de modo algum, típico, pois cada grupo é único por seu *maguíd*, seus componentes e seu método. O encontro descrito é uma síntese fictícia, assim como o *maguíd* e o lugar. No entanto, o que ocorreu ali é real e pode ser reconhecido em formas diferentes ao longo das eras e em locais muito distantes. Lemos, no *Zôhar*, sobre as *Idra Zuta Kadishah*, ou Santas Assembleias Menores, que se realizavam na casa do rabi Shim'ón bar Yochái. Os Companheiros, como eram chamados, encontravam-se para discutir a Cabala, apesar de o rabi Shim'ón estar morrendo. De fato, os relatos detalhados dos diálogos sobre a Árvore Sefirótica descrevem o encontro até o momento do falecimento do *maguíd*, quando o rabino encarregado de secretariar a sessão se deu conta, ao levantar os olhos de suas anotações, de que o rabi havia morrido. Uma forma menos dramática de descrever o método e o funcionamento de uma escola cabalística pode ser encontrada nos escritos do movimento Habad, dos *hassidím* dos séculos XVIII e XIX. Lá, em "cortes", como eram chamadas as escolas, homens como o rabi Dov Ber ensinavam teoria e prática da Cabala, nem sempre do modo mais óbvio. Ficou registrado o comentário de um de seus discípulos, que disse: "Vim aqui para ver como o *maguíd* amarra o cadarço de seus sapatos". Como se pode ver, há tantos modos de receber e compartilhar a Cabala quanto seres humanos.

17. A saída do Egito

Qual é, então, a situação do nosso Filho de Israel que agora faz parte de um grupo? Bem, em primeiro lugar, façamos um resumo da história até este momento.

Para começar, ele agora reconhece a realidade da condição humana. A maior parte da Humanidade vive em servidão no reino vegetal, comendo, dormindo e se reproduzindo. No entanto, essa condição não é inevitável. Ninguém é obrigado a existir nesse nível. Qualquer pessoa pode optar por sair do Egito, mas não o faz porque prefere a segurança do que é conhecido e familiar, por mais difícil e dolorosa que seja essa vida. Milhões de pessoas nascem para crescer, acasalar-se e morrer tendo um mero vislumbre do que seria outro modo de vida. Esse reino onde elas vivem é rígido, e suas leis são administradas por ritmos mecânicos e orgânicos, sendo cada dia muito parecido com o seguinte – exceto por uma escassez ocasional ou uma superabundância vinda dos Mundos Superiores. Trata-se de uma existência semelhante à da planta, em que cada geração é como as folhas mortas caídas da Árvore Assiyática. Seu lugar é, sempre, no universo relativo, como o solo arado para receber a alma; no entanto, uma pessoa, como uma semente, pode permanecer no solo até o Fim dos Tempos, sem frutificar nem desenvolver-se, até ser replantada no Dia do Jubileu e, ainda assim, continuar sem vida por mais um Grande Ciclo Cósmico. Essa é uma experiência que o Filho de Israel não gostaria de repetir.

No nível seguinte está a Terra de Edóm, governada pelos Filhos de Esaú, o homem animal. Esses seres dominam a terra, seus impérios florescem e guerreiam e, quando não são destruídos, definham, deixando apenas os rastros de seu momento de vanglória. Tais pessoas têm seu lugar no esquema cósmico, incitando ou liderando as massas da Humanidade e promovendo mudanças. Estas, advindas de conflitos ou da diplomacia da Força e da Forma, visam, no mínimo, sacudir os homens vegetais para tirá-los de sua modorra. Nesses períodos de mudança, sejam eles lentos ou abruptos, a grande maioria das pessoas entrevê a evolução e percebe que a vida pode ser mais que a segurança da planta enraizada em um canteiro. De fato, os reis de Edóm são poderosos, no entanto não comandam a própria vida. Eles têm uma vontade, mas esta é governada por seus caprichos, que, por sua vez, estão sujeitos às leis cegas da atração e da repulsão. Vivem subjugados pelos caprichos de sua natureza animal. Sua vida obedece à necessidade de alcançar e manter uma posição dominante. Quando a vitalidade física começa a se dissipar, eles são logo destituídos por reis e rainhas mais jovens. Nada é permanente nesse domínio natural, e os que buscam a Eternidade partem, então, pelos caminhos que rejeitam a morte e desejam a vida imortal.

O início da jornada não foi fácil de encontrar, apesar de não faltarem indícios a seu respeito em todo lugar. O buscador lia e ouvia falar sobre ele, mas nunca achava a verdadeira porta – até encontrar o *Tzadík*. E, mesmo assim, teve de aguardar até que a porta fosse aberta para o primeiro vestíbulo. A entrada para o Jardim do Éden inferior surgiu como uma surpresa deliciosa, especialmente a descoberta de que havia outros que também já tinham cruzado o Mar Vermelho. No paraíso do grupo, um senso de realidade não apenas o levou a concluir que não estava tão doido quanto dizia o mundo lá fora, mas também a tomar cons-

O CAMINHO DA CABALA • 157

ciência de que havia ainda muita coisa a fazer antes de entrar propriamente no território da Terra Prometida. O vestíbulo foi o período simbolizado pelos 40 anos no deserto. Guiado pelo Moisés do grupo, ele e os outros começaram a criar uma nova geração de atitudes, enquanto os velhos hábitos, nascidos no Egito, morriam pouco a pouco. Isso se tornava possível pelo equilíbrio entre estudo e prática. O trabalho era duro, mas o maná caía todo dia dos Céus, suficiente para nutri-lo naquela etapa, enquanto atravessavam o deserto. A cada semana, no *Shabát*, eles se encontravam no sopé do Monte Sinai de *Tif'éret*, onde o *maguíd* os ensinava a Lei. Por vezes, a Nuvem no cume do monte descia, e o Espírito Sagrado da *Shechináh* aproximava-se deles, mas ele sempre se elevava e os guiava para a frente, levando-os adiante enquanto eles preparavam o Tabernáculo interior para recebê-lo em definitivo.

A preparação consistia, primeiro, em reconhecer que cada um deles tinha um corpo físico governado por leis que, embora se manifestassem em formas minerais e orgânicas, eram as mesmas que, em princípio, haviam feito a Existência ser. Essa percepção era importante porque colocava o corpo físico em seu lugar na Criação e refutava a tendência de alguns buscadores espirituais a lhe negar seu lugar e seu propósito. Na Cabala, o corpo nunca é desvalorizado, atormentado ou expulso da consciência – mesmo na mais exaltada das experiências. Ele é a face mais baixa da Escada de Jacó, aquela por meio da qual a Vontade dos Céus se manifesta na Terra. Como pura materialidade, o corpo não tem contato direto com os Mundos Superiores, uma das principais razões pelas quais o Homem se apresenta em sua forma encarnada. É por ele, o Homem, e por sua intenção consciente, que os reinos mineral, vegetal e animal são preparados para receber a Abundância Divina. Externamente, tudo isso se expressa na civilização e, internamente, na participação dos ní-

Figura 34 – O CONFLITO

Em sua batalha contra os amalecitas, Moisés precisa manter as mãos levantadas. Enquanto ele sustentava essa ligação simbólica com os Mundos Superiores, os israelitas prevaleciam. Se deixasse cair os braços, os aspectos negativos da natureza humana dominariam. Essa é uma batalha a ser travada a cada dia. Aqui a Bíblia revela a Torá, ou Ensinamento, que se oculta no interior do texto. O bastão de Moisés, segundo o folclore judaico, tinha dez pedras preciosas dispostas ao longo do seu comprimento. (Bíblia de Banks, séc. XIX)

O CAMINHO DA CABALA • 159

veis mineral, orgânico e vital presentes no corpo e na natureza animal do Homem. Tudo isso o aspirante aprendeu, e agora começará a praticar. Na Árvore, *Malchút* é chamada *Guf*, ou corpo. Na Escada ampliada dos mundos, *Malchút* de *Yetziráh* é o sistema nervoso central, *Tif'éret* de *Assiyáh*. *Yessód*, a mente egoica, da Árvore Yetzirática da psique, é o foco das várias facetas psicológicas – os Filhos de Israel – que em conjunto formam a complexa identidade de nossa autoimagem. Seiscentos mil hebreus saíram do Egito. Esse número pode muito bem dar a dimensão quantitativa dos conceitos intelectuais, dos complexos emocionais e dos hábitos físicos que se manifestam pelo ego, sem mencionar a quantidade de máscaras postas e retiradas pela personalidade a cada momento. Todos esses aspectos de *Yessód* precisam ser identificados e reconhecidos como o reflexo de acontecimentos em outros pontos da Árvore. Além disso, é preciso conscientizar-se de que os fenômenos que se mostram na tela da mente comum podem ser conscientes ou inconscientes. Quando inconscientes, eles representam nada mais que a mecânica mental. O estudo e o domínio das Formas e das Forças da face inferior de *Yetziráh* é o primeiro trabalho prático a ser realizado. Essa tarefa implica a observação dos níveis vegetal e animal presentes em todo ser humano. Um exercício voltado para o exame do mundo vegetal é a prática do jejum. Essa abstenção total de comida e bebida durante 24 horas é uma antiga técnica cabalística, que posteriormente degenerou em penitência. Seu objetivo original era o de demonstrar o poder dos processos vegetais na Vida e nossa dependência deles. Sem comida, o organismo se vê destituído tanto de energia quanto de forma. Isso significa que *Hód* e *Nétzah* de células e órgãos não funcionam bem, o que leva o sistema autônomo da face inferior de *Assiyáh* a uma situação de emergência, lançando mão de suas reservas. Quando o jejum ultrapassa certo ponto, todos os ritmos vegetais se desregulam e sensações desagradáveis, como dor de cabeça, começam a se manifestar à medida que o equilíbrio sutil do metabolismo orgânico é alterado. Durante o jejum, o aspirante é estimulado não apenas a notar os fenômenos da experiência vegetal, mas a desenvolver a capacidade de observá-los com objetividade. Essa atitude exigirá que ele mude seu nível de consciência para além de *Dáat* – Conhecimento – de seu corpo, ou seja, o *Yessód* de seu ego, para o self em *Tif'éret*. Se conseguir sustentar esse ponto de observação com assiduidade, ele perceberá o ego em *Dáat-Yessód* revolvendo-se sob a pressão da alma vegetal que exige atenção. De fato, ele terá de brigar com o ego, que tentará obrigá-lo a se alimentar. Observará sua grande potência, manifestada por ordens expressas ou por sutis artimanhas. Seu sucesso ou seu fracasso ajudam também o aspirante a analisar sua força de vontade, pré-requisito vital para avançar no Trabalho. O jejum é uma boa técnica de treinamento porque permite conhecer muitos níveis. No entanto, não é recomendável usá-la em excesso. Para a Cabala, uma boa condição física é o melhor ponto de partida para qualquer operação. Assim, uma vez alcançado o objetivo, o exercício termina. "É preciso jejuar para viver, não viver para jejuar", eis aí uma boa inversão de uma conhecida máxima esotérica.

O estudo do componente animal na natureza humana traz à luz uma atitude cabalística básica: é preciso relacionar-se com a vida. A Cabala de nada serve para alguém que deseja apartar-se do mundo. Embora seja necessária certa medida de privacidade e solidão para realizar rituais, preces e contemplação de caráter pessoal, é no terreno público, social, que a maior parte do trabalho cabalístico se realiza, apesar de geralmente passar despercebido. Um dos exercícios no estudo do nível animal consiste em fazer negócios no mercado público. Ali o aspirante verá todos os aspectos do comportamento animal em pleno funcionamento. Acima de tudo, porém, ele deverá exercitar-se nessas funções sem envolver-se emocionalmente com a excitação dos ganhos e das perdas, sem se orgulhar do sucesso. Deve permanecer indiferente – ainda que hábil nas artes da defesa e do ataque. Precisa saber sentir o cheiro do mercado para entender seus movimentos, observando a si próprio ao preparar-se para lutar ou fugir. Assim ele poderá identificar os mais sutis comportamentos animais em si mesmo e nos outros, o que o levará a perceber o que temos de verdadeiramente humano. Os animais, por exemplo, não têm consciência nem compaixão. Sentem-se ferozes quando agem a partir de *Nétzah* e sensíveis se o fizerem de *Hód*. É fácil observar como um gato muda do estado de sonolenta meiguice perto da lareira para o de fera implacável quando caça um passarinho. Ele não pode se dar ao luxo de confundir o bem-estar vegetal com a Felicidade, nem o ímpeto animal com o Êxtase. Precisa, antes, ser capaz de reconhecer e elevar-se acima desses dois estados orgânicos sem nenhuma hesitação. Sua alma depende disso.

Na Cabala, tanto a alma animal quanto a vegetal combinam-se às vezes para formar aquilo que é chamado de *Néfesh*, ou Alma Vital. Essa entidade natural fica confinada em *Assiyáh*, portanto ocupa a parte inferior da Árvore Yetzirática. Diz-se que ela é a responsável pelo *Tzélem*, ou imagem-continente do ser encarnado que pertence, em parte, ao Mundo da Formação. Alguns designam essa nossa vertente de corpo etérico, que se desintegra na morte, quando as Árvores Assiyática e Yetzirática se apartam uma da outra.

A *Néfesh* habita a parte superior de *Assiyáh*. No entanto, ela coexiste com a mecânica mental da face inferior de *Yetziráh*. Esses dois aspectos operam dentro das tríades cujo eixo se situa no ego yessódico. Aqui também encontraremos um campo de treinamento na preparação do aspirante. De início, ele deve apren-

162 • Z'EV BEN SHIMON HALEVI

der a identificar as tríades, percebendo que duas sempre levam-no a olhar para fora, para o Mundo da *Assiyáh*, e duas que o levam a refletir. Ele terá de executar exercícios que trazem esses pares para o primeiro plano. Por exemplo, é possível que lhe digam para aprender todos os significados das raízes das palavras que dão nome às letras do alfabeto hebraico. Ali, a tríade lógica de *Hód-Yessód-Malchút* fará a pesquisa, enquanto *Nétzah-Yessód-Malchút* repetirá o exercício até que as letras e as ideias a elas associadas estejam bem fixadas por *Yessód*. Ao mesmo tempo, as tríades internas, situadas no eixo *Yessód-Tif'éret*, passarão a refletir e a reagir enquanto os esquemas dos conceitos embutidos no alfabeto começarão a se cristalizar. Quando o estudante é informado de que cada letra corresponde a uma das vias da Árvore, que liga entre si duas das *sefirót*, ele não se surpreenderá ao ver em que lugar algumas delas estão colocadas. Por exemplo, ele pode ter intuído que a letra *Tzade*, que significa "honesto" ou "justo", fica na via que vai de *Yessód* a *Tif'éret*. Tampouco ficará surpreso ao saber que a letra *Het*, que significa "reverência", "adoração" e também "cerca", "divisória", fica no caminho que vai de *Tif'éret* a *Kéter*.

Essas conclusões podem derivar da memória no inconsciente sobre o episódio, no Êxodo, em que Moisés diz ao Senhor: "O povo não poderá subir o Monte Sinai, pois Tu nos exortaste a colocar limites ao Monte e santificá-lo", e o Senhor diz a Moisés: "Tu subirás, tu e Aarão contigo, mas não permitas que os sacerdotes e o povo irrompam e venham para o Senhor, para que não os devaste" (Êx. 19:23-24). Esse texto pode não ter sido lido por anos, mas a habilidade de *Hód*, em conjunção com *Tif'éret* ao longo da via da letra *Áyin*, cuja raiz significa "estudo", poderia buscar a lembrança dele em um canto remoto da memória para lançá-la como um relâmpago sobre a tela de *Yessód*. A tríade complementar *Tif'éret-Nétzah-Yessód* poderia reagir intensamente e

O CAMINHO DA CABALA • 163

elevar a consciência comum de *Yessód* para *Tif'éret*, produzindo um vislumbre de autopercepção. Esses momentos são partículas de conscientização colocadas uma a uma no cada vez maior e mais profundo quebra-cabeças do conhecimento.

Talvez o mais importante de todos os exercícios seja o de elevar-se de *Yessód* a *Tif'éret*. Essa conexão é absolutamente necessária em qualquer prática cabalística. É possível realizar o mais elaborado ritual, rezar incessantemente e contemplar a Árvore Sefirótica ao longo de uma vida inteira, mas se não houver uma ligação verdadeira entre *Yessód* e *Tif'éret* tudo isso terá sido em vão. Uma ação, uma oração solitária ou uma única ideia posta em prática a partir do self permitirão a comunhão com o Mundo Superior. Sem a consciência centrada nesse Coração dos Corações, nada acontecerá. O Trono de Salomão está lá, mas ele só se transformará em realidade quando a consciência subir a via do *Tzadík* a fim de conquistar um lugar permanente no ser do indivíduo. Para alcançar esse estado, é preciso vontade, paciência, confiabilidade e treinamento.

Essa, portanto, é a situação na qual o aspirante se encontra. Ele cruzou o Mar Vermelho e jamais poderá voltar, a não ser como escravo ou como um *maguíd* por direito próprio.

18. Preparação

Antes de ser autorizado a realizar algum Trabalho Cabalístico propriamente dito, o aspirante precisa estar bem estabelecido na vida terrena e na teoria e na prática da Cabala. Ou seja, precisa alcançar a estabilidade em *Malchút, Hód, Nétzah* e *Yessód*. Antes de se tornar verdadeiramente confiável nessas *sefirót*, ele não pode ser um cabalista, pois lhe faltará uma forte ligação com sua *Tif'éret*. Mesmo agora, embora ele já esteja apto a elevar-se por momentos para um vislumbre do Mundo do Espírito, isso ainda não significa que possa fazê-lo sempre que o desejar, ou que tenha condições de manter-se lá por algum tempo. Portanto, ele ainda está embaixo, entre *Tif'éret* e *Yessód*, no mundo psicológico da consciência que desperta. Até aqui ele ainda não está no verdadeiro Caminho que começa no portão de *Tif'éret* e vai até a Casa de Israel.

"Muitos são os chamados, mas poucos são os escolhidos", disse um cabalista. Isso porque somente as pessoas preparadas para assumir plena responsabilidade por seus atos são confiáveis e podem servir fielmente. É sabido que quem não leva em conta as consequências do que faz ameaça não só a si próprio como aos demais. Portanto, na Cabala o aspirante é treinado até entender bem as Leis da causa e do efeito. Isso se dá depois de longo período e muitos exercícios, de modo que ele não venha a iniciar uma ação para a qual não esteja preparado – vale lembrar que um impulso deliberado dirigido aos Mundos Superiores volta para o lugar de origem. Atos semimágicos dessa natureza costumam ser desencorajados na Cabala judaica, sendo permitidos apenas quando nenhum outro recurso é possível, e mesmo então sob a estrita e totalmente segura certeza de que essa é a vontade de Deus.

Os métodos de treinamento na Cabala variam muito, mas todos enquadram-se em uma das três categorias principais: a literal, a alegórica e a metafísica. Elas correspondem aos nossos aspectos físico, emocional e racional descritos pelas subtríades da Grande Tríade *Malchút-Hód-Nétzah*. Todas elas têm seu foco em *Yessód*, de modo que qualquer um dos métodos seja absorvido aos poucos dentro da nova Fundação que está transformando o ego.

O resultado desse trabalho é que a personalidade, muitas vezes, muda tanto que a família e os amigos custam a admitir. Às vezes surge uma hostilidade entre essas pessoas e o futuro cabalista, pois ele já não participa dos seus jogos psicológicos. Por vezes a transformação é tão grande que relacionamentos de longa data se rompem, e atividades profissionais promissoras e seguras são descartadas. O período inicial na vida de muitos santos e *Tzadikím* ilustra bem esse fenômeno.

Esse problema não acontece apenas durante a preparação. Por vezes, o ego de alguns aspirantes fica tentado a proclamar a Cabala (ou qualquer outra Tradição) como sua propriedade. E aí teremos o primeiro teste da nova Fundação. Essas pessoas se imaginam cabalistas e brincam com o mistério yessódico dizendo-se conhecedoras de tudo quando, na verdade, engoliram apenas uma migalha de teoria e tiveram uma ou duas experiências práticas. Por sorte, quando seu conhecimento é testado, logo fica clara a sua superficialidade, e a imagem que eles tentaram construir cai por terra. Para alguns, isso é apenas uma fase

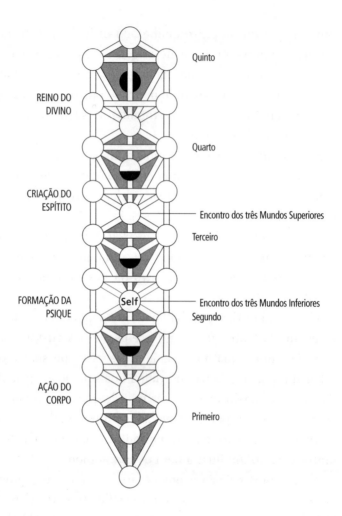

Figura 35 – OS CINCO JARDINS

Esta versão da Escada de Jacó apresenta cinco níveis de evolução. O jardim mais baixo é puramente físico, enquanto o segundo fica a meio caminho entre o corpo e a psique. O self está localizado onde os três jardins inferiores se encontram. Acima desse ponto localiza-se o Paraíso Celeste, onde o Jardim do Éden interage diretamente com a parte inferior do Céu. Nesse lugar estão os sábios e santos menores. No alto do Terceiro Jardim encontram-se os três Mundos Superiores. No quarto nível, residem os santos e os sábios maiores. Mais acima está o quinto Jardim, onde podem entrar apenas os maiores místicos.

O CAMINHO DA CABALA • 167

de euforia yessódica passageira que demonstra o mau uso do poder. Para outros, porém, que nutrem intenções desonestas, o caminho para a profundidade da Cabala pode revelar-se impossível. Muitas são as pessoas, tanto no campo ortodoxo quanto no não ortodoxo, cujo crescimento fica estagnado em função de uma imagem yessódica de conhecimento, o qual nada mais é que um pálido reflexo do Conhecimento vivo de *Dáat*. Essas tentações acontecem ao longo de todo o estágio preparatório. Pode-se ficar obcecado com as informações sobre *Hód*, ou com o desempenho justo de *Nétzah*. Cada lado, porém, precisa do outro, e o trabalho só poderá ser bem realizado caso os dois se reconciliem na coluna central. Fora essas tentações menores, há outra maior, a de *Tif'éret*. Essa iniciação, porém, não ameaça o aspirante até que ele se torne um verdadeiro cabalista.

Se examinarmos a Árvore Ampliada da Escada de Jacó, veremos cinco Faces. De acordo com uma tradição, elas podem ser chamadas de os Cinco Jardins. Situados um sob o outro, eles carregam dois mundos em si, exceto pelo primeiro e pelo último, o totalmente Divino e o totalmente Terreno. De cima desce a Vontade de Deus, em forma de Existência Manifesta e Graça. De baixo, do primeiro Jardim, o homem pode ascender e entrar em lugares de Beleza e Verdade cada vez maiores, até que, no Quarto Jardim, ele estaca em reverência – para, então, ingressar no Quinto Jardim da Unidade. Os estágios discutidos até aqui referiam-se à ascensão do Primeiro para o Segundo Jardim. Esse é o lar natural do ego, no qual ele estuda, pratica e prepara a pessoa para entrar no Terceiro Jardim. O treinamento nesse nível consiste em um processo de aprendizagem passiva, que precisa ser concluída antes que o Conhecimento seja aplicado ativamente.

A preparação significa, portanto, ser capaz de receber e compartilhar. Os três exercícios a seguir foram concebidos para que o grau de recepção determine a qualidade do Conhecimento dado. O intercâmbio é preciso, sendo pago pela quantidade de atenção consciente investida pelo aspirante. Esses exercícios constituem um treinamento para o verdadeiro Trabalho Cabalístico. Antes de executar atos de ritual, devoção e contemplação, é necessário aprender a manter e a dirigir a atenção em uma situação complexa. Onde há atenção há poder. Se a atenção for mantida com firmeza sobre qualquer parte da Árvore Sefirótica, aquele nível atuará diretamente pelo cabalista. Essa posição de responsabilidade não deve ser assumida de modo leviano. Receber e doar requerem muita preparação.

19. *O método literal*

Está escrito no Talmude que se alguém deseja ver o invisível deve observar o visível. Portanto, o primeiro exercício consiste em olhar para o trivial e para o literal à luz da Cabala. Digamos que a expressão "homem e mulher os criou", do Gênesis 1, tenha sido dada ao aspirante pelo *maguíd* para que ele estude seus sentidos literais.

Colocada sobre a Árvore Sefirótica, a expressão se refere aos Grandes Pai e Mãe no topo dos pilares laterais. Estes desempenham o papel dos princípios ativo e passivo que descem caminho abaixo, atravessando todos os Mundos. Conhecidos, às vezes, como o Rei e a Rainha, são também chamados com frequência ainda maior de Adão e Eva.

Iniciando no nível literal, o aspirante recebe a tarefa de observar os dois pilares funcionais externos interagindo nas mais triviais circunstâncias. Sendo ele um homem prático, a primeira coisa que detectará é a reciprocidade entre os princípios ativo e passivo funcionando em processos físicos e mecânicos. Ele perceberá como as máquinas se baseiam, sempre, na interação entre Força e Forma. Nenhum motor a gasolina funciona sem a energia de seu combustível – o princípio positivo – confinado no interior das paredes limitadoras da câmara de combustão – o princípio negativo. Se a mistura extremamente explosiva não estivesse contida, sua energia se perderia. As cavidades fêmeas do bloco de cilindros subjugam o ímpeto masculino do gás em rápida expansão e o convertem em Forma e Força manipuladoras, sob a direção do engenheiro, o representante do terceiro pilar central da consciência. O que a máquina é e quão complexa poderia ser são aspectos que não fazem diferença. Ela necessariamente obedecerá às Leis da interação entre positivo e negativo. Um simples fio perpassado por energia elétrica e um sofisticado foguete que voa para a Lua usam os mesmos princípios ativo e passivo. O próximo aspecto que o aspirante pode examinar é o mundo orgânico. Novamente, ele encontrará aqui os princípios masculino e feminino em ação. A maioria das plantas, ele descobrirá, contém aspectos femininos e masculinos que se manifestam no estigma e no estame. O primeiro, parte do gineceu feminino, contém os óvulos da flor, enquanto o segundo produz um pólen masculino que fertilizará, quando não a mesma planta, qualquer outra planta da mesma espécie, de modo que a reprodução possa ocorrer. Esse eixo masculino-feminino percorre todo o reino vegetal e precipita um processo dos mais complexos que envolve a interação em vários níveis entre o mundo inorgânico e o orgânico. Para o aspirante que talvez seja cientista de profissão, com grandes critérios materiais para seguir, o exercício cabalístico não oferece nenhuma dificuldade. Ele consegue ver a Árvore em ação se apenas souber usar o microscópio eletrônico. Ali ele poderá examinar a última fronteira da matéria, onde Força e Forma, incorporadas em ondas e partículas, se dissolvem no nada absoluto, o ponto mais baixo da Escada de Jacó.

Mesmo que o aspirante não seja cientista, pode estudar as manifestações dos princípios de masculinidade e feminilidade no cotidiano que o circunda. Ele deve ter notado, desde a infância, que o reino animal é dividido em sexos, com cada criatura pertencendo a um ou a outro. Essa divisão é tão prontamente aceita que, quase sempre, seu significado completo é esquecido. Mesmo que tenham pouca experiência com mascotes ou bichos fazenda, todos aprendem bem depressa que os machos costumam ser mais fortes e agressivos que as fêmeas, que tendem a ser mais sossegadas – exceto quando estão com filhotes. Essa diferença de temperamento sexual é muito marcada e afeta comunidades inteiras de animais, levando seus grupos a uma constante polarização, seja segregando os machos maduros das fêmeas, no caso dos elefantes, seja dividindo os grupos em casais permanentes, como ocorre com os patos. Essa força de tensão e atração entre os dois sexos gera um grande número de subfenômenos – da elaborada dança aquática em certos peixes aos rituais da corte e do acasalamento entre os pavões, à construção de ninhos e tocas e ao comportamento paternal de alguns macacos. O aspirante a cabalista encontrará ali uma verdadeira mina de informações sobre a interação entre as duas colunas laterais da Força e da Forma.

Chegada a hora de examinar a humanidade, nosso pesquisador dos fenômenos visíveis perceberá que o mundo humano abrange biologicamente ambos os reinos, o vegetal e o animal, e que as sociedades humanas também estão sujeitas à mesma polarização macho-fêmea. Além das diferenças sexuais óbvias, há um grande número de divisões econômicas e sociais que definem tipos de trabalho, de atuação e de *status*. Em algumas sociedades, por exemplo, a diferença impõe uma considerável distância entre os sexos, exceto se o objetivo for o casamento. Em sociedades mais sofisticadas há uma mistura, mas a linha divisória ainda assim existe, por exemplo, na hora de fazer a corte à alguém e na escolha profissional. A guerra entre machos e fêmeas é um dos jogos mais comuns na sociedade ocidental e, apesar de fornecer bastante material para o negócio do entretenimento, não deixa de ser uma guerra encarniçada em locais de trabalho e no lar. O livro medieval do Amor Cortesão pode estar datado, a julgar pelos costumes que relata, mas seus pressupostos se baseiam nas mesmas forças que agem sobre homens e mulheres desde a Idade da Pedra. Para o

Figura 36 – A POLARIDADE

Em cada nível da Existência há um par que se complementa ou se opõe. Esses pares mantêm o equilíbrio na base da coluna central. Aqui, em um jardim, as plantas masculinas e femininas relacionam-se umas com as outras por meio do pólen. Do mesmo modo, homens e mulheres interconectam-se e impedem que a raça humana se extinga. A maioria das pessoas escolhe aqueles disponíveis em seu círculo social. Almas gêmeas, que se desenvolveram ao longo de muitas vidas, encontram-se apenas quando estão prontas para formar uma parceria no Grande Trabalho do espírito. (Gravura em madeira, séc. XVI) cabalista atento, ilustra com muita clareza os fenômenos gerados pelos dois pilares em funcionamento na grande tríade inferior em *Hód-Nétzah-Malchút*, com *Yessód* no centro. Nesse nível não há muita participação individual porque as pessoas envolvidas estão, com muita frequência, presas aos impulsos orgânicos inconscientes, cujo alvo é a propagação da espécie – mais que o relacionamento interpessoal. Não se trata, aqui, de uma crítica, mas da observação imparcial de que no nível natural a Humanidade não está tão interessada nos indivíduos quanto na preservação ou no aperfeiçoamento da espécie.

Saindo do campo puramente biológico para o aspecto biopsicológico do mundo terreno que o cerca, o cabalista literal verá que a sociedade é permeada pelo fenômeno masculino-feminino. Desde cedo as crianças são ensinadas explícita ou implicitamente a agir como homens e mulheres. Os meninos copiam o pai, as meninas imitam a mãe, no local de trabalho ou na cozinha, em público ou em particular, em momentos de crise ou de tranquilidade. Se uma criança não conhece o pai ou a mãe, buscará uma pessoa e projetará sobre ela o papel adequado, a fim de modelar a si própria de acordo com o homem ou a mulher adultos.

Em todas as sociedades, os papéis masculinos e femininos são preservados pelos costumes, não por serem meras tradições, mas por serem fundamentais para a comunidade. Isso deriva da divisão entre masculino e feminino no inconsciente coletivo tanto quanto no nível biológico. Evidências da polarização biopsicológica podem ser vistas no modo como as sociedades inclinam-se para o modelo patriarcal ou matriarcal, dependendo de para qual pilar externo o grupo se inclina. Outro indício da projeção masculina-feminina é o papel paternalista que os líderes da comunidade assumem. Em muitas sociedades existem reis ou rainhas sem coroa, apesar de sua constituição democrática, em virtude da necessidade fundamental de um grande pai ou de uma grande mãe. Esse movimento é universal porque é a reação do inconsciente coletivo, no nível político e social, aos grandes arquétipos de *animus* e *anima* inerentes ao corpo e à psique humana. Biblicamente, nós os conhecemos como Adão e Eva.

O poder desses dois grandes arquétipos no interior das comunidades é considerável. Eles governam não apenas o relacionamento entre os sexos no trabalho e no lazer, mas também o equilíbrio geral e o bem-estar da sociedade. Em certos momentos históricos o *animus* é capaz de provocar guerras ou períodos de grande criatividade, enquanto uma ênfase sobre o *anima*, o lado feminino, trará uma época mais conservadora, pacífica mas rígida. Todas as nações alternam os pilares masculino e feminino, e essa tendência se reflete na política, na arte e na moda. Quando a Árvore nacional está muito desequilibrada, e os papéis ativo e passivo na comunidade se misturam, pode ocorrer excesso de atividade sexual e desvios morais, à medida que movimentos radicais revolucionários (ativos) ou reacionários (passivos) assumam o poder. Assim aconteceu na Alemanha no período entre as duas Grandes Guerras. Um cabalista poderia, portanto, bastando-lhe consultar os jornais, os costumes e os estados de espírito de determinado país, perceber as inclinações ativa ou passiva de sua Árvore nacional e determinar sua estabilidade e vitalidade.

Em um nível mais íntimo, a abordagem literal pode levar o observador para fora do âmbito social, fazendo-o ingressar no campo da pura psicologia. Enquanto se ocupa normalmente de seus afazeres cotidianos de trabalho e lazer, o aspirante aprende a identificar os papéis ativos e passivos desempenhados pelas pessoas. Ele verá como algumas delas mudam de um polo a outro, agindo, por exemplo, como femininos enquanto escutam e como masculinos quando falam. Determinadas pessoas, independentemente do sexo, permanecem sempre agarradas a um único polo.

Alguns indivíduos podem ser introvertidos, enquanto outros adotam uma postura tão passiva ou metódica que serão chamados pelos amigos de "velhotas". Por outro lado, o observador pode deparar com uma jovem bastante enérgica, que provoca comoção aonde quer que vá, ou com uma mulher que age com eficiência controlada. Esses diferentes papéis por vezes cristalizam-se em torno de uma das colunas na maioria das pessoas, como o aspirante descobrirá quando seu *maguíd* chamar sua atenção para os seus hábitos e modelos psicológicos enraizados. Em geral, essa descoberta deixa os alunos em estado de choque, pois a tendência se opõe àquela em que ele acreditava estar.

À luz do que lhe foi dado ver, o aspirante pode então perceber os paralelos ainda mais profundos, dentro de sua psique, entre atitudes passivas e ativas e suas reações a si mesmo ou às pessoas e às situações. A partir desses *insights*, começará a clarear-se uma imagem de seu mundo interno à medida que ele vai detectando os aspectos masculino e feminino de cada *sefiráh* que compõe a sua Árvore Yetzirática. É possível, por exemplo, que de repente ele se conscientize de que seus julgamentos emocionais tendem a tomar a iniciativa, fazendo-o tirar conclusões precipitadas. Ou, então, de que seu *Nétzah* é passivo, impedindo-o de colocar em prática suas ideias, que reverberam graças a um *Hód* ativo. Com a ajuda de *Tif'éret* e de seu *maguíd*, ele poderia corrigir esses desequilíbrios e aprender a mudar cada *sefiráh* para o *status* masculino ou feminino. Para isso, porém, ele teria de empregar certo tempo e dedicar-se a diversos exercícios até conseguir reconhecer, por suas manifestações externas, o que acontece no interior de sua psique. Esse processo equivale a tornar consciente o inconsciente, conquistando assim o comando, pela coluna central, dos mecanismos mentais que resultam da interação automática entre as colunas laterais masculina e feminina.

Acima da órbita da consciência pessoal situa-se a esfera da autoconsciência, centrada em *Tif'éret*. O círculo que contém as *sefirót Yessód, Hód, Nétzah, Héssed, Guevuráh* e *Dáat* inclui a Tríade da Alma, ou *Neshamáh*. Uma vez detectado o princípio da masculinidade-feminilidade, é possível entender muitas coisas sobre a natureza da Alma, ainda que apenas com o auxílio da especulação baseada no Método Literal. A Alma se situa exatamente entre as faces superior e inferior da Árvore Yetzirática, mediando, por isso, o Mundo do Espírito Beriático e o da Matéria Yetzirática. Como veremos adiante, esse é o ponto neutro entre a face superior masculina e a face inferior feminina, o que implica uma utilização vertical dos papéis ativo e passivo. A atração da Tríade da Alma pelas duas colunas laterais lhe proporciona uma polaridade horizontal, fazendo que a Alma possa participar como ativadora, abaixo, ou como receptora, em cima. No Trabalho Cabalístico, ela frequentemente desempenha as duas funções ao mesmo tempo, à medida que o processo de receber e doar flui para baixo ao longo da Árvore. Essa qualidade única pode ser facilmente percebida pela simples lógica da estrutura da Árvore, o que representa mais uma abordagem do Método Literal.

Elevando o princípio masculino-feminino a outra fase, o que foi descoberto abaixo, no mundo físico, pode ser aplicado acima e dentro do ser humano ao longo do trabalho espiritual. Trazer a Grande Mãe de *Bináh* e o Grande Pai de *Hochmáh* para a consciência do aspirante é parte do treinamento, pois quanto mais próximos estiverem Adão e Eva maior será a harmonia no interior do próprio cabalista. Segundo a Tradição, o casamento de nossos pais nem sempre é harmonioso. Às vezes eles estão de costas um para o outro, em outras só um dos dois olha para o outro. Um dos objetivos do cabalista é colocar o Rei e a Rainha celestiais frente a frente, para que se dê a concepção. No âmbito do corpo, isso acontece quando macho e fêmea se unem em condições propícias e a Vontade de Deus, descendo pela coluna central, passa por todos os mundos a fim de permitir a fertilização em *Assiyáh*.

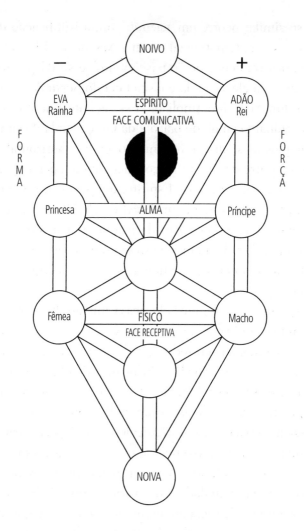

Figura 37 – A SEXUALIDADE

O termo indica não apenas o amor físico, mas também a dinâmica entre machos e fêmeas. Muitos anúncios publicitários remetem às imagens de cortejo e de família. Esses arquétipos têm sua raiz em Adão e Eva, assim como vários mitos, lendas e contos de fadas. Estes lidam com a interação sexual em todos os níveis, trate-se de Cinderela, Lancelot e Guinevere, Romeu e Julieta ou de tantos programas de TV e filmes. Para a maioria das pessoas, é nos relacionamentos entre machos e fêmeas que se aprende sobre o desenvolvimento.

Processo similar ocorre em *Yetziráh* com a frutificação de uma Alma pela semente potencial de uma *Neshamáh*. Ele é chamado em algumas tradições de "renascimento" e se dá por meio da conversão e da elevação da consciência do Segundo para o Terceiro Jardim da Árvore Ampliada. Esse acontecimento é o resultado do Trabalho vindo de baixo e da Graça vinda de cima, com os princípios masculino e feminino operando horizontal e verticalmente dentro da Árvore Psicológica de uma pessoa. O próximo passo é a concepção do Espírito, que se manifesta em *Dáat* de *Yetziráh*, a qual é também *Yessód* de *Beriáh*. É nesse ponto, exatamente entre Adão e Eva da psique e abaixo deles, que o acontecimento se dá no momento em que os princípios masculino e feminino interiores de uma pessoa se encontram em consumação espiritual.

O aspirante que foi enviado nessa missão literal poderá adquirir muitos conhecimentos novos. Ao examinar o mundo fenomênico e factual ao seu redor, ele deveria aprender algo acerca do reino ôntico[8], situado além do alcance do olho físico, e assim cumprir a exortação talmúdica de ver o invisível. No trabalho subsequente com o *maguíd*, o aprendiz transforma lentamente todo esse material de físico em psicológico, e depois em espiritual, para que ele comece a vivenciar o que são as partes masculina e feminina em seu interior e como funcionam. Ele saberá como elas agem na Humanidade e nos vários mundos. Talvez em um único vislumbre ele saiba quem são Adão e Eva, e o que significa realmente a expressão bíblica "homem e mulher os criou". É nesses momentos que o literal se torna místico, e a Noiva de *Malchút* recebe o Noivo de *Kéter*.

---

8. Ou "noumênico" – o mundo das coisas reais, para além de suas aparências, os "fenômenos". [N. T.]

20. O Método Alegórico

O segundo método pelo qual um aspirante a cabalista é treinado chama-se "alegórico". No exemplo da página seguinte, os patriarcas bíblicos são colocados na Árvore. Conhecidos como "os Sete Pastores", diz-se que a vida de cada um representa as várias *sefirót* inferiores. Para o cabalista, sua colocação no desenho da Árvore proporciona, além de diversas percepções sobre eles, um grande panorama bíblico sobre os estágios do desenvolvimento espiritual e o mundo interior da psicologia yetzirática.

Começando em *Malchút,* o símbolo do rei Davi é utilizado para exemplificar o homem que, apesar de sua forte natureza animal, consegue conectar-se diretamente com os Mundos Superiores. Sua vitória sobre o gigante Golias é uma alegoria de sua fé em Deus ao lidar com o corpo e o ego, apesar de por vezes sucumbir a suas paixões, como em seu relacionamento com a esposa de Urias, Betsabé (*Bat Sheva*). No entanto, dessa união surgiu Salomão, que indica a conversão de um aparente pecado em uma possibilidade de elevação espiritual. Por haver esquecido a si mesmo e a Deus, Davi foi proibido de construir o Templo, mas seus esforços no plano físico deram a seu filho a segurança e a riqueza que lhe permitiram cumprir a missão. É interessante notar também que Davi, cujo nome significa "o homem amado por Deus", usurpou o trono do primeiro rei de Israel, Saul – mais um ato de conversão do estado puramente animal em outro com

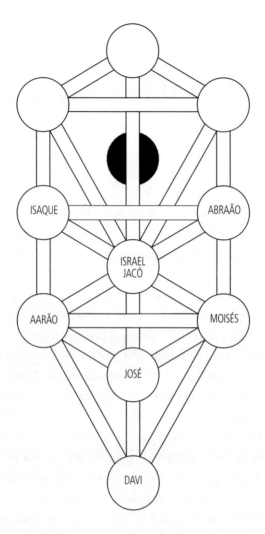

Figura 38 – OS ARQUÉTIPOS

Muitos personagens bíblicos são mais que apenas figuras semi-históricas. Aqui temos os chamados "Sete Pastores" que guiam Israel ao longo da história. Os três Patriarcas tomam conta da alma da nação, ao passo que os outros a sustentam de acordo com sua natureza sefirótica. Davi, por exemplo, é a figura messiânica terrena, enquanto José é o vidente psíquico. Nesse contexto, Moisés e Aarão são os agentes ativo e passivo do Divino, enquanto os Patriarcas representam o temor, o amor e o conhecimento de Deus.

O CAMINHO DA CABALA • 181

Fundação no Mundo Superior. De acordo com a Tradição, o Messias virá da linhagem de Davi. Cabalisticamente, essa linhagem representa a própria coluna central que liga a Terra aos Céus. Esse pilar, chamado de "o Um da Santidade", é o eixo da consciência ascendente e da Vontade e da Graça descendentes, ou *Beracháh* (Bênção). O passo seguinte para cima na Árvore Yetzirática é *Yessód*, onde se situa José, o símbolo do ego. Seu nome significa "Ele acrescentará ou aumentará". Como filho de Raquel, ele foi particularmente favorecido, não apenas por Jacó, que lhe presenteou com uma túnica multicolorida, mas também pela natureza, por sua aparência e por seus dons extraordinários, fato que lhe acarretou muitos problemas com seus irmãos, especialmente quando os viu em sonho ajoelhando-se à sua frente. Por essa vaidade do ego, José, a despeito de seu relacionamento especial com o self, seu pai, foi mandado ao Egito para ser vendido como escravo, na face inferior de *Assiyáh*. Eis aqui uma perfeita descrição alegórica do funcionamento e dos defeitos de *Yessód*: quando o ego reivindica a primazia, logo ele se vê em apuros. No caso de José, tratou-se de um mau comportamento juvenil, fruto da inexperiência. No Egito, ele se revelou um servo bom e leal, pois rejeitou os avanços da esposa de seu amo, indicando maturidade e capacidade de controlar o aspecto sexual de *Yessód*. Essa capacidade é parte considerável da dinâmica e da imagem do ego. Na prisão, seu talento para interpretar sonhos trouxe-lhe benesses e relativa liberdade quando interpretou os sonhos do faraó. As espigas de milho mirradas e boas, bem como as vacas de milho mirradas e gordas, representavam anos de Compaixão e Severidade, ou de abundância e escassez, nos níveis vegetal e animal de *Assiyáh*. Depois da interpretação, José recomendou que um homem dotado de discernimento e sabedoria fosse alçado ao poder no Egito, a fim de estocar o excedente de grãos e gado e assim equilibrar a força dos dois pilares exteriores na Árvore Econômica do reino. O Faraó nomeou José para esse posto, deu-lhe seu sinete, símbolo da autoridade, e vestiu-o com trajes finos, colocando um cordão de ouro em seu pescoço. Ou seja, apesar de ainda ser um escravo, José tornou--se o homem mais poderoso do Egito, guiando a segunda carruagem, logo atrás da do próprio Faraó. Pouco depois, ele se casou com uma egípcia (ou seja, adotou uma *persona*) e, por sua influência, trouxe seu pai e sua família ao Egito, onde lhes seria possível viver melhor. Estes são precisamente a situação e o funcionamento do ego como intermediário entre o mundo natural de *Assiyáh* e o mundo interior do self. Desde que aja como servo fiel, o ego pode ter belos adereços, *status* e educação; mas sua posição de grande responsabilidade coloca em seu caminho muitas tentações e hábitos que precisam morrer no deserto do Sinai que vai de *Yessód* até *Tif'éret*.

Na Árvore dos Sete Pastores, Moisés e Aarão localizam-se em *Hód* e *Nétzah*. Ali os dois serão tratados como irmãos ou complementos funcionais. Aarão na função passiva de *Hód* e Moisés no papel ativo de *Nétzah*. Aarão era notável por sua eloquência, um talento de *Hód*, a *sefiráh* da comunicação. Foi-lhe atribuída também a função de sacerdote, ou seja, ele representava, na posição da *sefiráh* situada na base da Coluna da Forma, a Tradição, contrapondo-se a Moisés, o profeta que, situado em *Nétzah*, representava a Revelação. Essas duas colunas laterais fazem o equilíbrio do Caminho que sobe e desce ao longo do pilar central. Para a Cabala, o pilar esquerdo de Aarão é chamado "Justiça". Suas qualidades derivam das *sefirót* passivas e rigorosas *Bináh, Guevuráh* e *Hód*. Sem o complemento do pilar ativo, a Tradição se tornaria um conjunto rígido de leis e de severa disciplina. Por outro lado, se o Pilar da Revelação não for contido pela Tradição, o Trabalho acabará sendo visto como estranho e inaceitável no nível yessódico dos Filhos de Israel, que é para onde fluem *Hód* e *Nétzah*. Esta é a relação funcional entre os dois irmãos, na posição intermediária entre o Ensinamento vindo de cima e os Filhos de Israel abaixo deles, no deserto. A coluna central da Santidade é O Caminho. Ou ao menos ela leva ao início do Caminho em *Tif'éret*. A missão de Moisés e Aarão era a de guiar os Filhos de Israel até a Terra Prometida, mas ambos cometeram erros fatais: Aarão, ao concordar com o Bezerro de Ouro; Moisés, no incidente de Cades, em que ele não sustentou a Santidade do Senhor diante dos Filhos de Israel. Seus erros lhes custaram a chance de entrar na Terra Prometida. Cabalisticamente, revela-se desse modo o nível de *Hód* e *Nétzah* localizado a meio caminho entre *Yessód* e *Tif'éret*. Estão limitados a atuar na passagem entre a consciência egoica e a consciência do self, que se estende entre elas ao longo da linha que liga *Hód* e *Nétzah*. No plano psicológico, isso se dá quando as instruções teóricas vindas de Aarão e a prática realizada por Moisés começam a elevar o Filho de Israel até a fronteira que separa o deserto da Terra Prometida. É interessante notar que os israelitas acamparam duas vezes em Cades, que significa "Sagrado" e "Estranho", e duas vezes foram impedidos de entrar na Terra Santa, apesar de já estarem em sua fronteira. Isso descreve os momentos de conquista e as falhas que levam o aspirante de volta ao deserto, a fim de completar seu período de purificação.

Moisés e Aarão ajudaram a retirar os Filhos de Israel do Egito, auxiliados pelo pilar de nuvem e fogo da coluna central. Sua tarefa continua sendo a de ajudar os viajantes e os nômades naturais, os *Ivrím*, nome hebraico dos hebreus. Da condição de nômades e escravos apátridas, ou seja, de buscadores sem lugar no mundo natural, os israelitas foram conduzidos ao seu verdadeiro lar. Tratava-se da Terra Prometida a Jacó, a Isaque e a Abraão, que formam a Tríade da Alma.

Isaque e Abraão, assim como Moisés e Aarão, complementam-se no nível emocional de *Guevuráh* e *Héssed*. Isaque servia a Deus com base no temor, e Abraão, com base no amor. Abraão era o amigo de Deus, Isaque, seu servidor devotado. Esses aspectos manifestam-se no teste e no ato de devoção. O teste imposto a Abraão consistiu em sacrificar seu filho Isaque. Por seu amor a Deus e pela submissão de Isaque, ambos retornaram da provação criando um relacionamento muito especial com seu Criador. Assim é com a Tríade da Compaixão composta por *Guevuráh, Héssed* e *Tif'éret*. Essas *sefirót* são os componentes da Alma, ou *Neshamáh*. Em conjunto, elas ocupam a região entre a *Néfesh* do homem natural e o *Rúah* ou Espírito, cuja morada, para o homem encarnado, é a face inferior de *Beriáh*, o Mundo da Criação. Como o equilíbrio emocional entre a exigência da disciplina e o acolhimento da devoção, Isaque e Abraão sustentam Jacó no portal da Casa de Israel. Eles podem igualmente ser percebidos como os dois anjos que guardam e mostram o Caminho para o Éden Superior, de onde Adão e Eva foram expulsos quando desceram ao Mundo Natural.

Isaque é a parte do self que exerce o Julgamento, enquanto Abraão pratica a Misericórdia. Psicologicamente, é possível entender as duas vertentes como os complexos emocionais passivos que retêm e conservam, por contraste com as atitudes ativas que abrem e expandem o mundo emocional. Pessoas nas quais Isaque é forte tendem a ser bastante disciplinadas, raramente saindo do caminho tradicional. Já as pessoas em quem o aspecto Abraão seja mais vigoroso em geral são mais fascinantes, mas podem revelar-se um tanto autoritárias em sua efusividade. O equilíbrio é sempre necessário. Vale lembrar que o Impulso Luminoso, ao fluir Árvore abaixo, alcança primeiro a posição de Abraão, fazendo-lhe as revelações, para só depois ir até Isaque, no Pilar da Forma. Em seguida, o Impulso prossegue até o terceiro grande patriarca, Jacó, em *Tif'éret*.

Antes de se tornar Israel, Jacó tinha direitos de nascença, mas precisava primeiro estabelecê-los em *Tif'éret*. Por sete anos ele trabalhou para seu tio Labão, não apenas pelo salário, mas também para receber como esposa a bela Raquel. Para sua surpresa, foi-lhe dada Léa, a irmã mais velha e menos bela. Ou seja, ele teve de aceitar tanto o aspecto desagradável quanto o agradável do treinamento. Contudo, por amar tanto Raquel, ele foi capaz de trabalhar outros sete anos, cumprindo sua tarefa. Desse modo, pagou também a dívida contraída com Esaú ao tomar-lhe a primogenitura.

A jornada de Jacó, do seu ponto de vista, não foi destituída de ganhos. Enquanto lidava com os problemas domésticos de suas esposas, ou seja, com suas crises psicológicas internas e externas, ele se tornou um homem rico, apesar dos esforços de Labão para enganá-lo. (É preciso ser tão astuto quanto uma serpente e tão inocente quanto uma pomba, disse certo *maguíd*.) Sua partida da casa do sogro marcou o começo de sua iniciação como mestre, simbolizada em sua longa luta com o anjo.

Ao retornar a Canaã, Jacó deparou com seu irmão Esaú. O encontro fazia parte das provas pelas quais precisava passar. Ele pediu proteção a Deus e fez que sua família prosseguisse viagem à sua frente, ficando completamente sozinho. Naquela noite, lutou com um homem. A Bíblia nada diz além disso, porém era óbvio que não se tratava de um mortal comum. Os dois lutaram até o raiar do dia, até que o homem disse: "Deixa-me ir", ao que Jacó respondeu: "Não te deixarei ir enquanto não me abençoares". O homem então perguntou qual era seu nome e disse: "Teu nome não mais será Jacó, mas Israel, pois lutaste contra Deus e contra os homens".[9] Ou seja, Jacó conseguiu entrar em contato com sua

---

9. O autor se permite, aqui, uma tradução *literária* do versículo bíblico: "[...] pois como um príncipe enfrentaste a Deus e a homens". [N. T.]

Figura 39 – A LUTA

Aqui Jacó luta com o anjo até o raiar do dia. Para o cabalista, essa luta dura toda uma vida. Esse é o conflito entre as partes inferior e superior do indivíduo. O motivo pode ser um instinto, um princípio ou a resistência à mudança. Algumas pessoas têm de lutar contra a preguiça, enquanto outras desejam a iluminação instantânea. Há os que acreditam que, por pensar que já estão no Caminho, tudo dará certo. Contudo, para seu próprio bem, o que muitas vezes ocorre é o contrário. No entanto, se a pessoa está atenta, acabará percebendo que, não importa o que tenha acontecido, tudo saiu como o esperado. (Bíblia de Banks, séc. XIX)

O CAMINHO DA CABALA • 187

parte superior e assumir o comando de sua parte inferior. Jacó, então, perguntou ao Ser qual era seu nome, mas este recusou-se a dizê-lo. O filho de Isaque ainda não havia alcançado o Supremo. Apesar disso, o Ser abençoou-o: a *Bracháh* da Graça fluiu dos mundos acima e transformou Jacó em Israel. Um dos significados do termo "Israel" é "aquele que lutou com Deus". O nome e o título de príncipe não são facilmente utilizados na Bíblia. É preciso de fato estar à altura deles. Israel, ao concluir sua iniciação, deu ao lugar o nome de Peniél, "a Face de Deus", por haver encontrado seu Criador e sobrevivido. Essa é a capacidade de *Tif'éret*. Moisés somente conseguiu ver a via de *Nétzah* a *Tif'éret*, um flanco ou um aspecto posterior de Deus, como diz a Bíblia. Apesar de seu dom profético, ele ainda era, junto com Aarão, sua contraparte sefirótica, um homem natural confinado ao deserto do Sinai, na face inferior. Menos ainda conseguiram os Filhos de Israel, despreparados como estavam, confrontar-se com o Divino estando em *Yessód*. Por esse motivo, foram proibidos de subir a montanha.

A conversão de Jacó em Israel revela três níveis. O primeiro é o de que ele, como homem físico, é *Kéter* de *Assiyáh*, a Coroa do corpo. O segundo, o de que a conversão diz respeito a *Tif'éret* de *Yetziráh*, o self da psique. E o terceiro, o de que esse é o lugar de *Malchút* de *Beriáh*, o Reino dos Céus. Isso quer dizer que em um self plenamente desenvolvido coexistem três mundos, onde se encontram homens, anjos e Deus. O Ser que lutou com Jacó permanece à espera de todo aspirante, pois cada qual terá o seu "Peniél", onde "eu" e "Tu" se encontram frente a frente.

Aqui, então, personificado ou por parábolas, está o lugar da Humanidade. Cada personagem e cada acontecimento bíblico é rico em simbolismo e informação sobre os mundos, as *sefirót*, os pilares, as tríades e as vias. Assim, para o cabalista, a Bíblia é uma alegoria da Existência e do propósito Divino e Cósmico da Humanidade.

21. O Método Metafísico

De acordo com o dicionário *Oxford*, metafísica é a filosofia teórica do ser e do conhecimento. Na Cabala, o tema ocupa um campo muito vasto, indo da cosmogonia, ou origem do Universo, à dinâmica da Árvore, aos padrões dos números, dos símbolos e das letras, à angelologia e ao funcionamento da Providência e da Fé, até chegar aos Atributos de Deus. No estágio de iniciação, é óbvio que o *maguíd* não daria ao aspirante a cabalista nenhuma tarefa muito acima de sua capacidade. Seu objetivo é o de treinar o aspirante na arte de aprender. Essa habilidade é a chave para todas as teorias e práticas que ele precisará dominar. Portanto, o principal objetivo do Método Metafísico nesse estágio é o de aprender a pensar.

O Universo se baseia na ordem. Seu padrão básico pode ser resumido pelas Leis incorporadas na Árvore Sefirótica. À primeira vista, a Árvore é uma estrutura rígida. No entanto, à medida que o estudo e a experiência progridem, a rigidez do diagrama começa a se dissolver, e as sutilezas de sua dinâmica emergem lentamente. Pouco a pouco o aspirante compreende melhor a interação entre as Leis, os fluxos, os ciclos, os intercâmbios, as transformações e os níveis, e a Árvore assemelha-se cada vez menos a uma abstração impessoal e cada vez mais a um organismo vivo. Quando ela passar a fazer parte do próprio ser do aspirante, ele poderá dizer que já sabe algo sobre a Cabala. Até então, terá de trabalhar continuamente com a teoria e a prática da metafísica.

A Árvore Sefirótica da Vida é a chave para a Cabala. Portanto, caberá ao aspirante, em primeiro lugar, familiarizar-se com seus princípios, como fizemos no início deste e de outros livros. No entanto, precisará ser algo mais que uma simples coletânea de anotações sobre a Árvore e sua dinâmica. O esquema terá de ser construído com base em situações reais para ter um sentido pessoal. Tendo esse propósito em mente, passo a passo o *maguíd* leva o aspirante, ou melhor, todo o grupo, pelo caminho ascendente da Árvore. Eis aqui um dos métodos. Iniciando em *Malchút*, ele explica que esse é o nível elementar da Árvore. É esse o lugar para o qual fluem todos os caminhos e onde eles se aclaram. *Malchút*, o Reino, contém por isso toda a Força, a Forma e a Consciência inerentes às *sefirót*, aos pilares, às tríades e às vias. Essa concentração torna *Malchút* o polo passivo da fonte positiva de *Kéter*, a Coroa. Em *Assiyáh*, onde a maioria das pessoas existe e tem sua consciência, essa concentração se manifesta nos elementos dos quatro estados da Matéria. Contidos em Terra, Água, Ar e Fogo, estarão as quatro expressões materiais dos quatro mundos, os pilares ativo e passivo e todas as outras leis. Nesse momento, o *maguíd* envia o grupo ao mundo lá fora, para observar e coletar tudo que lhe for possível sobre a natureza de *Malchút*.

Na semana seguinte, eles voltam e apresentam suas descobertas. Alguém traz um diagrama do corpo humano e seus componentes, mostrando os vários meios sólidos, líquidos e gasosos necessários para que ele se mantenha vivo. O fogo seria representado pelo calor e pela atividade elétrica do corpo. Outra pessoa acende uma vela e aponta para a cera sólida, o líquido derretido sendo queimado e o gás, o calor e a luz produzidos pela chama. A vela, um dos instrumentos mais comuns das religiões, contém em si a essência do Universo Manifesto e usa os quatro estados da Matéria. É o símbolo perfeito de *Malchút*. Uma terceira pessoa expõe uma flor. Aqui, o princípio da vida transformou terra e água em células e tecido com a ajuda do ar e da luz. A falta de qualquer um dos elementos levará a flor a morrer antes do prazo que lhe foi designado. Além disso, alguém observa, a flor contém o Mundo de *Yetziráh*, mudando lentamente de forma, do botão até a flor completa, para depois murchar e afinal morrer. Ainda dentro desse ciclo, encontra-se a ideia da flor perfeita, o que nos remete a *Beriáh*, onde teria sido criada a flor original da qual derivam todas as espécies. A operação completa, diz o discípulo, é uma expressão de *Atzilút*, o que nos leva a concluir que é possível ver a natureza da Existência Manifesta na *Malchút* de uma simples planta.

Na semana seguinte, o grupo estudará *Yessód*, e cada um dos alunos trará um objeto, um poema ou uma ideia que ilustre essa *sefiráh*. Um homem traz um retrato de si mesmo trajando sua melhor roupa. Essa é a imagem yessódica dele próprio. Outro mostra uma folha impressa, onde está descrita uma das funções de *Yessód*, a de ser a tela sobre a qual as *sefirót* superiores projetam seu efeito. Alguém enumera os gestos de raiva e prazer para ilustrar como *Yessód* reflete o estado do mundo interno, e outra pessoa encanta o grupo com uma fábula rica em imagens, mostrando que esse poder pode ser a força – ou a fraqueza de *Yessód*.

Ao final do encontro, o grupo estuda o par de *sefirót* *Hód* e *Nétzah*. A tarefa já não é tão fácil, pois agora as pessoas começam a extrapolar a experiência cotidiana. *Hód* e *Nétzah* localizam-se a meio caminho entre *Assiyáh* e *Yetziráh*. Agem como iniciadora e receptora, ativa e passiva, das funções corporais e da psique inferior. *Hód*, por exemplo, é o princípio que governa toda a comunicação no interior do corpo, abrangendo os impulsos do sistema nervoso e os mensageiros químicos do metabolismo, assim como a capacidade de falar, ouvir, ver, tocar e cheirar. Já *Nétzah* age como a força motriz dos vários órgãos. É ela que faz o coração bater e os pulmões se expandirem e se contraírem. Sem *Nétzah* não haveria energia no corpo, nem os ritmos regula-

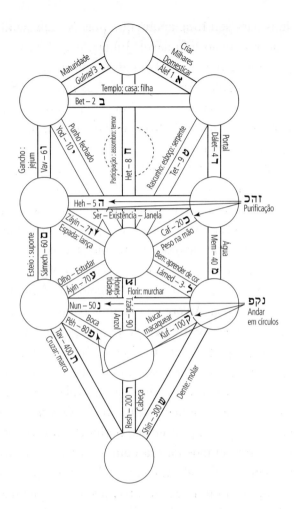

Figura 40 – JOGOS PSICOLÓGICOS

No processo da contemplação, é preciso estar alerta para não se deixar seduzir por estudos fascinantes que, na verdade, não conduzem a nada. É necessário sempre perguntar se tal assunto realmente faz sentido. Aqui, as letras hebraicas são atribuídas a vias diversas, de acordo com um sistema específico, a fim de formar palavras que explicam as funções das tríades. Os sistemas de palavras e números da Guemátria e do Notárikon têm objetivos semelhantes. Sua origem, porém, é grega, não hebraica. Algumas pessoas passaram a vida estudando essas disciplinas, mas isso não as ajudou a se desenvolver.

res vitais para seu funcionamento, pois *Nétzah* significa Eternidade, ou repetição infindável. Juntas, essas duas *sefirót* equilibram energia e matéria: o lado esquerdo sustenta os limites e o lado direito regula o trânsito das forças em ação. Se uma delas falhar, o corpo passará a funcionar mais rapidamente ou mais devagar, o que produzirá atrofia no lado da Forma, ou câncer, ou à Força fora de controle.

Todos esses exercícios indicam, sublinham ou ilustram algo da natureza das *sefirót*. Não é possível falar de uma única *sefiráh* isoladamente. Se alguém o fizer, estará mentindo. A natureza das *sefirót* é a de serem princípios, e o aspirante poderá aproximar-se delas somente por meio de sua manifestação nos Mundos Inferiores. Até aqui, no nível atual, o estudo confinou-se a *Assiyáh* e à fronteira de *Yetziráh*, o mundo psicológico. No entanto, à medida que se avança Árvore acima, uma pálida imagem da natureza e das diferenças entre as *sefirót* começa a emergir.

A primeira parte do exercício metafísico consistiu em observar o invisível a partir do visível. Contudo, há também o método oposto. Na Cabala existem diversas fórmulas abstratas, que nada significarão sem o conhecimento prévio. O *Sêfer Yetziráh*, ou *Livro da Formação*, é um exemplo perfeito. Provavelmente escrito nos primeiros tempos da era comum, esse é um livro didático sobre a teoria da Cabala, uma porta de entrada para a metafísica. Por exemplo, em uma de suas passagens, ele fala das três mães primordiais – a Água, o Ar e o Fogo. Designadas pelas letras hebraicas *Mem*, *Álef* e *Shin*, elas são colocados em seis combinações, ou seladas em seis alas, como diz o autor. Essas combinações de letras descrevem as interações dos princípios *Shin*, ativo, o Fogo; *Mem*, passivo, a Água; e *Álef*, neutro, o Ar. Embora impressionem os que gostam de acumular informações inúteis, elas são equações sem nenhum sentido se a pessoa não estiver familiarizada com a Árvore Sefirótica.

O CAMINHO DA CABALA • 193

De acordo com uma tradição, o Fogo simboliza o pilar direito, a Água representa o esquerdo, e o Ar é o elemento do pilar central. A Terra é vista como *Malchút*, abaixo, e o quinto elemento, Éter, situa-se acima, em *Kéter*. A interação das três letras primordiais descreve também a natureza tríplice de cada *sefiráh*, de modo que, digamos, *Guevuráh*, em seu domínio, pode ser passiva, ativa, mas também neutra. Assim, enquanto o julgamento é basicamente passivo, uma função de *Mem-Água* reagindo ao que se lhe apresenta, ele pode também agir e instaurar a disciplina toda vez que uma lei é infringida continuamente. O Talmude afirma que, se um homem comete uma maldade, a consequência é o surgimento de outras maldades, até que ele fique tão ruim que o Universo caia sobre ele com a severidade da justiça natural para levá-lo de volta ao equilíbrio. Eis aí *Guevuráh* em um papel ativo, como *Shin-Fogo*. Já no estado neutro de *Álef-Ar*, *Guevuráh* pode desempenhar papéis distintos ao situar-se em tríades diferentes: com *Bináh* e *Tif'éret*, a tríade mais elevada; com *Héssed* e *Tif'éret*; mediana; ou com *Tif'éret* e *Hód*, a mais inferior. Ela desempenhará, então, a função de mediadora em questões de entendimento (*Bináh*), de verdade (*Tif'éret*) ou de comunicação (*Hód*). Como se poderá perceber, todas as tríades na Árvore se conectam com o pilar central. Esse fato implica não apenas a afinidade direta com o pilar neutro, predominantemente Ar, mas também a presença da Consciência e da Vontade. Assim, a metafísica nunca poderá ser apartada da experiência.

Voltando às letras, existem na Cabala diversos sistemas, além daquele contido no *Sêfer Yetziráh*, que usam o alfabeto hebraico para explicar teorias ou colocá-las em prática. Esses sistemas podem incluir números, porque o alfabeto hebraico é também um sistema numérico, além de ser a raiz do nome de cada letra, das quais se originam muitas palavras. Talvez o fato mais conhecido seja o da existência de 22 letras nesse alfabeto, uma para cada

194 • Z'EV BEN SHIMON HALEVI

uma das 22 trilhas que ligam as *sefirót* contidas na Árvore. O estudo dos números e das raízes produziu vasta literatura ao longo dos séculos e, mesmo atualmente, alguns cabalistas continuam investigando o número e o sentido das letras e das palavras na Bíblia, procurando pistas e chaves em paralelos e em conexões matemáticas. Um exemplo de Guemátria, ou ligação entre números e palavras, é o valor numérico do nome do arcanjo Metatrón e do Nome Divino SHADÁI, que é 314 para ambos. Para alguns cabalistas, esse fato é bastante significativo, como o são várias outras conexões numéricas ao longo da Bíblia. Como já foi dito, existem muitas formas de trabalho na Cabala, legítimas desde que as intenções estejam voltadas para Deus. Do contrário, não passam de exercícios hódicos.

O exemplo da metafísica do sistema de letras a ser discutido aqui (ver Figura 41) baseia-se na progressão do Impulso Luminoso que completa as tríades à medida que desce pelas vias que ligam as *sefirót* emergentes, possibilitando aos mundos desenvolver-se a partir de *Atzilút* até *Assiyáh* em uma sequência ordenada. Diz a Tradição que existem 32 caminhos, ou seja, 10 *sefirót* e 22 letras. Esse conjunto torna possível ao Universo alcançar a Existência Manifesta. As dez *sefirót* são objetivas, enquanto os caminhos e as 22 letras são subjetivos. Os primeiros são basicamente imutáveis, já as letras variam. Assim, ocorre um sutil e complexo interjogo no interior da Árvore. Por exemplo, um impulso positivo que parte de *Nétzah* pode percorrer qualquer um de cinco caminhos possíveis. Suponhamos que ele se dirija para *Yessód*, abaixo. Ele deflagra, aqui, um padrão de circulação diferente daquele que se dirigisse a *Malchút*. O impulso *Nétzah-Yessód* produz um fluxo que vai até *Malchút* e de lá volta a *Nétzah*, enquanto todas as tríades adjacentes seguem a via pela qual flui o impulso original de *Nétzah* a *Yessód*. Esse fenômeno afeta toda a Árvore, deixando claro que nada acontece no Universo sem afetar o ser como

O CAMINHO DA CABALA • 195

um todo. Eis a base da argumentação favorável e contrária à intenção e aos atos bons e maus do homem. Ela demonstra também a premissa teórica e metafísica do Trabalho Cabalístico avançado que visa influenciar os Mundos Superiores e Inferiores.

As letras nos pilares e o significado dos radicais de seus nomes ajudam a definir as características de cada via. Por exemplo, a via que une *Hód* e *Nétzah*, a qual é designada pela letra *Nun*, significa "florir e murchar". Essa é uma representação gráfica da qualidade do impulso vindo de uma ou outra *sefiráh*. Os impulsos dos sentidos, como os da visão ou da audição, passam de *Hód* a *Nétzah*. O som entra em *Hód* vindo de *Malchút*, o corpo, e reverbera por *Nétzah*, cujo impulso, por sua vez, fará a cabeça voltar-se.

O som então fenece até as próximas ondas. Se esse fenômeno de florir e murchar não ocorresse, nossos olhos veriam sempre a mesma imagem fixa da cena que presenciamos ao nascer. Do modo como ocorre, porém, o processo de floração e decomposição – ou, neste caso, de manifestação – do fluxo do impulso elétrico ao longo do nervo ótico é contínuo, fazendo que vejamos uma imagem em movimento, na qual cada fotograma dura uma fração de segundo. Como parte do esquema universal, o princípio designado pela letra *Nun* é essencial. Sem ele nada poderia ser recebido ou enviado na fronteira entre *Assiyáh* e *Yetziráh*. No corpo, é a função crucial que divide os níveis de membrana entre tecidos e órgãos, e na psique é o limiar de percepção, pelo qual o "florir e murchar" responde pelo surgimento e pelo desaparecimento de pensamentos e sentimentos ao longo da linha entre o consciente e o inconsciente.

Outro modo pelo qual as letras são usadas em relação à Árvore consiste em lê-las em tríades. Elas formam, assim, raízes de três letras. Um exemplo disso é dado pela tríade *Hód-Yessód-Nétzah*, cujas vias de ligação, designadas por três letras, levam à raiz *nkf* (ou *nkp*), que pode formar a expressão "andar em círculos", "circundar". Essa é uma descrição muito precisa dessa tríade, como indica a

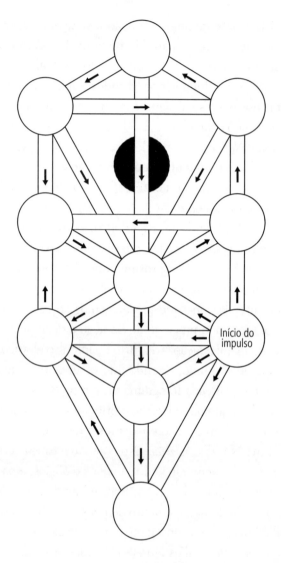

Figura 41 – O ESTUDO

O exame dos vários fluxos presentes na Árvore pode levar a um entendimento mais abrangente do seu funcionamento. Este diagrama ilustra a influência de *Nétzah* sobre o restante da Árvore. Como função instintiva ativa dentro da psique, terá grande impacto se, por exemplo, alguém se apaixonar. A função racional de *Hód* se confunde, e o ego yessódico fica obcecado com a imagem da pessoa amada.

observação de devaneios e preocupações, com sua falta de conexão com a realidade interna em *Tif'éret* e com a realidade externa em *Malchút*. Outra tríade, a de *Guevuráh-Tif'éret-Héssed*, forma a raiz que dá origem às palavras "purificação" e "limpeza". Surge daí muita informação quanto à natureza e ao funcionamento da Tríade da Compaixão da Alma.

O estudo das letras e das vias é, em si mesmo, um exercício metafísico bastante complexo. Ele contém camadas e mais camadas de profundidade dentro do contexto total da Árvore. Quando utilizado de forma puramente acadêmica, ele se prova – como quase sempre acontece – um beco sem saída. Para o cabalista, ele precisa ser usado na prática. Deve ser colocado em ação para ajudar os Céus a alcançar a Terra, e ajudar a Terra a alcançar os Céus. Sem esse objetivo, todo o trabalho é inútil. Vamos, então, converter a metafísica em experiência.

A via entre *Malchút* e *Yessód* é designada pela letra *resh* – "cabeça" ou "início". A via entre *Yessód* e *Tif'éret* é chamada "o *Tzadík*", "o homem justo", conforme a letra *tzade* nela colocada. A via intermediária que se estende a partir de *Tif'éret* passa pela Tríade da Purificação e cruza a via *heh* que liga *Guevuráh-Héssed* e significa "janela" ou "vir a ser". Essa via vertical, a mais longa da Árvore, recebe a letra *hét*, que por sua vez é a raiz das palavras "cerca" e "reverência". Ela atravessa *Dáat*, a não *sefiráh* do Conhecimento e do Espírito Sagrado, e vai até *Kéter*, a Coroa, a Fonte de Toda a Existência.

Para começar a entender o que significa tudo isso, é necessário já ter percorrido uma longa estrada. A Cabala não é um processo instantâneo de iluminação. Demanda paciência e preparação intensa, mesmo antes de o Trabalho propriamente dito ter início. Até agora, tratamos principalmente de colocar as *sefirót* de *Malchút*, *Yessód*, *Hód* e *Nétzah* em equilíbrio. Agora prosseguiremos até completar a Face Inferior, ingressando na via do *Tzadík*, que liga *Yessód* a *Tif'éret*. Essa tarefa requer o desenvolvimento da Vontade.

22. *A vontade*

Por mais teoria e prática que alguém tenha, tudo isso lhe será inútil a menos que o pano de fundo seja a coluna do meio, da Consciência. E isso requer vontade. Assim como existem vários níveis de consciência, há diversos níveis de vontade que devem ser reconhecidos antes que qualquer conhecimento da Cabala se torne real. A maioria dos homens naturais não tem vontade. Ou seja, não possui nenhuma vontade própria e é governada por vontades surgidas de dentro da Árvore Assiyática. A mais forte dessas influências é a que provém do corpo. Como organismo vegetal, o corpo precisa ingerir e excretar, por exemplo. Se, porém, for impedido de fazê-lo, exercerá sua vontade com força bastante persuasiva. Na maioria das vidas humanas, o corpo desempenha um papel dominante, não apenas quanto às exigências básicas de alimento e descanso, mas também quanto à necessidade de satisfazer os anseios animais, como o de ser atraente e sociável. Ainda que tais preocupações tornem um homem ou uma mulher atraentes, elas nada têm de individual: resultam do funcionamento natural que trata de aproximar os sexos um do outro.

Na Árvore Yetzirática, a vontade do corpo surge sobre os três níveis a partir de *Malchút* para então exercer sua influência sobre a face inferior da psique. Do lado direito, ela estimula, do lado esquerdo, ela contrai, enquanto o impulso central produz o equilíbrio, levando a uma sensação geral de bem-estar físico. Se um dos lados funcionar mal, a coluna do meio que conecta o sistema nervoso central de *Malchút* ao *Yessód* da psique é informada pela *Dáat* do corpo. Com o influxo de dor ou desconforto, a pessoa sai em busca de solução. Ela tomará, por exemplo, uma antiácido para equilibrar a excessiva acidez do estômago. Temos aqui a Árvore Assiyática exercendo sua vontade sobre *Yetziráh*. No *Yessód* Yetzirático encontramos o ego. Essa é a Fundação da psique. Na condição simultânea de *Dáat* do corpo, ele fornece uma imagem do corpo. Na maioria das pessoas, essa imagem física é muito mais clara e organizada que a de sua psique porque no estado natural seu *Yessód* é composto de uma série de fragmentos desconexos provenientes da educação, do ambiente e dos costumes da sociedade. Poucas pessoas realmente conhecem a si mesmas, embora tenham uma vaga imagem de quem poderiam ser. Geralmente se trata, porém, de uma miragem gerada pelo que elas gostariam de ser, pela forma como os outros a veem e pelas máscaras que a sociedade as obriga a usar para ser aceitas. Dadas as circunstâncias, não há uma vontade real no ego, pois ele se encontra por demais submetido a outras influências, como as do corpo e das pressões provenientes da comunidade. Ainda assim, ele exibe o que parecem ser manifestações de vontade. Se as examinarmos, porém, veremos que elas se dividem em três grupos, cada um associado a um dos pilares da Árvore.

O primeiro grupo é constituído pela fraqueza da vontade. Aqui, o lado passivo do ego simplesmente reage àqueles elementos em sua fundação situados do lado da Forma. Certo homem não se oporá abertamente a seus colegas em um debate sobre greve, por exemplo, pois isso o excluiria do grupo majoritário. Ele se conforma porque identifica sua imagem pessoal com a de outros em seu sindicato. Essa identidade, de médico ou de mineiro, pode revelar-se tudo que esse homem tem para apoiar-se, caso não possua uma verdadeira individualidade.

O segundo aspecto poderia ser chamado de "voluntarismo" e é gerado pelo lado ativo de *Yessód*. Aqui, diversas partes do ego se afirmam – muitas vezes umas contra as outras – porque na maioria

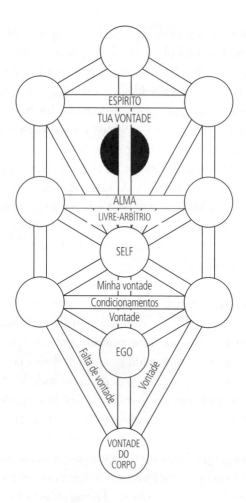

Figura 42 – A VONTADE

A vontade do corpo nunca deve ser subestimada. Nossos instintos são antiquíssimos e foram se aperfeiçoando com o tempo. Além disso, eles não são conscientes, o que os torna geralmente imperceptíveis. Consideremos o desejo de sobreviver. A vontade e a falta dela são em parte biológicas e em parte psicológicas. O ego pode ser arrastado para cá ou para lá se a pessoa não estiver alerta. A vontade se origina na sensibilidade da Tríade do Sentimento, enquanto o poder da vontade surge quando o nível animal é despertado. Acima dos interesses do self está a alma, onde o livre-arbítrio pode ser exercido e submetido ao espírito e ao Divino. Contudo, ele também pode reconsiderar sua decisão, caso o self seja exacerbado.

O CAMINHO DA CABALA • 201

das pessoas o ego não é uma entidade homogênea, mas um caleidoscópio de atitudes e ideias desconexas, a que a consciência egoica dá vida quando a atenção se volta para elas. Um bom exemplo disso é a pessoa que reivindica justiça social mas é tirana em casa. O "voluntarismo" pode, inclusive, revelar-se exibicionista, rebelando-se contra o lado passivo da "vontade fraca". Tudo depende de qual lado da Árvore é o mais forte em dado momento. Outra razão para a falta de vontade no ego é a ilusão. *Yessód* é chamado "espelho não luminoso" porque se limita a refletir. No entanto, o que é visto no espelho pode ser, e geralmente é, tomado por real. Isso se complica ainda mais pelo fato de o espelho do ego ser colorido e às vezes distorcido por experiências da infância. Assim, indivíduos ricos e pobres podem perceber coisas totalmente diferentes no mundo e em si mesmas, ainda que tenham crescido na mesma pequena aldeia. Um bom exemplo da total falta de vontade é dado pela pessoa que simplesmente imagina quem é e vive de acordo com o que os outros – e ela mesma – esperam dela. Essa ilusão pode até mesmo impedi-la de ser alguém. Às vezes acontece a estranha situação de um empresário ter como empregado alguém que lhe é espiritualmente superior. Muitos reis, presos à imagem pública, dependiam de seus sábios para governar.

O estado próprio ao ego é o da vontade. Sua função é a de servir ao self em *Tif'éret*. No homem natural isso não acontece, faltando-lhe uma vontade individual ou coordenada, embora ele acredite ser o dono de sua vida. Na Cabala, o aspirante – ao reconhecer em si a falta de uma vontade do self – inicialmente conta com seu *maguíd* para agir com sua *Tif'éret*, e assim ensinar seu *Yessód* a ouvir as instruções vindas de dentro e de cima, ou seja, ele precisará concordar em ter vontade e preparar-se para obedecer. No entanto, essa tarefa não é nada fácil, porque a via do *Tzadík*, entre *Yessód* e *Tif'éret*, é o lugar onde o demônio pessoal "está sentado à espera", outro nome dessa via. Na Cabala, esse demônio é conhecido como "o Adversário", e nesse estágio podemos chamá-lo também de "o lado escuro do ego". O demônio pessoal é feito daquelas partes desconexas que formam o ego negativo. Essa entidade desconjuntada pode assumir o poder sobre *Yessód* mediante a idolatria do ego. E, muitas vezes, essa entidade domina a situação, por alimentar-se do que lhe oferece o mundo egocêntrico que a criou.

Ainda assim, quando a vontade direta de *Tif'éret*, ou pior, a vontade externa do *maguíd*, intromete-se a fim de remodelar, controlar e dirigir a Fundação Yessódica, o lado escuro se rebela para conservar sua soberania. Ora, o demônio é simbolizado por uma criatura construída de várias partes diferentes entre si. Geralmente ele é pintado como "feio". Apesar disso, tem grande poder de desencaminhar, pois no mundo psicológico de *Yetziráh* lhe é possível disfarçar-se de muitas maneiras, sobretudo ao lutar pela sobrevivência de sua identidade. Por exemplo, o lado escuro do ego pode usar os mesmos termos que o aspirante está aprendendo a fim de fazer o relógio andar para trás. Ele projetará a agradável ilusão de um enorme progresso, o que não é nada difícil de fazer no período de transição entre a dissolução da velha imagem yessódica do mundo e a nova Fundação. A tarefa do Adversário é uma permanente ameaça ao Trabalho da Cabala, e tanto o aspirante quanto o *maguíd* devem manter-se atentos a ela.

Da vontade propriamente dita deriva a aceitação, pelo aspirante, da disciplina. "Disciplina" significa "seguir", "ir atrás", e na Cabala não é o *maguíd* que é seguido, mas as Leis da Árvore e sua aplicação dentro da Tradição. Uma das leis que já são de nosso conhecimento é a do relacionamento entre o *Yessód* do aspirante e o papel ativo da *Tif'éret* do *maguíd*. Isso possibilita ao aspirante aprender a obedecer ou, em termos mais precisos, aprender a ensinar ao seu *Yessód* a assumir sua verdadeira função de servo de *Tif'éret*. Quando chega a hora, o *maguíd* deixa de agir como Trono de Salomão do aspirante, e este assume total responsabilidade sobre si mesmo. Nesse meio-tempo, deve curvar-se às regras do grupo, que ajudam sua *Tif'éret* e expõem o lado escuro de seu ego, quando este não se submete às determinações do grupo ou ao que é melhor para essa pessoa. Um exemplo da aplicação de uma lei em vários níveis é o da lei da confiabilidade.

Para a Cabala, confiabilidade significa estabilidade real da pessoa em relação aos pilares direito e esquerdo. Qualquer tendência a impor regras, ou a obedecer-lhes de modo servil, expõe o desequilíbrio. O Caminho da Cabala quer dizer Conhecimento: saber o que se está fazendo e por quê. Por isso, as razões de uma lei são inicialmente explicadas pelo *maguíd*, mesmo que venham a ser compreendidas meses – e às vezes anos – mais tarde. A regra é então colocada em vigor, na qualidade de um princípio geral que pode ser aplicado de diversos modos. Às vezes, a aplicação consiste em cumprir determinadas obrigações para com o grupo, como comprar pão e vinho, anotar o que foi dito ou lavar a louça. Em situações comuns sociais ou de família, o ego talvez proteste ou finja desconhecer a obrigação, mas no grupo a regra não tem apenas uma função prática, servindo na verdade para lidar com a ausência de vontade legítima ou com o "voluntarismo". A submissão voluntária do ego representa um treinamento vital. É preciso saber servir antes de ter o direito de comandar.

Outra aplicação da regra da confiabilidade é o teste que consiste em ir para onde se foi mandado. Alguém pode receber a instrução de estar em determinado lugar numa hora muito inconveniente. Se a pessoa realmente dá valor à Cabala, logo vencerá as objeções do lado escuro do ego e irá até lá, independentemente do horário e da distância. Isso ajuda não só a desenvolver a ligação da vontade com *Tif'éret*, mas também a afastar aqueles que não têm um comprometimento verdadeiro e sério com o Trabalho. E trata-se de uma providência necessária, porque os que recuam nessa situação estarão desperdiçando seu tempo, bem como o do *maguíd*.

O desenvolvimento da vontade de *Tif'éret* gera a capacidade-chave da Cabala. Por essa razão seu treinamento começa cedo. Uma das primeiras práticas, depois que a teoria inicial foi fornecida a *Yessód*, é a de lembrar-se e centrar-se no self de *Tif'éret* tanto quanto possível. Não se trata de tarefa fácil, pois isso ocorre espontaneamente apenas cerca de cem vezes ao longo da vida, tamanha é a distração provocada pelo burburinho do Mundo Assiyático e pelas preocupações do ego consigo mesmo. Uma vez que o estado natural não consegue produzir os resultados adequados, situações especiais devem ser criadas a fim de torná-los viáveis. Na vertente ortodoxa da Tradição, o ritual dos serviços religiosos eleva o nível yessódico da consciência ao criar um clima facilitador para o contato com *Tif'éret*. Essas condições, no entanto, não se mantêm dia após dia, salvo em comunidades religiosas como mosteiros ou sociedades hassídicas, nos quais o ciclo de orações é permanente. Assim, para o cabalista que precisa trabalhar no mundo natural, um conjunto especial de indicadores deve ser criado até que ele alcance o ponto em que, como disse certo *maguíd*, "Cabala é aquilo que eu estiver fazendo naquele momento".

Uma das técnicas usadas para fazer o aspirante lembrar-se de sua vontade é o método de recordar os outros membros do grupo, digamos às dez da manhã, ao meio-dia e às três da tarde. Nesses instantes, o aspirante deve se lembrar, independentemente do que estiver fazendo, do nome e do semblante de todos os que estiveram presentes no último encontro. O efeito tira-o da consciência do ego e eleva-o na via do *Tzadík* até *Tif'éret*. Esse ato da vontade inevitavelmente o tornará consciente de quem é, de onde está e de por que está agindo daquele modo. Esses momentos de "cair em si" são por vezes assustadores porque desvelam o crepúsculo do mundo de *Yessód*, onde passamos a maior parte de nosso tempo nem no Céu nem na Terra. De fato, o número de vezes em que ele se lembra de cumprir essa obrigação é um bom indicador do seu progresso, e ele deverá apresentar ao grupo um relatório sincero a esse respeito, como farão os demais. Mentir sobre omissões, além disso, é romper o contato consigo mesmo, mais que com o grupo ou com o *maguíd*,

O CAMINHO DA CABALA • 205

porque a via do *Tzadík* não pode ser percorrida pelos desonestos. Outro benefício direto desse exercício específico é que, ao lembrar--se, o aspirante recorre à Tríade da Compaixão do grupo. Na conexão emocional criada pela consciência recíproca, ele se liga aos selves de todos os outros e, desse modo, todos se ajudam mutuamente, apesar da distância entre eles. Essa estranha experiência de perceber a presença de outras pessoas em geral é o primeiro vislumbre do aspirante quanto ao poder da vontade no Mundo Yetzirático.

É importante lembrar, neste ponto, que o desenvolvimento da vontade do self não se restringe às disciplinas esotéricas. É possível também ao homem natural ligar-se a *Tif'éret*. Esse homem será, então, um indivíduo natural. Ou seja, ele agiu sobre suas capacidades animais e devotou a isso paixão suficiente para alcançar *Kéter* do corpo assiyático, que é o self de *Yetziráh*. Homens que "fizeram a si mesmos", como a expressão indica, podem ser encontrados na arte, na indústria e na ciência. Eles existem em todas as profissões, na paz ou na guerra, em todo lugar onde um indivíduo natural pode impor-se. Os atributos dessas pessoas são muitas vezes "maiores que a vida", principalmente se os compararmos aos homens vegetais: sua marca registrada é o destino, pois, em relação à massa, a vida deles obedece a um padrão especial, criador de oportunidades que a maioria das pessoas deixa passar por ter medo de mudar ou por se perder em devaneios. Essa é a razão pela qual grandes vilões conseguem transformar-se em santos. Eles têm a força de vontade para fazê-lo.

Para o aspirante, adquirir individualidade significa responsabilizar-se totalmente por si mesmo. Quando o *maguíd* percebe que ele atingiu esse ponto, o aspirante por vezes é mandado embora do grupo. Com certeza, daquele momento em diante o *maguíd* revoga a regra de que suas instruções devem ser acatadas. É possível, inclusive, que o *maguíd* crie uma situação que leve o discípulo a romper esse laço de obediência entre eles. O mais comum, porém, é que o aspirante receba a incumbência de instruir os que vieram depois dele para pagar, assim, sua dívida com o *maguíd* – criando um novo elo na cadeia das gerações que se sucedem.

Do ponto de vista alegórico, o aspirante está na situação de Jacó ao abandonar a casa de Labão depois de completada a primeira parte de seu treinamento. Agora não mais um "empregado", o aspirante se torna o próprio mestre e pode fazer o que quiser da vida, porque dali em diante lhe é possível dizer "esta é a minha vontade". Esse acontecimento é muitas vezes marcado por uma iniciação externa, na forma de uma cerimônia em que uma declaração e uma bênção são dadas e recebidas. O ritual em si tem como base o interjogo entre os dois pilares, com o *maguíd* em *Tif'éret* enviando ao aspirante, abaixo, a *Beracháh* dos Mundos Superiores. A aceitação eleva o discípulo até a conexão direta com a Casa de Israel, permitindo-lhe dali em diante nutrir--se tanto do pilar esquerdo da Tradição quanto do pilar direito, da Revelação.

Ao receber a Cabala, ele começa a iniciação voltada para dentro. Agora ele está na situação de Jacó em Peniel. Não sendo mais apoiado pelo *maguíd*, ele agora está só. Será mesmo? Pois não é que surge, do Não Ser no centro da iniciação, "o semblante de um homem?" Nas profundezas de seu ser, o self luta contra o SELF até que, na escuridão de *Dáat* entre *Kéter* e *Tif'éret* de *Yetziráh*, o homem encontra o Divino face a face. Essa comunhão silenciosa, imóvel e invisível leva o Conhecedor e o Conhecido a uma tomada de consciência que converte *Tif'éret* de *Yetziráh* na coexistente *Malchút* de *Beriáh*. Jacó é transformado em Israel. A partir desse momento de Conhecimento em *Dáat*, o cabalista começa a construir uma Fundação no Mundo da Criação. Ingressa no Reino dos Céus, o primeiro dos sete níveis de *Teshuváh* ou Redenção no Mundo do Espírito, onde não mais haverá a minha vontade, apenas a Tua Vontade.

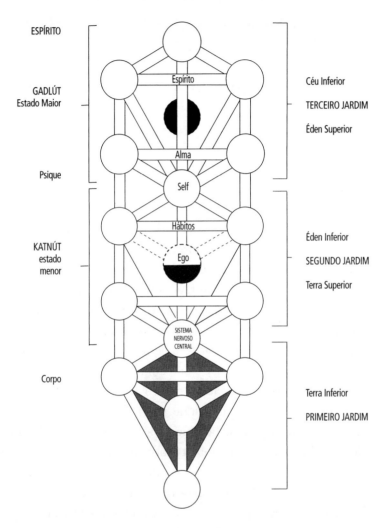

Figura 43 – A CONSCIÊNCIA

Na Cabala há, inicialmente, dois estados despertos do ser. O mais baixo, chamado *Katnút* ("pequenez"), é o estado normal para a maioria das pessoas que vivem seu dia a dia. O outro, *Gadlút* ("grandeza"), denota alguém especialmente desperto. As pessoas no nível animal têm essa capacidade de estar sempre em busca de oportunidades. No entanto, para o cabalista, esse estado é a ponte que leva aos níveis superiores. Existem sete níveis de consciência e sete estados espirituais. Estes últimos funcionam como o centro de gravidade da elevação da consciência.

23. *Estados maiores e menores*

Tornar-se cabalista não implica necessariamente ter-se desenvolvido por completo. A posição alcançada é, como disse certo cabalista, "de um homem renascido não na carne (a face inferior) mas no espírito (a face superior da Árvore Yetzirática). Isso coloca a pessoa na condição de um recém-nascido no *Yessód* do Mundo Beriático, onde ela dá início à construção de sua Fundação. No entanto, isso não significa que a pessoa está livre de obrigações. Alguém com vontade própria tem domínio sobre os Mundos Inferiores no interior de seu ser. Pode controlar seus aspectos vegetal e animal – ou ao menos não ser controlado por eles –, tornando-os passivos em relação à sua psique. Além disso, pode governar seu ego yessódico e elevar-se facilmente ao longo da via do *Tzadík* até alcançar *Tif'éret*. Essa conquista torna-a responsável por si e por todos os seus atos referentes aos outros e a Deus. Ela não mais poderá alegar que desconhece a Lei. Ela sabe e está ciente disso. Não há mais desculpas para o mau comportamento, ainda que, é óbvio, errar seja humano.

Os erros ocorrem por causa do esquecimento, intencional ou involuntário. O esquecimento, por sua vez, deriva da ausência ou do excesso da vontade, e indica uma queda do nível de consciência na via que liga o ego ao corpo. Um exemplo comum que ilustra esse fenômeno é o da pessoa que tenta parar de fumar. O corpo deseja um cigarro, mas encontra a oposição da promessa feita an-

O CAMINHO DA CABALA • 209

teriormente em *Tif'éret*. O ego, localizado entre o self e o corpo, pode cumprir a ordem da vontade superior ou ignorá-la e racionalizar o desejo do corpo criando uma condição de semissonho, em que a pessoa de repente se vê com um cigarro na boca. A vontade superior pode voltar a lembrá-la da sua promessa, mas o ego agora mudará de canal e trocará a falta de vontade pelo voluntarismo, permitindo que o corpo continue a fumar.

Essa situação é paralela à contínua luta no processo de desenvolvimento espiritual entre o corpo, o ego e o self, mas aqui a questão não é a negação de algo e sim a sua afirmação. A palavra "recordar" (*re-member*) significa exatamente isso: "re-conectar", "refazer uma ligação" que se desfez. O cabalista deseja chamar a própria atenção, colocar-se em contato permanente com *Tif'éret* do self para poder participar dos três mundos que ali se encontram. Viver apenas no ego significa permanecer em *Assiyáh*, o estado de Esaú, que só percebia o que desejava, sem ter noção das consequências. Esse estado, aliás, é aquele em que a maioria de nós vive. Até o novo cabalista passa muito tempo nele, pois mesmo ele ainda não domou inteiramente o modo de se relacionar com o mundo à sua volta. Vários anos se passam até que alguém entre de forma plena na Terra Prometida. Os hábitos adquiridos na escravidão não morrem facilmente.

A Cabala reconhece dois estados de consciência. O primeiro é chamado *Katnút*, a condição menor, e o segundo, *Gadlút*, a condição maior. A *Katnút* ocorre quando o homem está em ego, ou seja, confinado à face inferior da Árvore Yetzirática, já a *Gadlút* acontece quando ele está em *Tif'éret* e tem acesso à face superior de *Yetziráh*, que é, por sua vez, a face inferior de *Beriáh*. Nos Cinco Jardins ou faces da Árvore Ampliada, a *Katnút* é a condição do Primeiro e do Segundo Jardins a partir de baixo, ou seja, a Terra Inferior e a Terra Superior, sendo esta o Éden Inferior. O estado de *Gadlút* refere-se ao Terceiro Jardim, ou Éden

Superior, que corresponde, ao mesmo tempo, à face inferior do Céu. Temos aqui um vislumbre das duas condições.

A persistência de *Katnút* é considerada inoportuna, mas inevitável porque os cabalistas perceberam que até mesmo indivíduos evoluídos não conseguem manter sempre a condição de existir em *Tif'éret*. O estado de *Katnút* é gerado também pela demanda do mundo exterior e seus atrativos, e pelas pressões do mundo interior com seus níveis vegetal e animal – que, com suas exigências, atacam sem parar o homem que tenta lembrar-se de quem é. Assim, os cabalistas não condenam alguém por esquecer-se de quem é, de onde está e de por que está ali, mas insistem que o objetivo permanente é estar no presente o máximo possível. Esse objetivo tem sempre por foco o encontro, em *Tif'éret*, do "Eu" com o "Tu". Quando está em *Tif'éret*, o homem está consciente de Deus. De fato, esse exercício foi incorporado à grande oração do *Shmá*, recitada ao menos três vezes ao dia. Como sabemos, o texto diz no início: "Ouve, ó Israel", isto é, "presta atenção", "acorda", "escuta", "vem para *Tif'éret*". Depois diz: "O Senhor é nosso Deus", ou seja, o SELF é self dos selves de todos os homens. E, por fim, "O Senhor é Um". Quer dizer, não há divisões nesse estado porque *Tif'éret* é a essência de Tudo. E Tudo é Um. A oração prossegue instruindo a pessoa que reza a comprometer-se de todo coração, toda alma e com toda força a amar a Deus a ponto de nenhuma de suas partes, mesmo como pessoa natural, ficar de fora desse compromisso. Tudo isso é enfatizado pela exortação a manter essas palavras no coração (*Tif'éret*) e ensiná-las cuidadosamente "a teus filhos", o que se refere não apenas aos descendentes da pessoa, mas também às partes inferiores de si, como o ego e as almas vegetal e animal. A oração continua: "E (tu) as dirás (as palavras iniciais, *O Senhor é nosso Deus, o Senhor é Um*) ao te sentares em tua casa, e ao andares em teu caminho, e ao te deitares e ao te levantares". Essas

Figura 44 – A TRANSIÇÃO

Aqui, os aspectos inferiores do homem encontram o self superior. Enquanto o ego pode ser comumente sábio, não lhe é dado "voar", como o self – descrito aqui com asas –, para os Mundos Superiores. Isso poderia acarretar uma crise graças ao conflito entre ser um rei aqui embaixo ou dar-se ao trabalho de subir outra escada. A saída consiste em ser capaz de estar em ambos os mundos. Muitos dos grandes cabalistas eram artesãos, comerciantes ou médicos. (Símbolo alquímico, séc. XVII) frases podem ser vistas tanto como lembretes literais para o compromisso de estar sempre em *Tif'éret*, mesmo em meio às atividades assiyáticas, ou, cabalisticamente, quando tomamos consciência de que a Casa mencionada na oração é a de Israel, e o Caminho é a coluna central da Santidade, com as menções implícitas a *Katnút* e *Gadlút* nas palavras "ao te deitares e ao te levantares". Depois de descrever por várias indicações e sinais a injunção de ligar-se com o coração e a mente, a oração termina com "e (tu) as escreverás (as palavras *O Senhor é nosso Deus, o Senhor é Um*) sobre os umbrais de tua casa e sobre os teus portões". Isso aponta, mais uma vez, para as entradas e as saídas de *Tif'éret* entre as faces inferior e superior dos mundos externo e interno. São muitas as orações que vão além do nível literal e podem ser utilizadas de modo devocional ou contemplativo. Elas configuram, na verdade, um método para alcançar a autoconsciência – a condição de *Gadlút*.

É possível a alguém estar na condição de *Gadlút* por uma fração de segundo. É um momento de grande lucidez, que todo mundo experimenta de vez em quando na vida. Em tempos de guerra, por exemplo, um soldado percebe que a diferença entre os vivos e os mortos é uma questão de existência em mundos diferentes. No auge da paixão sexual, ao se dissolver não apenas um no outro mas totalmente, dois indivíduos se dão conta de que não existe realmente nenhuma separação no Universo. A *Gadlút* pode surgir em meio a uma caminhada no centro da cidade, que de súbito se torna um momento eterno no qual a pessoa percebe todos os trajetos que os passantes estão fazendo do berço ao túmulo. Aquela pessoa vê, naquele instante, por que cada um está ali naquele dia e naquela rua – por um motivo que vai muito além de seus conhecimentos conscientes. Esses vislumbres para dentro da *Gadlút* são um presente dos Céus. Esses atos de Graça se realizam, muitas vezes, em momentos cruciais na vida da pessoa, do alto da face superior da sua Árvore, para iluminar uma questão, apontar uma direção ou confirmar uma conclusão intrigante a que a pessoa havia chegado. Em geral, seu sentido não é totalmente reconhecido, e eles permanecem apenas como experiências memoráveis das quais é bom pular fora logo, por parecerem estranhas ou esquisitas, ou mesmo momentos de insanidade. Alguém que sai vivo de um acidente aéreo em que todos morreram talvez não compreenda a mensagem de ter uma missão a cumprir antes de morrer; já outra pessoa, que teria perdido aquele voo por um imprevisto, talvez perceba que foi protegida pela Providência por uma razão muito especial. Tudo depende de a pessoa em questão estar em *Gadlút* ou em *Katnút*.

Na Cabala, o objetivo é estar em *Gadlút* tanto quanto possível porque o contato com o self abre muitas possibilidades. Da *sefiráh* do self irradiam-se oito vias que carregam consigo as emanações vindas de três diferentes mundos. O conjunto inferior, por exemplo, é formado pelas três vias mais elevadas de *Assiyáh*. As oito vias agem a partir de *Tif'éret* de *Yetziráh*, enquanto na direção do aspecto beriático do self fluem as três vias inferiores da Criação. Quando essas combinações centram seu foco nesse ponto de encontro entre minha vontade e Tua Vontade, os milagres se tornam possíveis. Um milagre é definido como uma ocasião em que as leis de um Mundo Superior se manifestam em outro inferior a ele. Isso, porém, só é possível se estiver presente um veículo intermediário para transferir o poder do Mundo Superior ao Inferior. É disso que trata a Cabala prática.

Na *Katnút*, ou estado menor, não é possível aos Mundos Superiores ter alguma influência direta, salvo por um ato de Graça. Esse dom, porém, pode apenas ajudar as pessoas a auxiliar a si mesmas. O *maguíd*, por exemplo, pode fazer muita coisa para ajudar o aspirante, mas o verdadeiro trabalho deve ser realizado por este caso deseje elevar-se para além da condição de escravo. Insistir em permanecer no deserto do Sinai impede que algo seja feito em seu benefício, até que a Providência lhe dê um choque que o faça se mexer. O aspirante que se aferra à *Katnút* se verá em um estado que não é Céu nem Terra. Sendo-lhe impossível voltar ao Egito, ele terá de realizar um grande esforço para ascender e alcançar a *Gadlút*, pois não fazer nada com tudo que sabe lhe criará um Sinai que mais parecerá um inferno. E esse estado de aguda esterilidade será a espora que a Providência usará. Pode ocorrer algum relacionamento desastroso, em que a integridade da pessoa seja posta em cheque, ou um período em que qualquer coisa que ela faça aparentemente será destituída de sentido ou direção. Um ato de Graça nem sempre é um ato de Compaixão. Por vezes ele é produzido pelo Pilar da Severidade.

Estar em *Gadlút*, o estado maior em que três mundos se encontram, implica alcançar o primeiro estágio da *Dvekút*. Esse termo hebraico é o nome cabalístico da Comunhão, ou seja, a filiação direta ao Criador. Esse estado é visível da posição do self como *Malchút* de *Beriáh* na Árvore Ampliada, onde o cabalista começa a ligar-se ao Mundo da Criação.

Não é rara, de acordo com os que lá chegaram, a experiência de sentir, perceber ou concretamente saber que se está na Presença do Criador. Na Cabala, ela é referida de vários modos, desde o já mencionado termo "Tu" até "o Santo Bendito Seja". Por vezes, descrevem-na com um dos diversos nomes de *Tif'éret* – Adorno, por exemplo, que significa a "Presença de uma Beleza Infinita". A Beleza, na verdade, é apenas a vestimenta exterior, a "decoração" da Realidade. Nenhum mortal poderia ver diretamente a Face do Criador e permanecer vivo, de modo que lhe é dado ver a "Semelhança" da Presença perfeita, mas invisível, que existe no Universo Manifesto. Diz-se que a *Shechináh*, o nome hebraico para essa presença, ou "Morada", esteve na sarça ardente que Moisés viu, e que ela pairava acima do Tabernáculo no Sinai, e no Santo dos Santos no interior do Templo de Jerusalém. Diz-se também que a *Shechináh* acompanha Israel em seu exílio. Todas essas situações alegóricas apontam para a característica da coluna central da Santidade, que se estende da Coroa das Coroas para baixo, através de todos os mundos, até o ponto mais baixo de *Malchút*, ou seja, o travesseiro – a pedra – de Jacó, no degrau mais baixo da Escada. No entanto, enquanto a *Shechináh* está presente em todas as *sefirót* centrais de *Assiyáh*, ela aparece no estado consciente do ser humano somente quando este se encontra em seu self, no estado de *Gadlút*, em vínculo direto com o Espírito Sagrado. É por essa razão que se diz que a *Shechináh* repousa sobre aqueles que, seja qual for sua posição social, sempre mantêm Deus em mente. É aqui, na *Dvekút* do self, que o *Vilón* – a Cortina – é suspensa para revelar o Assento da Fé e o primeiro dos sete Palácios do Trono Celeste.

24. Neshamáh: a Alma

Ainda que de *Tif'éret* de *Yetziráh* seja possível ter um vislumbre dos Palácios Celestiais de *Beriáh*, é impossível entrar neles enquanto não ocorre, verdadeira e competentemente, a purificação do corpo yetzirático de sua psique. Essa purificação é realizada no contexto da Tríade de Alma.

Até aqui estudamos a Árvore Assiyática, que incorpora os veículos celulares e sua inteligência vegetal e animal, bem como a mecânica mental do ser humano natural. Vimos também como o homem que busca ascender do estado puramente terreno pode ir além dos domínios de *Assiyáh*. Isso nos levou a *Yetziráh*, o Mundo da Psique. Este, descrito resumidamente no Capítulo 6, segue o padrão da Árvore Sefirótica porque todo organismo completo em qualquer nível da Existência Manifesta funciona de acordo com suas leis e sua estrutura.

Geralmente, o homem natural vivencia apenas a face inferior de *Yetziráh*. Todavia, ao menos uma vez na vida ele obtém um vislumbre da face superior, por um ato de Graça. Para tornar-se capaz de entrar à vontade na face superior e vê-la não apenas num lampejo ele precisa, como vimos, de muito trabalho e longa preparação. O estabelecimento de um portão para o Terceiro Jardim da Escada de Jacó é seguido por um período de refinamento, necessário antes que a pessoa possa entrar realmente, e explica por que a Tríade Yetzirática de *Guevuráh-Tif'éret-Héssed* é chamada, às vezes, de "o lugar onde os anjos guardam a Alma". De fato, esse símbolo adquire um sentido mais claro quando nos damos conta de que a face superior do Éden e a face inferior do Céu encontram-se logo adiante. De acordo com a Tradição, cada pessoa tem um anjo bom e um anjo mau observando-a. Na Cabala, essa ideia adquire um significado especial, pois os pilares esquerdo e direito são chamados às vezes de "lado do Mal" e "lado do Bem". Na Árvore, o lado direito é o da expansão e o esquerdo, o da contração. O lado direito cresce, o esquerdo decai, e assim por diante, parecendo-nos que o lado esquerdo é sempre restritivo, rígido e severo – o lado da morte. Agindo sem controle, a natureza desse pilar tornaria o Universo duro e cruel, como afirma o Talmude em sua história da criação do mundo. O Senhor, porém, equilibra esse pilar com o lado direito, da Compaixão, e harmoniza o conjunto com a coluna central, do Equilíbrio. Isso evita que a coluna da esquerda se exceda em sua tendência à Forma. No entanto, o princípio da rigidez existe e, quando não equilibrado, torna-se aquilo que conhecemos como o Mal, ou "o Outro Lado", como é chamado na Cabala.

O Mal tem seu lugar no Universo. Ele nada tem que ver com o que costumamos imaginar. Por exemplo, uma fossa sanitária é um lugar bem desagradável, mas absolutamente necessário para que os dejetos orgânicos se dissolvam em seus vários componentes elementares que serão reciclados em terra ou em natureza orgânica. O Mal pode ser visto como os remanescentes em decomposição de uma situação passada. Se estes fossem preservados, o Universo logo se encheria de dejetos em todos os níveis. É preciso que ocorra a decomposição, a fim de liberar a Força, a Forma e a Consciência presas em sua substância. Esse processo recebe da Cabala o nome de "Fossa" ou *Guehinóm*, o Vale do Inferno. Esse tipo de Mal, além disso, é bem diferente da Força e da Forma Demoníacas externas à organização central do Uni-

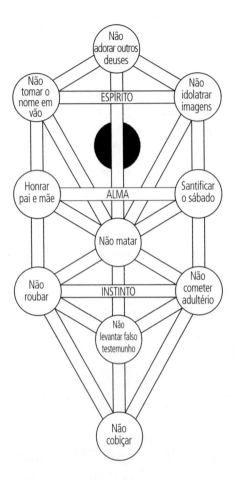

Figura 45 – OS MANDAMENTOS

Os três primeiros relacionam-se ao Divino, enquanto os sete menos elevados referem-se ao comportamento social. Existe, porém, nestes últimos uma dimensão interna. "Não cobiçarás" significa também "não invejarás o talento alheio". "Não levantarás falso testemunho" trata de impedir também o autoengano, ao passo que roubar as ideias alheias pode gerar um carma ruim. O mesmo se pode dizer do "Não cometerás adultério", para não misturar coisas que deveriam ser mantidas apartadas, e do "Não matarás", que poderia dizer respeito à possibilidade do outro de desenvolver-se. "Honrarás pai e mãe" tem que ver com nossas raízes culturais, enquanto a santificação do *Shabát* trata de reservar um tempo para o Sagrado, para a meditação e a contemplação.

O CAMINHO DA CABALA • 219

verso, e também de Satã, o empregado de Deus encarregado de testar os seres humanos.

O anjo que reside em *Guevuráh* é o agente do Julgamento. Sua tarefa é aplicar a severidade sempre que necessário, garantindo a ação do mal funcional, ou princípio da contração, na Alma. Quando uma pessoa age corretamente, esse anjo atua de modo passivo, contido, ajudando a discriminar e distinguir. No entanto, se ela comete uma infração, o anjo passa para o aspecto ativo de *Guevuráh* e, na forma de um aparente demônio ou anjo mau, estimula a pessoa a prosseguir nessa direção, até que a situação se torna tão ruim e o julgamento tão severo que o Pilar da Misericórdia entra em ação. A pessoa precisa então decidir entre se arrepender e voltar ao equilíbrio, ou ir em frente em direção ao Outro Lado e enfrentar mais castigos ou até a destruição provocada pela perda de equilíbrio em sua Árvore. Esse constante equilíbrio é conhecido como a atração entre *Yétzer haTov* e *Yétzer Hará*, os impulsos do Bem e do Mal. Enquanto as opções são oferecidas pelo Bem e pelo Mal, a escolha cabe à pessoa. Por isso a tríade *Guevuráh-Tif'éret--Héssed* é também conhecida como Tríade da Moralidade.

O tipo de moralidade discutido nesse nível refere-se pouco aos costumes e às práticas que aprendemos por meio de *Yessód*. Essas regras do ego variam muito entre as comunidades. Assim, enquanto em uma delas é considerado imoral matar por vingança, em outra essa prática é vista como uma obrigação moral. Já as questões sexuais variam de acordo com a época, o clima e o país. Por exemplo, na Bíblia lemos que Jacó não só tinha mais de uma esposa, como ainda mantinha concubinas. Esses eram os costumes daquela época, e pouco tinham que ver com a verdadeira moralidade, ou seja, com a conduta correta ao nível da Alma.

A Tríade da Alma é o aspecto emocional do ser humano. Ela constitui um nível específico entre a face inferior, natural, e a superior, sobrenatural, de *Yetziráh*. A tríade é composta por *Guevu-*

ráh, que representa o aspecto passivo e externo da emoção; por *Héssed*, que simboliza o aspecto ativo e interno da Emoção; e por *Tif'éret*, que, como um princípio de reconciliação, se expressa pela consciência emocional. Juntas, elas formam a corrente oculta da vida, o silencioso mas nem por isso imóvel processo profundo do crescimento individual. Os termos "interna" e "externa" aplicados à Emoção, assim como a todos os nomes sefiróticos, são totalmente inadequados, mas expressam bem os aspectos da Força e da Forma. A Emoção, aqui, é algo bem diferente das paixões em ação na tríade animal *Hód-Tif'éret-Nétzah*, em que vigoram as leis da atração e da repulsão, da excitação e da exaustão. A Emoção externa, por exemplo, refere-se à reação passiva do coração, o aspecto feminino da pessoa e sua receptividade emocional, enquanto a Emoção interna é inerentemente uma força impulsionadora masculina, ativa, vital, profunda. O efeito desta última nem sempre é percebido diretamente, a não ser ao longo de uma vida inteira. Em associação com *Tif'éret*, as Emoções interna e externa geram, por exemplo em um relacionamento, amor lúcido e controle suave. Estas, mais as qualidades da caridade, da compaixão, da equanimidade e da devoção, formam, junto com a verdade e a beleza do self, a natureza da Alma, o veículo da autoconsciência.

Como perceberemos por sua posição na Árvore, a Tríade da Alma tem uma espécie de campo de ação independente acima e abaixo das duas faces de *Yetziráh*, que se mantêm ligadas pelas leis imutáveis que governam o homem natural, ou pela submissão da vontade pessoal ao serviço do Senhor. Isso dá à Alma seu poder de optar e explica por que o fator da moralidade está centrado aqui. A moralidade é uma questão emocional. Refere-se ao comportamento bom ou mau. Uma vez situada em *Tif'éret*, a pessoa não tem mais desculpas – pois agora ela se encontra acima das convenções yessódicas de sua sociedade. De fato, às vezes ela terá de romper com elas, como fez Abraão quando

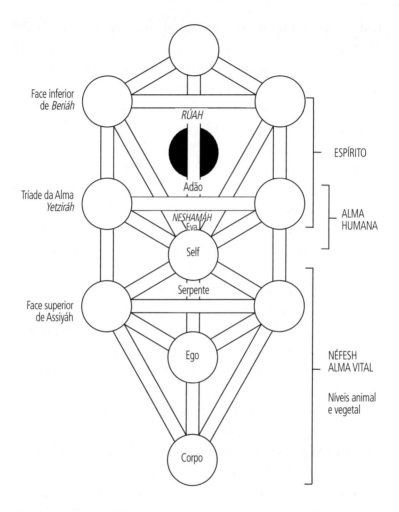

Figura 46 – AS ALMAS

Existem diversos tipos de alma. O mais baixo é o vegetal, que incorpora os princípios da vida orgânica. Essa é uma das forças mais poderosas sobre a Terra. Em seguida vem a alma animal, sempre inquieta e dotada de mente própria. Na tradição bíblica, esta é representada pela serpente que seduziu Eva, símbolo, por sua vez, da alma emocional humana. Ela – e também Adão, que simboliza o espírito – tinha a opção de não comer o fruto do Conhecimento. Moral da história: mesmo aqueles que já subiram a Escada de Jacó, podem ser influenciados por Lúcifer, o *alter-ego* da serpente.

222 • Z'EV BEN SHIMON HALEVI

questionou a crença de seu pai nos ídolos. Isso o levou a poder contar apenas com seu *insight*, que é uma qualidade da Alma. Para os que vivem na face inferior de *Yetziráh* não há *insights*, tampouco moralidade. Eles roubarão sempre que tiverem certeza de que não serão apanhados, darão falso testemunho quando lhes parecer conveniente e cobiçarão os bens do próximo. Eles até matarão, se isso lhes parecer absolutamente necessário. Um exame sincero da história do homem natural revela que todos esses vícios seguem soltos não só no âmbito do indivíduo, mas também no âmbito da nação inteira. Foi por essa razão que os Dez Mandamentos foram dados aos israelitas recém-saídos do Egito. Como ex-escravos e homens naturais, eles ainda eram governados pela face inferior de *Yetziráh*, apesar de já terem ingressado na tríade animal da Consciência Despertada.

Estar em contato com a Tríade da Alma é ter uma consciência. A palavra significa "com conhecimento", com a implicação de que a pessoa alcançou determinado ponto no desenvolvimento espiritual. Uma das funções dos Dez Mandamentos era a de criar um modo de comportamento para um povo – ou uma pessoa – que até então não tinha consciência e precisava ser guiado em sua jornada rumo à Terra Prometida.

Os Dez Mandamentos, assim como outras disciplinas bíblicas, baseiam-se na Árvore Sefirótica. Cada mandamento se relaciona com uma *sefiráh*, fazendo que cada Lei tenha como base um dos Princípios Divinos. Por exemplo, o mandamento "Não cobiçarás etc." relaciona-se, obviamente, com *Malchút*, a *sefiráh* da materialidade, enquanto "Não levantarás falso testemunho..." aplica-se claramente a *Yessód*, o ego. Já o mandamento "Não assassinarás"[10]

---

10. É esta a formulação do mandamento no texto bíblico original – hebraico. A tradução para "Não matarás" é um equívoco ou uma mudança proposital de enfoque por parte dos tradutores na Antiguidade. [N. T.]

O CAMINHO DA CABALA • 223

quando colocado em *Tif'éret*, torna-se rico em significados relacionados com o self e a Verdade. E o primeiro de todos, "Não terás outros deuses diante de Mim", não poderia estar em outro lugar a não ser em *Kéter*. Quanto aos demais mandamentos, convido o leitor à reflexão.

A consciência é composta de Amor, Verdade e Temor. Esses são os atributos de Abraão, Jacó ou Israel e Isaque quando os situamos em *Héssed, Tif'éret* e *Guevuráh*. Essas características distintas entre si descrevem os vários modos de relacionarmos nossa Alma com o Divino. Conquanto seja possível a cada um relacionar-se por meio do Temor, do Amor ou do Conhecimento verdadeiro sobre o Senhor, em um cabalista devem estar presentes todos esses atributos, mesmo que ele tenda a privilegiar um deles. Sua inclinação dirigirá a energia emocional de sua consciência, levando-o a agir (ou a abster-se de agir) por *medo* do Impulso do Mal, ou por *amor* à bondade. Se ele estiver atuando com base no pilar central, desejará fazer o que é correto por *saber* que assim estará de acordo com o Coração dos Corações e com a Vontade do Criador. Essas três atitudes ilustram os três métodos principais pelos quais podemos nos aproximar de Deus. Contudo, todos, com certeza, devem ter como veículo a Alma.

Na Cabala são conhecidos vários níveis da Alma. O primeiro, como já foi dito, é *Néfesh*, ou Alma Vital – a inteligência que governa o corpo orgânico e a parte mais simples da psique. O nível seguinte é o da Alma humana, definida pela tríade que acabamos de examinar. No *Zôhar* – o mais lido de todos escritos cabalísticos –, a palavra *Rúah* (espírito) é utilizada para designar esse nível da Alma. Nem todos os cabalistas concordam, porém, com essa denominação. De fato, no Talmude a palavra *Neshamáh* toma muitas vezes o seu lugar, embora para o *Zôhar* este último termo seja reservado para indicar o nível mais elevado da Alma. Para complicar ainda mais as coisas, o grande rabino Maimônides utilizava o termo *Néfesh* para nomear

Figura 47 – A REENCARNAÇÃO

A palavra hebraica para "pecado" significa "errar (o alvo)". Na Cabala não existe a condenação eterna, mas a expectativa de transformar, em uma vida posterior, o mal cometido em bem. A isso se refere a expressão "o Mundo Vindouro". A reencarnação está igualmente implícita na expressão "Deus ressuscitará os mortos". O *Guilgúl*, ou roda das reencarnações, é representado nesta ilustração como um místico com seu guia vendo as almas espiralando para cima e para baixo em volta da terra, num eterno ciclo de vida e morte. (Ilustração de Gustav Doré para *A divina comédia*, de Dante, séc. XIX)

O CAMINHO DA CABALA • 225

esse nível superior. Neste e em outros livros, tomei a Bíblia como autoridade literária. Em Gênesis 1:2 temos a expressão *Rúah Elohím*, que significa "o espírito de Deus". Assim, empreguei *Neshamáh* para nomear a Alma humana, tomando como base a expressão *Nishmát hayím*, "o alento da vida", mencionada em Gênesis 2:7, enquanto *Néfesh* seria a Alma Vital de todos os animais – *Néfesh hayím*, criaturas viventes, como em Gênesis 1:20. No Talmude, a *Neshamáh* é descrita como a disposição particular de uma pessoa, o que, a meu ver, significa a individualidade específica de um ser humano. Dispostas sobre a Árvore da Psique, *Néfesh* estaria em *Assiyáh*, *Rúah* estaria em *Beriáh* e *Neshamáh* ficaria localizada entre ambas, em *Yetziráh* (ver Figura 25).

As letras que designam as vias da Tríade da Alma, ou da *Neshamáh*, perfazem a raiz *Zacheh*, origem das palavras "purificação", "limpeza" e "polimento". Isso nos dá uma ideia de seu funcionamento. Essa tríade é chamada também "da Nutrição", por incluir um contínuo processo de ingestão e refino. Na Árvore Assiyática do corpo físico, a mesma tríade corresponde ao metabolismo, no qual a energia e a matéria são decompostas e recompostas, transformadas e refinadas a fim de manter a vitalidade do corpo em seu nível máximo. Na Árvore do Corpo (Figura 18), as tríades laterais das enzimas, dos hormônios e dos íons elétricos associam-se à tríade do metabolismo e aceleram ou refreiam sua vitalidade. O mesmo ocorre na psique, onde as tríades laterais equivalentes dos complexos emocionais e dos conceitos intelectuais estimulam ou refreiam a Alma. Aqui, nas profundezas do Inconsciente Individual, os complexos emocionais e os conceitos intelectuais ativos e passivos da vida influenciam nosso metabolismo psicológico. No homem natural eles permanecem na condição dos impulsos inconscientes, profundos e geralmente ocultos, mas para alguém que se dedica a desenvolver sua Alma o objetivo é transformar essas operações normalmente ocultas em experiências de autoconhecimento. Desse modo, a Alma não é mais um símbolo abstrato, algo que a maioria apenas acredita ter, mas adquire a forma de uma realidade viva, muito específica a cada pessoa.

A *Neshamáh* individual, diz a Tradição Cabalística, é enviada para baixo, ao Mundo da *Assiyáh*, a fim de cumprir, conforme sua natureza e seus talentos particulares, uma missão específica que nenhuma outra Alma poderia realizar. Tornando-se uma entidade encarnada na Terra, ela constitui uma das mais elevadas formas de consciência no planeta. O homem, ou seja, o ser humano completo, não desenvolve sua Alma apenas em benefício próprio, em condições difíceis mas bem estimulantes, mas também para ser a visão, a audição, o tato, o olfato e o paladar do Senhor naquele nível. Como Alma autoconsciente, ele se lembra e é Lembrado, conhece e é Conhecido. Por esse motivo, o Senhor percebe, diretamente por meio da experiência humana, o Mundo que Ele Evocou, Criou, Formou e Fez.

A Alma humana, ou *Neshamáh*, paira acima de *Assiyáh* e abaixo de *Beriáh*, e geralmente é considerada do sexo feminino. Ela é vista por vezes como a Eva para o Espírito de Adão, representado pela grande Tríade da *Rúah*, formada por *Tif'éret-Hochmáh-Bináh*. Abaixo encontra-se a Serpente, a *Néfesh* que morde o calcanhar de Eva enquanto esta lhe pisa a cabeça, onde *Kéter* ou Coroa da Terra encontra *Malchút*, o Reino dos Céus, na *sefiráh* do self. Aqui, no self, a ameaça da verdadeira tentação se faz presente, e é por isso que a Alma deve se purificar antes que um cabalista esteja em condições de elevar-se completamente para o Mundo do Espírito[11]. Isso nos leva de volta à questão do Mal e de uma de suas funções especiais.

---

11. Para uma apresentação detalhada da Alma, ver "A Alma", em *Adam and the kabbalistic trees*, deste autor (Birmingham: Tree of Life, 2006).

O CAMINHO DA CABALA • 227

De todas as diversas formas do Mal, a mais conhecida é o arquetípico Demônio, ou Satã. Tradicionalmente, Satã era um arcanjo, ou seja, uma das inteligências ou guardiões do Mundo da Criação. Sua função é agir como Tentador, para testar a Verdade e fazer emergir a Bondade do Espírito. Sua ação é ampla, pois ele pode mentir e distorcer a aparência da realidade a fim de examinar as falhas na disciplina (*Guevuráh*), na verdade (*Tif'éret*) e no amor (*Héssed*) da Tríade da Alma. Como disse certo *maguíd*, "todas as pessoas são boas quando tudo funciona bem. Contudo, crie-lhes problemas e você logo verá quem se comporta bem por princípio e quem o faz por interesse pessoal". No âmbito humano, essa é a função de Satã, como o ilustra a história de Jó.

Certo dia o Senhor disse sobre seu servo Jó: "Ninguém é como ele na Terra, um homem íntegro, que teme a Deus e evita o Mal". Por isso Jó foi agraciado com muitas riquezas, filhos e uma vida bastante agradável. No entanto Satã disse que, dentre os Filhos de Deus, não era difícil para Jó ser assim, uma vez que se encontrava muito bem situado e protegido por Deus. Deixemos que Jó seja submetido a uma prova, e ele o amaldiçoará. Então Deus, para demonstrar as qualidades da alma de Jó, permitiu ao Adversário partir a fim de atormentá-lo, primeiro tirando-lhe sua família e sua riqueza, depois sua saúde, levando-o às portas da morte. Isso obedeceu à regra férrea de que o Mal não pode destruir o Bem, embora possa pressioná-lo fortemente. A provação prossegue ao longo de muitas páginas de um diálogo entre Jó e seus amigos, estando estes convencidos de que Jó deve ter cometido alguma transgressão para merecer toda aquela desgraça. Jó negou essa possibilidade, mesmo no auge de seus sofrimentos: "Mas Ele sabe por qual Caminho eu sigo. Quando me puser à prova, me proclamará puro como o ouro". O símbolo do metal fundido, purificado, livre de impurezas e temperado é uma descrição muito precisa de testes como esse. Jó recuperou, no devido tempo, tudo que tinha antes, e o recebeu em dobro, como é comum após o teste da Alma.

O ponto de vista de Jó sublinha a filosofia cabalística segundo a qual mesmo o mais corrompido Mal traz em seu âmago uma centelha de Bem que pode ser trazida para a superfície e devolvida à convivência harmoniosa. Essa abordagem audaciosa, porém, exige aquela rara pureza de Alma encontrada entre os santos e os *Tzadikím*, que crêem que o Mal desempenha uma função inerente à Vontade Divina, e não estranha a ela. O primeiro contato consciente com o Mal surge na forma de nosso mal pessoal, que incorpora o lado sombrio do nosso ego. Esse *alter-ego* sinistro é bem esperto. Embora seja muito difícil identificá-lo, é preciso fazê-lo para poder lidar com ele. O *maguíd* pode ajudar nesse sentido, apontando para o vilão ao retirar-lhe o disfarce quando o próprio aspirante é o único a não percebê-lo. Esse ataque ao demônio pessoal é apenas um dos vários exercícios de conversão realizados na metade inferior da Árvore Yetzirática. Existe, por exemplo, um demônio muito mais poderoso, que paira acima do self. Como *Kéter* de *Assiyáh*, o self é a glória física do homem natural, e como *Tif'éret* de *Yetziráh* ele toma a forma da vaidade psicológica. Ambas as formas de autoamor bloqueiam a entrada em *Beriáh*, o Mundo do Espírito Puro. Não raro, elas se mesclam ao orgulho, um dos Sete Pecados Capitais. Esses atributos demoníacos são o lado mau das Sete *Sefirót* Inferiores da Construção no corpo e na psique humanas. Assim, para a *sefiráh* física de *Malchút*, o pecado é o desequilíbrio e a tentação da gula. Para *Yessód*, é a avareza do ego, em seu desejo de reivindicar tudo para si. Já para a agilidade e a inteligência de *Hód*, é a indolência. Enquanto a luxúria relaciona-se obviamente com a energia instintiva de *Nétzah* e a ira a uma *Guevuráh* fora de controle, a inveja é claramente o avesso ao amor e à generosidade de *Héssed*.

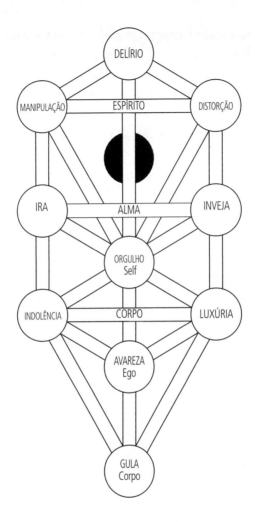

Figura 48 – OS PECADOS CAPITAIS

Aqui vemos o lado escuro das *sefirót* e da psique. A gula refere-se claramente aos apetites do corpo, enquanto o pecado do ego consiste em tornar-se grande graças a posses e *status*. A indolência é a preguiça da mente inferior, já a luxúria é a hiperatividade de *Nétzah*. O orgulho é o self inflado; a ira, uma *Guevuráh* excessiva; e a inveja, o oposto exato da generosidade atribuída a *Héssed*. Os demais pecados relacionam-se ao abuso do poder espiritual, quando os teólogos corruptos se deixam tentar pelo controle ou o profeta por uma visão distorcida. O pecado supremo de alguém é o de acreditar-se divino, ou mesmo Deus.

Cada um dos assim chamados pecados capitais inibe o progresso espiritual, devendo ser confrontado e convertido pelo esforço da Alma, que tem o poder de purificar. O tipo de Mal que paira acima da Tríade da Alma e do Espírito Inferior está além do entendimento da maioria das pessoas naturais. Talvez um indício dessa tentação mais elevada nos seja dado por uma cena da peça *Morte na catedral*, de T. S. Eliot, em que Thomas à Becket aguarda o seu assassinato. Depois de várias cenas em que o arcebispo lida bem com as tentações mundanas, subitamente ele é invadido pelo fascínio de morrer como um nobre mártir. Essa é uma forma inesperada e diferente de provação, resumida pelas palavras "a última tentação é a grande traição: agir corretamente pelo motivo errado". Uma prova desse tipo será colocada diante de todo cabalista, e na verdade ela está presente em todos os degraus da Escada de Jacó.

25. *Kavanáh – a intenção*

Para entrar no Reino dos Céus, devemos galgar diversos estágios. Isso abrange dominar o Mundo Natural e embarcar na Carruagem para conhecer seus Mistérios. A Carruagem corresponde ao Mundo da *Yetziráh*, e nesse ponto alcançamos a Tríade da Alma. Alguns cabalistas referem-se a esse movimento como *descer para a* Carruagem, o que nos mostra que há dois modos de entender a Árvore Ampliada dos Quatro Mundos. A fim de subir pela Escada de Jacó, é necessário descer às profundezas do próprio ser. Aqui vemos um movimento simultâneo para dentro e para fora, no qual o microcosmo do Homem reflete o macrocosmo do Mundo Manifesto. Graças a essa inter-relação, o muito grande e o muito pequeno afetam um ao outro. Enquanto o ser humano é obviamente um súdito dos Mundos Superiores, o contrário também é verdadeiro, embora em escala bem menor. Um exemplo dessa lei é o fenômeno que ocorre quando um grande transatlântico está ancorado perto de um pequeno barco. A atração entre os dois é mútua e, embora a embarcação maior atraia a menor com muito mais força, esta também influencia a maior. O mesmo ocorre com os corpos celestes. Um pequeno planeta será mais afetado pela presença de um irmão maior, o qual, por sua vez, também é um pouco desviado de sua órbita, proporcionalmente à massa de ambos. Assim é o relacionamento entre o Homem e o Universo. Con-

232 • Z'EV BEN SHIMON HALEVI

tudo, as proporções variam porque nem todos os homens têm o mesmo "peso" espiritual.

No nível mais baixo temos o homem vegetal. Ele é quase inteiramente passivo. A Alma está presente nele, mas apenas na forma de uma semente. Ele tem pouco ou nenhum peso espiritual, pois não possui vontade real nem capacidade de mover-se além dos ritmos que o mantêm vivo. Além disso, não tem consciência porque sua única preocupação é com a sobrevivência. Seu lugar neste mundo é o de canteiro para futuras gerações. Seu bem-estar é proporcionado pela Natureza, que não se preocupa com indivíduos, apenas com grandes massas. Todo movimento ou ondulação de uma massa humana vem de cima ou de baixo, como se por um sopro de vento ou por um terremoto. Esse nível de existência não é bom nem ruim. É o sustentáculo da vida, e nesse sentido é chamado pela Cabala de consciência do "Corpo" ou da "Carne". Do ponto de vista do crescimento espiritual, sua potência e sua substância podem ser convertidas de uma condição inibida em um veículo dinâmico que sirva à parte sobrenatural do homem. Contudo, essa transformação só pode ocorrer a alguém que tenha cultivado sua vontade, pois, sem o controle da vontade que possa focalizar a ação física, o corpo logo se cansa e busca o sossego, o alimento e novas excitações.

Treinar o corpo é uma tarefa difícil e demorada, mas é possível dominá-la de forma extraordinária, como o demonstram diversas tradições. Para além da óbvia disciplina da ioga indiana, há os estonteantes *dervishes* da Ordem Mevlevi, que rodopiam sobre o eixo do dedão do pé por um tempo muito maior que o da tolerância normal à vertigem. Na Cabala existem vários métodos pelos quais a vontade do corpo é subjugada e o poder da intenção consciente é desenvolvido. O jejum é um dos exemplos, e a capacidade de evitar o sono e permanecer alerta graças apenas à força de vontade é outro. Esses exercí-

O CAMINHO DA CABALA • 233

cios, porém, devem ser supervisionados de perto por pessoas que saibam o que estão fazendo. Realizá-los sem um motivo específico é insensato e até perigoso.

O domínio da parte animal da *Néfesh* é o estágio seguinte. Novamente faremos uso da vontade, mas desta vez para controlar as paixões. Isso pode implicar ter de permanecer sentado absolutamente imóvel por uma hora todos os dias, ou pressionando ainda mais a natureza animal rebelde dando-lhe uma tarefa que ela se recusa terminantemente a realizar. Por exemplo, se pediria ao aprendiz que cumprisse uma tarefa cabalística num dia em que ele tenha um compromisso social particularmente agradável. Ela pode considerar uma "injustiça", mas ainda assim terá de decidir se irá ou não realizá-la. A parte animal, privada de seu prazer, sentirá um grande desagrado, mas a parte humana talvez perceba o propósito do momento tão "mal" escolhido. Um teste desse tipo pode desencadear uma guerra total da *Néfesh*, ajudada pelo ego, contra o *maguíd*, o grupo e a Cabala. No entanto, a verdadeira batalha será travada no interior da pessoa. Se ele estiver tenazmente interessado em desenvolver uma Alma, ele perceberá e aumentará sua vontade consciente. Essa é uma experiência de grande valor, que faz parte do seu processo de treinamento e purificação.

Depois de ultrapassar esses vários estágios de sua evolução, até finalmente alcançar o nível em que lhe é possível entrar em *Tif'éret* sempre que desejar, sua posição é bem diferente daquela em que se encontram os homens vegetais e animais. Estando em contato consciente com três mundos, seu peso afeta mais o Universo que a grande multidão que lota um estádio olímpico. Isso se deve, simplesmente, ao fato de que no estado de *Gadlút* ele serve de instrumento pelo qual as emanações do Mundo Superior podem fluir para cima ou para baixo. Obviamente, a importância dessa situação escapa ao homem comum, mas a história revela os efeitos

Figura 49 – *KAVANÁH*

Esta palavra hebraica refere-se a uma intenção consciente. Diz-se que quem reza de memória ou por hábito desperdiça o tempo de Deus. Toda invocação ao Absoluto deveria ser realizada no estado de *Gadlút*; do contrário, não haverá comunicação. É necessário preparar-se até alcançar a consciência de onde se está e por quê, e em seguida expandir a consciência a fim de transcender suas circunstâncias imediatas. Um lugar ou objeto específicos podem ajudar a elevar a consciência em direção ao estado chamado *Dvekút*, no qual a pessoa acredita estar sendo vista e ouvida por Deus. Um rabino observou, certa vez, que Deus "anseia por uma conversa sincera". (O místico que se coloca em sintonia – gravura do séc. XVIII) desse tipo de poder em pessoas como Jesus e Buda. Não estivessem esses dois homens situados ao menos no nível do self, nenhum deles teria qualquer impacto real sobre seus contemporâneos ou sobre as gerações posteriores. De fato, o poder que desceu através deles pode ser avaliado por sua influência ainda presente dois mil anos depois. Nenhum ser humano no nível animal, por mais conquistas que tenha feito, continuou influente por tanto tempo. Os impérios de Átila, o Huno, e Alexandre, o Grande, desapareceram quase sem deixar vestígios, enquanto as palavras de Platão e Zoroastro continuam vivas e poderosas até hoje.

O estado de *Dvekút* ou comunhão com o Senhor é a condição da filiação passiva. Demanda não só que se esteja em *Tif'éret* tanto quanto possível, mas também uma permanente consciência de Sua Presença. Essa é a condição preparatória para a descida da Graça. Existe, porém, outro estado possível em *Tif'éret*, a condição ativa de *Kavanáh*. Como já ficou claro, grande parte do treinamento prático proposto pela Cabala está voltada para o desenvolvimento da vontade. Alcançamos agora o ponto em que esta não visa apenas ao que se encontra abaixo, mas também ao que se situa acima, tendo como característica uma intenção consciente. Esse é o significado do termo *Kavanáh*.

Como sabemos, a tríade animal da Consciência que Desperta é por vezes denominada Tríade da Esperança e, quando *Yessód* e *Tif'éret* encontram-se corretamente alinhadas entre *Hód* e *Nétzah*, temos o Arco da Esperança. Para a Cabala, a oração é o arco-e-flecha com o qual o homem mira, com o arco do próprio corpo, o alto da coluna central da Árvore.

Diz-se desse "tiro ao alvo" espiritual que o homem, na verdade, mira a si mesmo, e que antes de a flecha ser disparada é preciso que ele já tenha se unido ao alvo. Nas artes da ação, da contemplação e da devoção a analogia se confirma. Para chegar a Deus, é necessário que a pessoa se alinhe tão bem quanto humanamente possível nos dois sentidos, ascendente e descendente, da Coluna da Santidade. Isso exige grande atenção com as mínimas inclinações para as colunas da direita e da esquerda. Além disso, a pessoa deve ter os pés bem fincados em *Malchút*, com a mente do ego claramente apontada como uma flecha passiva de *Yessód*, enquanto segura com a vontade disciplinada o arco em *Tif'éret*. O tiro pode ter a forma de um ritual, de uma oração ou de uma ideia. O importante é que a intenção seja correta e consciente. A precisão desse ato é governada pela pureza da Tríade da Alma. Aqui, o equilíbrio entre temor e amor a Deus ajusta a carga emocional do ato. Não pode ocorrer nenhuma infiltração de más intenções nesse momento, porque a flecha não só cairá imediatamente, como pode penetrar a coluna da esquerda e liberar as forças demoníacas por ela atingidas. Na psicologia comum, isso pode significar, por exemplo, o despertar de um excesso de zelo que levaria – como já o fez no passado – a perseguições religiosas. Os homens que queimavam hereges o fizeram em nome de Deus, mas por sua moralidade estar impura a flecha de sua intenção atingiu *Guevuráh* e convocou os arquétipos demoníacos que tomaram a forma de Inquisição. Por esse motivo, é preciso sempre atentar para o estado da Alma ou, em outras palavras, para o nível da consciência do self, pois imaginar-se absolutamente purificado e perfeito em seu Julgamento e Misericórdia é o mesmo que cometer blasfêmia. Trata-se de um processo contínuo de refino, no qual o Julgamento e a Misericórdia não são apenas aplicados pela pessoa às questões situadas abaixo, mas também vertidos sobre ela dos níveis mais acima. A Alma, assim dizem, é aquela parte de nós que sabe tudo sobre nossa vida privada e sobre tudo e todos a ela ligados, o que a torna nosso veículo para os Mundos Superiores. A condição de um corpo sutil dessa natureza determina a firmeza de nossos objetivos e intenções.

O culto sem *Kavanáh*, dizem os cabalistas, é como um corpo destituído de Alma. Essa é a diferença entre um homem espiritualmente adormecido e um acordado. Recitar as preces sem pensar, porque esse é o modo socialmente aceito ou porque assim os pais nos ensinaram a rezar, equivale a jamais elevar-se acima de *Yessód* e nunca entrar em contato com o Céu. Até mesmo o conhecimento teórico de *Hód* e a prática de *Nétzah* são insuficientes porque a mera repetição da fórmula sem qualquer experiência pessoal direta mantém a pessoa confinada no nível de um vegetal inteligente. O homem natural, porém, pode ter uma experiência religiosa em *Tif'éret*. A Tríade da Esperança (*Hód-Tif'éret-Nétzah*) pode despertar por um momento sua consciência do self, mas isso não passará de uma paixão da tríade animal, sem nenhuma vontade consciente em *Tif'éret*, produzida pela oscilação de *Hód* e *Nétzah*, que flutuam entre elação e exaustão sem disciplina nenhuma. Esses momentos extáticos são muito comoventes para o homem natural, e seu mestre espiritual deveria vigiar cuidadosamente seu rebanho para adverti-lo dos perigos do êxtase não consciente. "O objetivo", escreveu um deles, "é o de comover-se sem ficar comovido". Para que isso seja possível, são necessárias ao menos a consciência do self, uma forte vontade e muita disciplina.

A *Kavanáh* se constitui graças à intenção consciente. Ela é acompanhada pelo domínio do corpo em *Malchút*, pelo controle de *Yessód* (para que a mente atue como ponte, e não como barreira) e pela aplicação da teoria em *Hód* e das habilidades práticas em *Nétzah*. Quando a atenção se concentra em *Tif'éret*, que governa o objetivo da *Kavanáh*, ela é agraciada com a força emocional e a precisão de *Héssed* e da *Guevuráh* da Alma. A partir do eixo representado pelo self, a pessoa pode elevar seu Espírito para louvar ou de pedir uma Graça.

A *Kavanáh* pode ser dirigida a qualquer nível dos Mundos Superiores. Onde a vontade está, lá estará o poder. Assim, o que uma pessoa pretende conscientemente – se esta for também a Vontade de cima – pode tornar-se realidade. E aí está o motivo pelo qual um cabalista é responsável perante ambos – Homem e Deus.

26. Preparação

Enquanto a *Kavanáh* – a intenção consciente – é, para os princípios cabalísticos, sempre a mesma, existem três métodos pelos quais ela pode ser aplicada. Esses métodos relacionam-se diretamente às abordagens por meio da Ação, da Devoção e da Contemplação. No entanto, antes que qualquer um dos métodos possa ser aplicado, é necessária uma preparação para elevar a pessoa para um nível superior ao da *Katnút*, a consciência yessódica. O primeiro modo de realizar a preparação relaciona-se com as condições externas. Tradicionalmente, a *Kavanáh* pode acontecer em público ou em ambiente de privacidade. O ato público tem a vantagem de contar com os recursos do grupo, que carrega um propósito comum e oferece ajuda mútua, capazes de elevar a atenção do grupo a um forte estado emocional – a partir do qual os indivíduos poderiam ascender ainda mais. Esse apoio na alma grupal é comum a todas as tradições – e pode ser visto nas reuniões dos *quakers*, nos encontros de meditação budista e nos *zikres* dos sufis. Na Cabala, pode acontecer tanto em grupos abertos quanto em fechados. Os grupos abertos não são, de fato, abertos porque geralmente ficam confinados em comunidades muito ortodoxas, como a dos *Hassidím* (uma das correntes judaicas mais importantes, plural de *hassíd*, "devoto"), nas quais, mesmo sendo convidada, a pessoa nem sempre conhecerá aquele ramo da Tradição o bastante para envolver-se com o que ali acontece. A linha hassídica também tem várias abordagens diferentes para o mesmo objetivo. Um grupo reza sem nenhum movimento físico, outro dança com enorme vigor – inclusive seus membros mais velhos.

Dos grupos fechados, muito pouco é possível dizer, pois, por sua natureza, quase nada se sabe de seus métodos específicos. O que podemos dizer é que cada grupo tem sua maneira de fazer as coisas, ainda que as leis sejam as mesmas, porque – assim como as pessoas – os grupos têm sua forma de ser e suas necessidades particulares. Não há formatos fixos de Ação, Devoção e Contemplação. Cada era produz suas versões. O ritual de determinado período pode tornar-se redundante no próximo, e a crença de que se seguirmos estritamente uma fórmula genérica alcançaremos algum resultado revelar-se-á um erro de cálculo que escapa à nossa atenção. Só uma coisa faz que os vários métodos funcionem – a *Kavanáh*, a intenção consciente.

A abordagem privada é mais difícil porque não oferece a atmosfera facilitadora gerada pelas outras pessoas reunidas com o mesmo propósito. No entanto, ela tem a grande vantagem de nunca degenerar em meros encontros sociais, como se pode ver em muitas sinagogas e igrejas. Na solidão não há projeção, identificação comunitária nem culpas ou elogios externos. O sucesso e o fracasso da operação cabem inteiramente à própria pessoa.

A primeira providência a tomar na situação de privacidade é criar uma condição interna para ascender da *Katnút* para a *Gadlút* – e mesmo no trabalho de um grupo esse é um pré-requisito necessário, pois não há como contar com estímulos externos que façam que alguém se lembre de quem é, de onde está e de por que está ali. Essa responsabilidade pertence à disciplina de cada um. Um *maguíd* pode dar instruções, explicar regras e fornecer maneiras ou instrumentos para o despertar individual, mas ele responde exclusivamente pelo próprio trabalho. Cada qual, portanto, é seu "capataz".

240 • Z'EV BEN SHIMON HALEVI

A fim de ajudar na preparação, geralmente o *maguíd* designa um momento especial para o grupo, ou a pessoa a si mesma. Muitas tradições usam a alvorada ou o cair da noite, períodos cabalisticamente relacionados com os dois pilares: o nascer do dia, com suas possibilidades, tem que ver com *Héssed*, e o nascer da noite, com sua reflexão e julgamento, refere-se a *Guevuráh*. De fato, na Cabala judaica acredita-se que Abraão instituiu as orações da manhã, e Isaque as do cair da noite – as chamadas Vésperas. Como os tempos mudam e não vivemos mais em ciclos governados pela luz do dia, os dois períodos de ação, devoção e contemplação podem ocorrer no melhor momento entre a alvorada e o meio-dia, e entre o meio-dia e o por do sol. O meio--dia representa a coluna central e constitui uma terceira possibilidade para a *Kavanáh* diária.

O lugar onde acontecerá o direcionamento da consciência para cima e para dentro é, de preferência, um espaço destinado especialmente a esse propósito. Pode ser um simples aposento ou mesmo um canto. Pode ser também uma cadeira especial ou um tapete usados exclusivamente para esse ato. O princípio é o de que esse objeto ou esse lugar são santificados, ainda que apenas mentalmente. Isso permite à pessoa recordar o estado necessário para a *Kavanáh*. Por um longo período esse lugar ficará carregado, porque o que for recebido nesse momento afetará até a porção da *Assiyáh* em volta do cabalista. O fato de o lugar dedicado a orações ter uma dinâmica particular ou uma atmosfera pacífica não é incomum. Muitos mosteiros o apresentam, e os lugares sagrados ao redor do mundo indicam que ali aconteceu a descida dos Mundos Superiores até a *Assiyáh*.

A combinação de tempo e espaço, especialmente quando é diária ou semanal, ajuda o corpo e a psique a entrar num foco coordenado. O retorno do *Shabát* é a *sefiráh Malchút*, o lugar natural da *Shechináh* ou da Presença de Deus. Nesse dia, todos os mundos

O CAMINHO DA CABALA • 241

unem-se em júbilo. Os outros seis dias podem ser vistos como os seis estágios da progressão espiritual ao longo da semana, de *Kéter* até *Malchút*. Com base nesse conceito, alguns cabalistas ortodoxos atribuem a cada dia da semana uma qualidade sefirótica, observando sua ação em suas condutas e atitudes pessoais. A elaborada celebração do *Shabát* como a Noiva de *Malchút*, pela escola cabalística de Lúria, é um exemplo histórico dessa prática.

Para pessoas que vivem nas condições do século XXI o problema é o de adaptar o ritmo a seu cronograma pessoal. O reconhecimento da necessidade de meia hora de meditação pela manhã e ao fim do dia em determinada época reforça o estado passivo de *Dvekút* tanto quanto a prática ativa da *Kavanáh*. Obviamente, nem sempre é possível estar no lugar designado para esse propósito, mas surge o aspecto miraculoso da Cabala: olhar o relógio marcando meio-dia, enquanto caminha na rua ou trabalha, permite à pessoa abandonar as mesquinhas preocupações do ego yessódico e penetrar o centro silencioso do self, onde três mundos se encontram na Presença do Senhor. Essa experiência é por vezes mais profunda do que aquelas vividas durante a meditação num *Shabát*.

O próximo passo consiste em preparar a si mesmo, começando pelo corpo. Os muito ortodoxos, antes de iniciar a *Kavanáh*, banham-se e esvaziam os intestinos. Além da óbvia eliminação de desconforto físico, e portanto de distrações corporais durante o ato, a prática da ablução informa a *Néfesh* o que virá a seguir. Isso é importante porque o corpo tem inteligência própria e, com o auxílio do treinamento e da consciência, ajudará a pessoa a alcançar as melhores condições para a *Kavanáh*. Invocar esse auxílio implica cuidar do corpo e, com isso, evitar que ele ponha em ação sua considerável vontade contra a *Tif'éret* da pessoa e crie um conflito. O jejum ou qualquer outro tormento do corpo de nada vale se for realizado como um objetivo em si. O corpo deve estar num estado de equilíbrio tal que a consciên-

242 • Z'EV BEN SHIMON HALEVI

cia possa senti-lo apenas como uma agradável presença. Ele nunca deve desaparecer de vista, pois isso eliminaria a participação de *Malchút* de *Yetziráh*, tornando a Árvore da Psique incompleta e desligada de *Assiyáh*. Isso, por sua vez, faria que a *Kavanáh* se tornasse inútil, pois o influxo dos Mundos Superiores não teria como alcançar a Terra.

O segundo estágio consiste em tornar receptiva a parte animal da *Néfesh*. Cuidar do ambiente físico ajuda, nesse sentido: cores neutras, objetos capazes de criar uma paz externa e interna para acalmar os desejos e as reações da carne. Apesar de a música e a dança serem boas para estimular a Tríade da Consciência que Desperta, esses estímulos devem ser aplicados com forte disciplina, a fim de evitar que a pessoa caia – o que às vezes acontece – num estado de exaltação sem controle, em que a consciência de *Tif'éret* se perde em meio ao êxtase yessódico. Essa condição é duramente reprovada pela Cabala, para a qual a pessoa jamais deveria entregar-se por inteiro a não ser a Deus. A excitação gerada por certos ramos de qualquer tradição não é mais autoconsciência, ou consciência do self, mas autoinconsciência, ou possessão pela tríade animal. É por esse motivo que, a não ser quando a pessoa esteja sob rígida disciplina, as paixões animais não devam ser suscitadas. É impossível entrar no Reino dos Céus com o freio entre os dentes. É melhor cavalgar com rédea curta e total autocontrole.

O terceiro estágio consiste em limpar a mente do ego yessódico. Essa etapa é acompanhada por concentração ou por radiação. A primeira técnica implica concentrar-se numa ação, numa oração ou numa ideia, dependendo de qual dos três métodos a pessoa seguirá, o que focará a atenção e colocará a teoria de *Hód* e a prática de *Nétzah* em contato com *Malchút* abaixo com *Tif'éret* acima. A técnica da radiação consiste no oposto,

O CAMINHO DA CABALA • 243

ou seja, a pessoa se ocupa do nada. A consciência ignora todo e qualquer pensamento, sentimento ou imagem que perpassa a tela yessódica do "olho mental". Por momentos, o ego tentará intrometer-se, mas logo recuará, devagar, tornando-se submisso, até que toda a energia seja retirada de suas preocupações e ele passe a unir-se à combinação sefirótica que surge no âmbito da face inferior de *Yétziráh*. Quando nenhuma técnica é praticada de modo adequado por um longo período, o corpo, a *Néfesh* e o ego acabam reagindo, mesmo que apenas por força do hábito. Isso torna a parte inicial da operação mais fácil, pelo fato de todas as forças orgânicas começarem a aceitar a pessoa e, depois, a trabalhar para ela.

No ponto em que há suficiente equilíbrio interno do corpo e da mente egoica, a evocação pode ser iniciada. Todas as evocações cabalísticas têm como base a Árvore, por objetivarem fazer a pessoa elevar-se através dos mundos. Tomemos como exemplo bem simples um homem que se levanta para dar início à operação. A ação de pôr-se em pé não constitui apenas um sinal formal de respeito, mas também a manifestação da abordagem da Ação, uma vez que a pessoa utiliza o próprio corpo. Esse veículo físico é a imagem assiyática de seu criador e tem por base o desenho do Tetragrama, o mais amplamente conhecido Nome cabalístico de Deus, formado pelas letras *Yod-Heh-Vav-Heh*. Alguns cabalistas colocam esse Nome na vertical, como aparece na Figura 50, para mostrar com isso a figura de um homem – Adão. Aqui também, como na Árvore Sefirótica, há quatro níveis: cada letra representa um dos Quatro Mundos, de modo que, quando um cabalista se põe em pé a fim de iniciar sua evocação, seu corpo se torna um indício físico de que ele é uma imagem, uma semelhança de toda a Realidade Manifesta em miniatura. O ritual prossegue com o gesto de levantar os braços, o que leva os dois pilares exteriores de suas mãos, em *Hód* e *Nétzah*, para cima

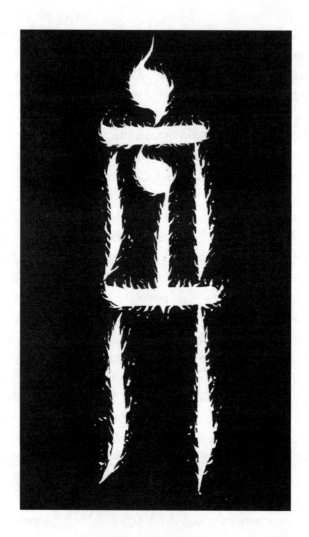

Figura 50 – O ÍCONE

Uma vez proibida a confecção de imagens de Deus, a solução encontrada por rabinos e cabalistas foi a de utilizar o Nome Sagrado, escrito com as letras hebraicas equivalentes a Y_H_V_H, dispostas na forma do *Adám Kadmón* (O Homem Primordial). Esse reflexo do Absoluto poderia ser usado como objeto de meditação ao ser imaginado. Nessa condição, ele funcionaria como uma "janela" para o reino do Divino. Poderia também servir de mantra que jamais seria proferido em vão. (Halevi, séc. XX)

O CAMINHO DA CABALA • 245

através de *Guevuráh* e *Héssed*, alcançando a posição de *Bináh* e *Hochmáh*. Com os pés bem apoiados no chão, seu corpo forma a coluna central. Ele, então, pronuncia as palavras:

"SENHOR, VÓS SOIS DEUS".

Mais uma vez, não se trata apenas de uma evocação. É, na verdade, um gesto de elevação da consciência pessoal em direção ao alto da sua Árvore. "Senhor", ou *ADONÁI*, é o Nome Divino para *Malchút*, e "Vós" está associado a *Tif'éret*, enquanto "Deus" é a palavra ocidental para *Kéter*. Aqui temos a consciência conectando *Malchút* de *Yetziráh* – que, sendo também *Tif'éret* de *Assiyáh*, é o sistema nervoso central – com o que está acima, para além do ego até o self, e dali com *Kéter* de *Yetziráh*. Essa *Kéter* ("Coroa") é simultaneamente *Tif'éret* de *Beriáh*, o Mundo do Trono, e *Malchút* de *Atzilút*, o Mundo da Glória. *Malchút* de *Atzilút* é o Divino *ADONÁI*, refletido por Malchút para todos os Mundos Inferiores. Ali se situa também a *Shechináh*, de modo que a pessoa consciente, durante o Método de Ação, Devoção e Contemplação, não une apenas todas as suas faculdades físicas, emocionais e intelectuais, como também concentra em seu ser todos os mundos abaixo e acima dela.

Em momentos assim, a pessoa será elevada até *Dáat* de sua psique encarnada, que é por sua vez *Yessód* do Espírito, para ali encontrar-se com a Presença que desce. No absoluto silêncio de sons e movimentos do estágio seguinte de *Devekút*, comunhão, a pessoa estará diante do invisível Criador. E, ao retornar do nível do Segundo Céu, o cabalista completa a evocação com estas palavras:

"O SENHOR ESTÁ EM SEU TEMPLO.
QUE OS MUNDOS SILENCIEM DIANTE DELE".

27. O Método da Ação

Todos os três métodos (ou abordagens) – Ação, Devoção e Contemplação – são exatamente o que esse termo indica: métodos. Ainda que as técnicas possam diferir bastante de acordo com o tempo, o lugar e os costumes, seu objetivo é sempre o mesmo: alcançar ao menos o estado de *Gadlút*, se não for possível penetrar mais profundamente os Mundos Superiores.

O Método da Ação desperta, por motivos óbvios, grande interesse, sendo muito utilizado por pessoas dinâmicas, ativas e que gostam de participar fisicamente de uma operação. Isso porque seu tipo humano tem foco na tríade *Malchút-Yessód-Nétzah*. Essa disposição física, repetindo, não é em nada inferior às outras duas, as do sentimento e do pensamento, pois as três estão confinadas à grande tríade inferior *Hód-Malchút-Nétzah,* que pertence ao reino da *Katnút*, o estado menor. Por exemplo, a posse de vastos conhecimentos hódicos sobre a Cabala não impede ninguém de ser tão egocêntrico quanto aqueles cujo tipo tem que ver com o sentimento ou a ação, porque todos os três tipos têm seu centro em *Yessód*, o nível comum da consciência egoica.

Isso nos permite entender por que as três tendências existem. Assim como o motor a gasolina, quando frio, precisa ser acionado por um motor de arranque, a psique necessita de um ritual de evocação – como o descrito no último capítulo – antes de colocar em ação seus sistemas. Uma vez em funcionamento, o meca-

O CAMINHO DA CABALA • 247

nismo mental "pega"[12] e o veículo psicológico começa a esquentar. O objetivo desses três métodos é colocar em ação uma subtríade específica na face inferior da Árvore Yetzirática. Em seguida, a conexão com *Tif'éret* realizada durante a evocação pode fluir para baixo ao longo da via dessa tríade e, assim, ativar as outras. Quando todo o conjunto da face inferior está pronto, o veículo, ou Carruagem, como é chamado tradicionalmente, pode começar a mover-se na direção desejada.

Uma das técnicas mais simples da Ação é a meditação que utiliza a respiração. Muitas tradições fazem uso desse ciclo natural, e a Cabala não é exceção. O Tetragrama, pronunciado como *YAHVÉH*, tem suas duas sílabas faladas em voz baixa – YAH durante a inspiração e VEH na expiração. O processo pode, também, ser invertido. O objetivo não é o de repetir mecanicamente o Nome de Deus, mas o de manter-se sempre consciente de Sua Presença no decorrer do vaivém da respiração ritmada, e também manter-se em contato com a Respiração da Vida com a qual Ele transformou o Homem de argila em uma *Neshamáh*, uma Alma viva, que respira. O resultado será certamente um estado frequente de *Gadlút* que não dependerá de onde estivermos ou do que estivermos fazendo. Ter consciência de que a existência depende da respiração e acompanhar essa descoberta com o nome de Deus é elevar a consciência, ainda que por apenas alguns segundos a cada minuto, tecendo assim um fio de *Dvekút* para a Alma.

Outra técnica simples consiste em orar ou meditar andando. Aqui, o ato de dar um passo depois do outro pode ser usado para avivar a consciência dos dois pilares laterais da Árvore Sefirótica. Tendo a Coluna da Compaixão à direita e a Coluna do Rigor à esquerda, qualquer passeio ou caminhada, curtos ou longos, a

---

12. Como se diz de um motor que entra em funcionamento em dia frio. [N. T.]

qualquer lugar, podem ser transformados num ato de devoção e contemplação. Isso se dá pela rememoração constante de que o tronco corporal é o pilar central. Com alguma prática, logo surgirão dois níveis de consciência: o yessódico, para garantir que a pessoa não seja atropelada ou, ao contrário, vá de encontro a um poste, e o de *Tif'éret*, que olha ao mesmo tempo para o alto e para baixo, para o mundo interno e para o mundo externo. Nessa situação, pode ocorrer a iluminação. Uma pessoa que anda em uma rua movimentada pode, subitamente, juntar os mundos interno e externo numa união das faces superior e inferior da Árvore Yetzirática. Isso põe em contato a face superior de *Assiyáh* e a face inferior de *Beriáh*, unificando três mundos dentro do self. Em momentos como esse, o Céu e a Terra se encontram e a rua é convertida em Paraíso – ainda que apenas essa pessoa seja capaz de percebê-lo.

Além desse aspecto da técnica, existe ainda a aplicação dos Nomes de Deus a cada um dos pilares. *YAHVÉH* é conhecido como o aspecto misericordioso de Deus, enquanto *ELOHÍM* é o aspecto severo ou justo. Se o primeiro Nome é proferido em silêncio quando avança a perna direita, e o segundo quando avança a esquerda, e mantém-se acima e no meio deles, o Nome Divino *EHEYÉH*, Eu Sou[13], novamente acontecerão, de modo quase inevitável, os estados de *Gadlút* e *Dvekút*. Ainda que pareçam simples, esses métodos não são fáceis, porque manter a disciplina de modo regular e constante requer muita força de vontade. Por outro lado, repeti-los mecanicamente não é apenas inútil como equivale, na prática, a tomar Seu Santo Nome em vão, ou seja, sem a sua Presença na mente do praticante. Assim, ninguém deveria iniciar esses exercícios sem estar imbuído de sincera intenção.

---

13. Literalmente, "eu serei", mas com a conotação de perpetuidade, não de algo situado apenas no futuro. [N. T.]

Figura 51 – O MERCADO

A Cabala, ao contrário de outras tradições, não advoga a renúncia ao mundo cotidiano. O mercado é um lugar onde tudo pode ser utilizado para a elevação espiritual. Esse Caminho da Vida Cotidiana é chamado também de A Estrada Real porque exige de quem a trilha a capacidade de crescer em todos os níveis. Estar no mundo é fazer parte da história e da evolução humana. Nenhum acontecimento, grande ou pequeno, é destituído de lições a ser aprendidas. "Até com um ladrão podemos aprender, porque ele está sempre alerta", diz um mestre. Ao observarmos acontecimentos microscópicos, podemos perceber o funcionamento do macrocosmo. (Cidade na Europa Oriental, séc. XIX)

250 • Z'EV BEN SHIMON HALEVI

O ritual é um aspecto importante do Método da Ação porque deve ser realizado com grande precisão, o que requer atenção muito especial. O ritual mais comum é o do serviço religioso. Este varia bastante, até mesmo no interior da Tradição Judaica. Por exemplo, há muitas diferenças entre os ritos asquenaze, surgido na Europa Centro-Oriental, e o sefardita, cuja origem é a Península Ibérica e os países orientais[14]. Essas diferenças, porém, são irrelevantes. O que importa é que ambas as formas rituais são praticadas de modo correto e com *Kavanáh*. Realizar o mais elaborado ritual em um estado de *Katnút* é invalidar seu propósito, enquanto uma pessoa que profere um único Nome Divino, mas totalmente consciente do porquê o faz, pode alcançar não apenas a *Gadlút*, mas uma união com o Divino. Ao Senhor importa a qualidade, não a quantidade.

Na antiga Israel, os rituais do Templo eram complexos e profundos. Eles requeriam atenção máxima e grande cuidado com os detalhes. Esse zelo se aplica até hoje às técnicas rituais, independentemente de qual Tradição Cabalística a pessoa segue. A essência do ritual, repito, não é a forma, embora esta seja repleta de sentido, mas a cuidadosa atenção e a disciplina durante a sua realização. Na maçonaria, braço europeu da Cabala, o indivíduo pode ter de passar vários anos participando de uma cerimônia antes que lhe seja concedida a possibilidade de liderá-la. Mais ainda, ninguém lhe dirá explicitamente como fazê-lo. Ele deve prestar atenção, observar, absorver cada ínfimo detalhe dos procedimentos, até que estes se tornem para ele uma segunda natureza. Quando chega sua vez, ele pode então realizar todos os movimentos com infinita precisão, enquanto sua atenção está focada no verdadeiro objetivo da atividade como um todo. Se a Loja a que ele pertence é viva, ele poderá beneficiar-se da alma coletiva de seus membros e levá-los a unir-se

---

14. Para onde se dispersou a comunidade judaica espanhola depois da Expulsão. [N. T.]

O CAMINHO DA CABALA • 251

na experiência. Esse princípio se aplica a todos os rituais realizados em grupo.

Um ritual é uma espécie de encenação de um milagre[15], em que o relacionamento entre o Homem, o Mundo e Deus é representado de modo semiteatral. Muitas vezes ele também descreve, com sua ação alegórica, a elevação do Homem e suas conquistas na evolução espiritual e na aproximação em relação à Divindade. A maioria das cerimônias rituais tem como eixo esse aspecto – ou parte dele – da existência humana. Assim é, embora em alguns casos, pelo fato de o verdadeiro sentido ter sido esquecido, a cerimônia não passe de uma concha vazia. Na Cabala existem muitos tipos de ritual, e cada escola ou grupo tem os seus. Podemos ver, até hoje, alguns rituais hassídicos em Jerusalém e ler sobre as cerimônias de Boas-Vindas à Noiva do *Shabát*, realizadas pela irmandade luriânica na cidade de Saféd. Embora elas sejam perfeitas em sua forma própria, não há ali nenhum tipo de fórmula. O ritual é simplesmente um método pelo qual a(s) pessoa(s) fisicamente recria(m) uma situação que representa acontecimentos ou princípios nos ou dos Mundos Superiores.

Podemos ver manifestações desse tipo nos rituais em que *dervishes* rodopiam pelos estados de pedra, vegetal, animal e humano para finalmente unir-se ao UNO. O mesmo ocorre nos rituais da Páscoa cristã e nas cerimônias domésticas da Páscoa judaica, nas quais os alimentos simbólicos e as leituras rituais descrevem o êxodo do Egito. Para muitos, essas cerimônias não passam de celebrações formais, mas para aqueles que têm alguma percepção e apreço pelo desenvolvimento espiritual os vários passos do ritual são ricos em significado e têm o poder de elevar a Alma para além dos movimentos padronizados, das palavras e das canções.

Quanto à Cabala, este livro não pretende descrever nenhum ritual em detalhe. Não é boa ideia aprender um ritual por intermé-

---

15. Como as peças populares sobre temas religiosos. [N. T.]

dio de um livro, porque dessa forma perde-se todo o impacto da situação real. Além disso, o ritual é basicamente um ato físico que deveria ser ensinado diretamente por um *maguíd* que conhece as necessidades da pessoa. Para alguns, por exemplo, é necessário um ritual que exija participação ativa, baseada em *Nétzah*, para que a sua receptividade em *Hód* seja encorajada. Isso pode implicar, para eles, a presença imóvel mas totalmente alerta durante a cerimônia, ou então a imitação vigorosa mas sutil de todas as inflexões de palavras e músicas. A descrição completa de uma cerimônia seria, portanto, mais enganadora que simplesmente vê-la como mero espectador, pois apenas a forma literal se revelaria. Por essa razão são aqui fornecidos apenas os princípios gerais. É preciso participar concretamente de um ritual para vivenciar sua natureza e seus propósitos.

A música e as palavras desempenham papel importante no Método da Ação, embora superficialmente pareçam pertencer apenas ao coração e à mente. A música, por exemplo, é usada no canto e na reza. A função da melodia, nesse caso, é despertar o amor ao ritmo típico de *Nétzah* e aumentar sua potência. Quando cantamos um hino, as palavras são carregadas com o princípio ativo e o corpo é reavivado pelo desejo de balançar-se ou dançar. A música estimula a tríade *Nétzah-Yessód-Malchút* e, em uma situação coletiva, cria um elo comum, permitindo aos participantes unir-se em harmonia e intensificar a energia focada do coro. Essa atenção focada cavalga pela trilha prefixada da melodia e dirige o estado do grupo, ao longo dos passos musicais e litúrgicos, rumo à condição exaltada de *Gadlút*. O contrário obviamente também pode acontecer, pois a excitação física induzida pela música e pelos movimentos tem o poder de criar um estado puramente yessódico, como num salão de baile, por exemplo. É aí que a qualidade do *maguíd* ou líder da cerimônia se revela, pois ele deve controlar e dirigir a atenção para os níveis mais altos de realização que o grupo pode alcançar em conjunto, antes de

O CAMINHO DA CABALA • 253

cada um dos participantes voltar-se individualmente para seu relacionamento com o Criador. Esse é o ponto máximo que uma assembleia comum normalmente atinge.

A música e a dança não são tão utilizadas pela Cabala quanto em outras tradições. Não há, aqui, um repertório de danças sagradas, como no Oriente, embora no ramo ortodoxo possamos encontrar antigas cerimônias, liturgias e melodias. Como exemplo, há a oração do *Kadish*[16], que existe desde a época do Templo de Jerusalém, formalmente recitada em pé, balançando-se o corpo para a frente e para trás, na sinagoga, na casa de estudos ou diante da sepultura. Essa oração ritual, proferida com tanta frequência quanto o *Shemá*, é cantada em louvor a Deus, rápida mas atentamente, por pessoas que, mesmo não compreendendo suas palavras[17], conhecem seu sentido geral. Aqui temos um exemplo de ritual que utiliza a técnica física e verbal que transcende o mero ato – desde que seja realizado com *Kavanáh*.

Na Cabala, as palavras, como vimos ao examinar a ciência da Guimátria e os outros modos de utilização das letras e dos números, têm grande relevância. A Bíblia, por exemplo, pode ser lida de incontáveis formas, como as conexões feitas por meio de equações numéricas ou pelas várias versões dos Nomes de Deus. Do ponto de vista do Método da Ação, as palavras e as letras foram adotadas como um método de ritual interno, permitindo à pessoa realizar mentalmente um exercício tão complexo quanto podem ser as danças e as canções. Já falamos de dois desses exercícios – a meditação da respiração e do caminhar – o que não exigem mais do que a realização dessas práticas com intenção consciente. No caso da manipulação do alfabeto hebraico, a Cabala criou uma técnica especial.

---

16. A oração judaica pelos mortos. [N. T.]
17. A oração está escrita em aramaico. [N. T.]

As letras hebraicas, vale lembrar, definem as vias de conexão entre as *sefirót*. Elas ajudam, dessa maneira, a tornar existente o Universo. Essa profunda ideia captou a imaginação de alguns cabalistas, que passaram a estudar as letras, suas formas e seus sentidos etimológicos repassando-os inúmeras vezes mentalmente. De início, tratava-se de um método de contemplação que ao longo do tempo foi transformado em técnica de meditação por direito próprio, com benefícios evidentes mesmo para o menos intelectualizado dos seres humanos – e existem cabalistas não intelectuais. Abuláfia, um cabalista do século XIII que se interessou particularmente por esse método, escreveu várias obras sobre o assunto. Ele desenvolveu a ideia de mover as letras do alfabeto tanto de modo aleatório quanto por inspiração, e com isso alcançar vislumbres dos Mundos Superiores, por meio de visões proféticas ou de *insights* psicológicos profundos. Mais tarde, outros cabalistas levaram essa ideia adiante, criando um vasto conjunto de métodos nos quais as letras eram usadas para alcançar o estado de *Gadlút*. Uma das técnicas, por exemplo, consistia em repassar as letras diante da mente yessódica, já outra consistia em escrevê-las em uma sequência infindável. Vez por outra essas combinações formavam palavras, dotadas de sentido ou não. Em caso afirmativo, elas poderiam revelar o que realmente se passava na mente da pessoa, desviando a meditação para longe de Deus, ou poderiam fornecer indícios e pistas sobre o Mundo seguinte. Quando essa técnica era aplicada no Método da Ação, o cabalista simplesmente se concentrava em ficar trocando as letras das palavras, de modo que a própria ausência de sentido levasse imagens, sentimentos e pensamentos cotidianos a perder sua forma; a pessoa entrava então num estado em que nada mais havia, salvo uma cadeia de letras que em algum momento dissolviam-se no Nada. Esse Nada era o que o cabalista buscava, pois ali ele entrava em *Dáat* de *Yetziráh*, indo ao encontro da *Rúah haKódesh*, o Espírito Sagrado[18]. Conhecida como "Atomização das Letras", essa técnica permitia ao cabalista alcançar a *Dvekút* pela inundação de seu *Yessód* com material totalmente incompreensível para sua Fundação natural, baseada no senso comum, fazendo-a assim perder seu poder de persuasão sobre a atenção, permitindo a esta, então, dirigir-se para cima até atingir o self.

O princípio descrito anteriormente aplica-se à maioria das técnicas de meditação em que a pessoa focaliza um Nome Divino. Já tivemos ocasião de examinar essa possibilidade, ao falarmos do modo como o Nome é mantido no espelho não luminoso de *Yessód*, reverberado por *Hód* e repetido por *Nétzah* até que sua forma e seu som, ao elevar-se até *Tif'éret*, dissolvem-se no self dentro da união de *Kéter* e *Tif'éret* em *Dáat*. Nesses momentos, tudo desaparece – o corpo, o Nome e o self –, tornando-se um com o conhecido e com o desconhecido.

O objeto de todos esses atos, simples ou complexos, ativos ou passivos, é o de mover-se do estado de *Katnút* para o estado de *Gadlút* e, dali para a frente, do primeiro estágio de *Dvekút* em *Tif'éret* para o segundo, em *Dáat* de *Yetziráh*, o *Yessód* do Mundo seguinte. É possível alcançar esse nível no Terceiro Jardim por vários outros dispositivos físicos – do jejum, na ponta ascética do espectro, ao ato do amor físico, no outro extremo. Para os cabalistas, a vida é um ritual, e cada momento é um ato de intenção consciente, seja ao trabalhar, ao dedicar-se ao lazer, ao orar ou ao estudar. Tudo que o cabalista faz deveria ser um ato de culto. É por esse motivo que o aspirante, na história tão famosa, não veio para ouvir o *Tzadík*, mas para observar como ele amarrava os cadarços de seus sapatos. É nessa prática que reside a essência do Método da Ação.

---

18. A palavra *Rúah*, "sopro", "vento" ou "espírito", em hebraico, é do gênero feminino. [N. T.]

28. O Método da Devoção

O Método da Devoção começa pela tríade *Hód-Yessód-Nétzah*. Depois do passo inicial, a evocação que conecta *Yessód* a *Tif'éret*, é possível empregar qualquer técnica devocional – oração, meditação etc. Estas, como as típicas da Ação, variam bastante. A forma mais comum de devoção é a reza. Podemos começar com sua aplicação mais simples. É possível recitar uma oração mecanicamente, ou seja, repeti-la sem nenhuma noção ou sentimento quanto ao seu significado. Esse fenômeno é lugar-comum nos serviços formais das religiões e pode ser observado em qualquer igreja, mesquita ou sinagoga, pelo fato de a maior parte das pessoas não saber rezar. Ser capaz de rezar significa ao menos ter noção da existência dos estados de *Katnút* e *Gadlút*, mas poucos são os que têm consciência de sua condição, de modo que não há meios de ir além da repetição de palavras sem sentido e de frases mais do que gastas, que a maioria de seus ancestrais também usou sem qualquer compreensão. Sem a conexão entre *Yessód* e *Tif'éret* nada pode elevar-se ou fluir para baixo. A história de Caim e Abel ilustra esse tema. As oferendas de Caim permaneceram no chão e por isso ele assassinou seu irmão, e continua a fazê-lo nos dias de hoje. O Gênesis conta que Caim disse: "Da Tua face eu me esconderei. E serei fugitivo e errante sobre a terra". Essa é a condição do homem natural.

Já para os que conscientemente experimentaram a *Gadlút*, a situação é outra. Se eles rezam com a intenção de elevar-se sobre o ego e alcançar o self, suas orações assumem uma natureza muito diferente. Em primeiro lugar, eles reconhecem não ser o centro de seu universo – que, aliás, a maioria das pessoas acredita ser, apesar de suas nobres negativas. Em segundo lugar, eles estão preparados para se submeter ao que consideram uma manifestação de Deus, seja Buda, Cristo ou o Todo-Poderoso invisível. Suas orações serão ditas, então, em uma direção bem diferente, ou para elevar-se até o Céu ou para penetrar profundamente no próprio interior – o que, como já foi dito, é a mesma coisa. Essa pressuposição é o início da *Kavanáh*, até mesmo para os não treinados.

Se examinarmos a posição da tríade *Hód-Yessód-Nétzah* na Árvore, veremos que ela é, por natureza, introvertida, isto é, voltada para dentro. Ela também se superpõe à Via do *Tzadík*, entre *Yessód* e *Tif'éret*, tendo assim algum envolvimento com a vontade, o primeiro passo consciente nos estágios de desenvolvimento que vão de "minha vontade" a "Tua Vontade". Isto dá ao Método da Devoção certas vantagens sobre os Métodos da Ação e da Contemplação, pois corta ao mínimo as distrações do mundo exterior visto que, à diferença das duas tríades externas, ela não tem nenhum contato direto com *Malchút*. Por essa razão, a pessoa do tipo devotado é encontrada em grande número nos mosteiros e em outras comunidades fechadas. No entanto, esse método tem também suas desvantagens, pois, em alguns casos, há um tanto de ingenuidade em relação à vida cotidiana, que pode se transformar, quando no estado de impureza, em ódio às coisas do mundo. Na Cabala não se permite que isso aconteça, dada a regra segundo a qual *Kéter* deve ter acesso a *Malchút*, caso contrário a operação permanece incompleta. Por isso, os cabalistas se casam, fazem negócios e gozam os prazeres do homem natural. No entanto, eles o fazem tendo o Céu sempre em mente, fazendo *Malchút* encontrar *Kéter* e permitindo ao Impulso Luminoso fluir através de todos os mundos.

258 • Z'EV BEN SHIMON HALEVI

O homem que reza a partir de *Hód-Yessód-Nétzah* não pode deixar de fazê-lo com sentimento. Mesmo ao proferir a oração em linguagem alheia ao seu cotidiano, como o hebraico, o aramaico ou o latim, ele sente claramente o que está dizendo. Assim se explica o fato de que junto de pessoas analfabetas, que aprenderam a dizer suas orações de memória, podemos tantas vezes encontrar a presença da *Shechináh*, o Espírito Sagrado. Embora a oração seja basicamente um ato de devoção, é possível realizá-la de vários modos e em diversos níveis. Por exemplo, existe o modo recém-descrito em que alguém recita uma oração cujas palavras não compreende. Isso não é necessariamente um problema, se a intenção for de reverência. Nesse caso, a oração se torna um poema puramente sonoro, que se transforma em uma única e longa palavra que tem sentido tanto para o suplicante quanto para Deus. Essa prática, assim contam, é perfeitamente aceitável, visto que Deus está mais interessado em sinceridade que em habilidades linguísticas.

A segunda forma de reza simples é quando alguém compreende o que está dizendo. Aqui, o próprio sentido das palavras é utilizado, de modo que o significado da oração é conhecido e escolhido para um momento específico de devoção. Por exemplo, certa oração tem por objetivo render graças antes de uma refeição, enquanto outra só é feita no leito de morte, quando um homem deseja a libertação tranquila de seu corpo assiyático. Na Tradição Judaica há, de fato, orações para quase todas as situações de vida, até mesmo para "o momento em que se ouve um trovão". Isso dá uma ideia de como o estado de *Dvekút* ou consciência de Deus pode ser mantido nas mais diferentes circunstâncias da vida.

A compreensão do pleno significado de uma oração é levada ainda mais longe na prática devocional em que cada palavra é analisada como um todo. Vejamos o exemplo da bênção judaica sobre o alimento: "Bendito és Tu, ó Senhor nosso Deus, Rei do

Figura 52 – A RELIGIÃO

Toda sociedade tem um lugar de culto. A questão é: o que está sendo cultuado? Em muitos casos, é a forma – e não o conteúdo – do Ensinamento. As regras e os rituais tornam-se, por vezes, mais importantes que o contato com o Divino. Não raro o clero, que deveria ajudar a congregação a fazer a conexão, age como uma barreira entre o povo e seu Deus. O cabalista, assim como outros místicos, procura um relacionamento pessoal com o Absoluto. (O Muro das Lamentações, Jerusalém, gravura do séc. XIX)

260 • Z'EV BEN SHIMON HALEVI

Universo, que extrais o pão da terra". A primeira palavra, "Bendito", suscita duas perguntas: o que é "bendito" e qual o sentido de "ser bendito". Os pensamentos e sentimentos gerados por essas perguntas envolvem as noções de Graça, Providência, a descida da Vontade e vários outros aspectos relacionados ao Céu. A palavra seguinte, "és" (ou "sejas"), do verbo "Ser", remete a uma vasta literatura cabalística acerca da questão do Existir. Segue-se diretamente o pronome pessoal "Tu", cujas implicações são profundas para a pessoa que reza, pois se trata de algo imanente a ela – o mesmo "Tu" localizado em *Tif'éret* de sua Alma. O título "Senhor" precedido de "ó" revela, depois da intimidade do imanente "Tu", a majestade do Divino e a distância em que se situa o Transcendente Absoluto do *Êin Sóf*. "Que", no trecho seguinte, relaciona-se a "nosso Deus", o que nos leva a perceber o completo esquema dos Quatro Mundos. O título "Rei do Universo" oferece a quem reza um vislumbre do Governador dos atos da Providência, ou seja, todas as Árvores interconectadas que se estendem da mais excelsa *Kéter* até a mais humilde *Malchút*. É esse providencial "Que", prossegue a oração, o sujeito de "extrair", termo rico em sentidos miraculosos e peso filosófico. E tudo isso serve de prefácio para a apreciação do "pão", um símbolo intensamente carregado de significados como sustentáculo para a vida, retirado do lugar que lhe deu origem – o Universo Manifesto. Ninguém capaz de rezar assim conseguiria fazê-lo e permanecer impassível. Nessa pequena oração são encontrados O Absoluto, Sua Vontade, Sua Existência Não Manifesta, Sua Existência Manifesta e Sua Providência em favor do homem, que assim poderá alimentar-se e viver. Quem for capaz de considerar desse modo o pão sobre a mesa à sua frente inevitavelmente se sentirá inundado de gratidão.

Além dos sentidos comuns das palavras em uma oração, existem seus sentidos internos. É possível usá-los de várias maneiras; uma delas é considerar cada palavra um Nome Divino. Esse con-

O CAMINHO DA CABALA • 261

ceito deriva da noção de que toda a Bíblia é composta pelos títulos de Deus. A origem dessa ideia é o fato de que, quando os cinco livros de Moisés foram escritos, não havia espaços entre as palavras, fazendo que a divisão do texto de diversos modos produzisse novos sentidos. Isso era percebido como um exercício legítimo pelos cabalistas, pois, assim como as vias de conexão no interior da Árvore, as letras eram vistas como expressões dos muitos aspectos de Deus. Então, sem importar como alguém as lia, elas eram sempre versões diferentes de um único Nome de Deus, que se estendia da primeira letra do Gênesis até a última letra do Deuteronômio. Do ponto de vista das aplicações práticas, o devoto considerava sua oração uma recitação dos Nomes de Deus. Sabendo quais eram ou não, por meio da ciência dos números e das letras, ele se interessava apenas em estar consciente de que, desse modo, esses Nomes estavam passando pela sua mente. Conhecimento não significa necessariamente informação. Uma pessoa sabe quando está apaixonada, não precisa de um laudo psicológico sobre seus sintomas ou de uma radiografia do coração.

Outra aplicação das letras hebraicas no Método da Devoção é a de considerar que cada palavra de uma oração contém todos os mundos, todas as Almas em seu interior e a Presença da Divindade que preenche todos os seus espaços. Assim como as letras hebraicas representam as conexões entre as *sefirót*, formando os 22 princípios que mantêm o Universo unido, ter isso em mente faria que cada palavra se tornasse uma combinação especial de vias e sentidos que aquela palavra em especial expressasse. Tivemos um vislumbre dessa possibilidade em nossa análise do sentido comum das palavras. Assim, ao lidarmos com a palavra como um ato de devoção, no self ocorrerá a união das letras da palavra numa unidade Divina e humana, no ponto de encontro mais baixo dos Três Mundos Superiores. Isso produzirá uma elevação de "incomensurável alegria e prazer", como disse um

262 • Z'EV BEN SHIMON HALEVI

cabalista hassídico. O objetivo seria, com o tempo, o de seguir as palavras até a sua fonte no Mundo da *Atzilút*, e até o de transpor Reino Eterno que leva ao Nada.

Por motivos óbvios, o método da Alegoria tem uma aplicação direta no Método da Devoção. Nesta, os Salmos e o *Cântico dos Cânticos* são um exemplo de primeira grandeza. Os Salmos foram compostos não somente como poemas religiosos, mas como a base dos hinos litúrgicos a ser cantados no Templo. Poesia e música constituem duas artes extremamente evocativas que em segundos podem transformar o estado de espírito e o clima de um encontro. Elas podem ser usadas com muita eficiência no ato da devoção, desde que não haja na *performance* nenhum elemento egoico. Como disse um *maguíd* ao músico, durante um ritual: "Se você toca para a sua glória, e não para a de Deus, não há lugar para você aqui". O uso da música para focar a atenção e servir de trilho na ascensão de *Yessód* a *Tif'éret* já foi mencionado. Do mesmo modo, a poesia pode ser usada para modificar o estado de espírito de uma pessoa ou de um grupo. Aqui, não serão apenas o ritmo, as texturas e a dramaticidade dos sons e do silêncio que ajudarão a ascensão, mas também as imagens evocadas. Vejamos, como exemplo, o Salmo 23.

Em sua evocação, Davi percebe o Senhor como seu pastor, um papel intensamente emotivo que torna Deus guardião e protetor de sua Alma. Ele prossegue: "E nada me faltará". Essa é uma afirmação enfática da proteção recebida, que fala de um amor correspondido. A seguir, diz: "Ele me faz repousar em pastos verdejantes (*Assiyáh*). Leva-me para junto das águas tranquilas (*Yetziráh*)". Essas duas imagens pastorais criam um estado emocional de confiança, como o fazem os versos seguintes com seus símbolos de andar em segurança através do "vale da sombra e da morte" (a vida natural), sendo confortado por "tua vara e teu cajado" (a Tradição e a Revelação). O salmo termina com a alegoria da mesa posta (a

Alma), da cabeça (o Espírito) ungida com óleo (a Graça concedida) e do cálice transbordante (a Graça recebida). Ao final surge o verso "bondade e misericórdia certamente me seguirão todos os dias da minha vida: e habitarei na casa do Senhor para todo o sempre". Imagine essas palavras ditas ou cantadas em um ambiente onde a congregação já se encontra em estado de *Gadlút*. O efeito será a elevação de todos para muito acima do ego cotidiano, até o lugar onde as pessoas não mais apenas creem mas têm certeza do que foi dito ou cantado. Em termos da Árvore, as pessoas terão sido transportadas da Tríade da Esperança, através das Tríades do Amor e da Compaixão, até a Grande Tríade do Espírito, o estado da Fé e do Conhecimento.

O uso da alegoria para definir a condição do amor devoto pode ser visto no Cântico de Salomão. Nele, a Alma aguarda a chegada do Espírito, ou Eva espera por seu Adão, em uma imagem mais humana. O poema descreve, de forma sensual, os anseios do Amante por sua Amada. "De noite, no meu leito, busquei o amado de minha alma, busquei-o e não o achei." Quer dizer: "à noite", no sono do Espírito, "no meu leito", no estado de *Katnút* e de sonhos yessódicos, "busquei o amado de minha alma, busquei-o e não o achei". Como isso foi possível? Não há conexões entre *Yessód* e *Tif'éret* durante o sono espiritual. Tampouco enquanto ela erra pelas vias da face inferior de *Yetziráh*, chamadas no *Cântico* de "as ruas" da cidade, por mais que ela diga, como no Canto, "levantar-me-ei". Pouco depois, os guardas de *Tif'éret* a encontram, e em seguida ela encontra seu amado. "Agarrei-me a ele e não o deixei ir embora, até que o fiz entrar na casa de minha mãe, e nos aposentos daquela que me concebeu."

Ou seja, a Alma trouxe o Espírito para *Yessód*, e então mais para baixo, para *Malchút*, por vezes chamada de "a Mãe inferior". Aqui, o Noivo – *Kéter* – entra em contato com a Noiva – *Malchút*.

A linguagem aparentemente sensual do Cântico visa modificar o estado de espírito tanto do cantor quanto do ouvinte. O tema erótico, como técnica de apresentação de ideias, aparece ao longo do desenvolvimento da Cabala de tal modo que a união entre a Alma e o Espírito seja alegoricamente expressada pelo ato sexual. Essa mitologia sensual frequentemente mal compreendida é utilizada porque, para muitas pessoas, o ato amoroso é o ponto alto da vida, tanto física quanto emocionalmente. Usar o poder da experiência mais forte e natural dos seres humanos é considerado tão legítimo que o relacionamento entre Moisés e a *Shechináh* é descrito no *Zôhar* em termos que muitos rabinos de mentalidade convencional e prosaica jamais conseguiram aceitar.

Os símbolos do Amante e da Amada descrevem muito bem a essência do Método da Devoção, a ponto de o Amante temer a Amada. Na vida cotidiana o amante teme ofender a amada, mas na relação entre o devoto e seu Senhor há outro tipo de temor. A pessoa pode rezar por amar o Senhor, mas também por temê-Lo. Esse é um ato de devoção totalmente aceito pela Cabala, porque "O Temor a Deus é o início da sabedoria"[19]. Embora, como dizem alguns cabalistas, esse não seja o melhor modo de relacionar-se com Deus, ao menos ele implica uma consciência emocional, pertencente à Tríade da Alma, da Sua Presença, em contraste com o reconhecimento normal típico daqueles que vivem no universo egocêntrico de *Yessód*. Aquele que teme a Deus está iniciando o desenvolvimento de sua Alma. Ele agirá devotadamente por meio de *Guevuráh*, para viver de acordo com o princípio da Justiça na Coluna da Forma. Por outro lado, um verdadeiro *Hassíd*, que ama a Deus, viverá a partir de *Héssed* e pelo caminho da Retidão. Enquanto a primeira pessoa será correta por evitar o mal e a segunda viverá piamente praticando boas ações, o cabalista tratará de manter o equilíbrio entre as atitudes passiva e ativa, portanto na coluna central, onde estão a consciência e o Conhecimento – o Caminho

---

19. Como diz o Eclesiastes. [N. T.]

da Santidade. Quem se dedica a esse Caminho do meio ao mesmo tempo ama e teme o Senhor. Ansiará permanentemente por sua Presença. Todos os seus atos, superiores e inferiores, no interior e no exterior, serão devotados a Deus. Buscará seu Amado em todo lugar, por vezes esquecendo-se de si.

A perda do self é um fenômeno que faz parte do trabalho espiritual, e a Tradição Cabalística conhece dois modos de agir a esse respeito. Alguns cabalistas procuram esquecer de si mesmos, para impedir que a sua união com o Senhor seja prejudicada de algum modo, já outros afirmam que um ser humano deve manter sua consciência até o último momento antes que a união se complete porque, enquanto ele ainda está encarnado, sua tarefa é ajudar a trazer o fluxo da Graça para os Mundos Inferiores. Minha conclusão é a de que quando alguém está pronto para ir, como Enoque, que caminhou com Deus, será levado e não mais se separará d'Ele. A escolha do lugar e da hora pertence ao Amado.

29. O Método da Contemplação

Na Tradição Judaica, o estudo é considerado uma forma de prece contemplativa. De fato, tão forte é essa ideia que, entre ter de derrubar a sinagoga ou a casa de estudos da aldeia, a preferência foi sempre a de preservar a casa de estudos. Além disso, as regras rabínicas concluíram que a sinagoga poderia ser transformada em casa de estudos, mas não o contrário. Tudo isso indica o profundo respeito judaico pelo Método da Contemplação. O ato inicial de contemplação refere-se à tríade *Hód-Yessód--Malchút* de *Yetziráh*. Ali, o ego reflete sobre a informação prestada por *Hód* à luz da lógica fornecida por *Malchút*. Isso explica por que há tantos comentários rabínicos à Bíblia e, de fato, naquelas vertentes da Cabala que seguem padrões regulares de pensamento. As ciências da numerologia e das letras originam-se nessa tríade. No entanto, se não transcendidas, elas podem manter cativa a mente do aspirante no interior da grande tríade egocêntrica de *Malchút-Hód-Nétzah*, ou seja, mantê-la em estado de *Katnút*. Daí derivam as advertências de que esses estudos podem levar a um beco sem saída, porque, situando-se primariamente no lado passivo, não há o ímpeto de escapar ao fascínio das letras e dos números. As técnicas da Guemátria e do Notárikon constituem meios, não fins.

Podemos começar com um exemplo de contemplação já mencionado. Como vimos, as letras do alfabeto hebraico têm outros significados além de compor palavras. Elas também transcendem o valor numérico que lhes é atribuído porque foram incorporadas ao esquema cabalista do Universo para expressar alguns conjuntos de leis. Por exemplo, as letras *Shin*, *Mem*, *Álef* foram chamadas de "as três letras-mães do Mundo" porque representam os princípios ativo, passivo e neutro que governam, criam, formam e fazem a Existência Manifesta. As seis possibilidades de combiná-las determinam a característica de determinada situação, tornando-a crescente em um caso e decrescente em outro. Para a pessoa contemplativa, o exercício de observar as várias combinações poderia durar um ano inteiro, permitindo-lhe visualizar o funcionamento interno do Céu nas mudanças climáticas, em um relacionamento humano e mesmo no ato de comprar e vender, no qual uma pessoa assume a posição ativa de *Shin* para vender e outra compra no papel passivo e resistente de *Mem*, enquanto o dinheiro e os bens agem como catalisadores neutros, ou *Álef*. Como diz o comentário talmúdico, é possível perceber o invisível no visível.

Outra utilização das letras consiste em contemplar as vias da Árvore Sefirótica. Aqui, o cabalista talvez empregue uma hora por dia para examinar o diagrama como uma mandala, traçando a rota dos fluxos através das vias nomeadas com as letras. Ele poderia, por exemplo, ver nas letras apenas um indício das características de determinada circulação entre as *sefirót*. Ou talvez considerar as palavras que essas letras formam, enquanto visualiza uma conexão. Por exemplo, as letras *Sámech*, *Vav* e *Guímel*, no trajeto que une *Hód*, *Guevuráh*, *Bináh* e *Kéter*, formam a raiz da palavra hebraica que significa "voltar à fonte". Isso ilustraria vários aspectos da Coluna do Medo.

Outro exercício que usa as letras na Árvore pode ser o de recitar o *Álef – Bêit – Guímel...* em uma sucessão contínua, visualizando a descida do Impulso Luminoso ao longo da Árvore com as tríades se completando assim que três *sefirót* são unidas pelo fluxo primário. Desse modo ele verá, como explica o *Sêfer Yetziráh*, "o surgimento,

268 • Z'EV BEN SHIMON HALEVI

vindas do Nada, das *Dez Sefirót* como um Impulso Luminoso ou como chama reluzente sem Início e sem Fim. A Palavra de Deus está com elas enquanto elas vão e vêm". Contemplar mentalmente esse fluxo de letras que se unem e se desdobram pode levar o contemplador muito além do primeiro estágio de *Gadlút* e *Dvekút*. A análise das *sefirót* é a principal atividade no Método da Contemplação, e o estudo de suas relações recíprocas no interior da Árvore é a primeira tarefa do aspirante, que para tanto precisa ler, ouvir, pensar e observar. Por exemplo, pode lhe ser atribuída a tarefa de estudar *Malchút* durante um mês. Nesse tempo, a pessoa lê o máximo que puder sobre a *Malchút* celestial, onde reside a *Shechináh*, e sobre a *Malchút* terrena. O estudo poderia tomar a forma de uma investigação científica sobre os vários estados da matéria, ou do exame de um sistema econômico em que os bens e os serviços, assim como a acumulação e a distribuição da riqueza, revelariam uma Árvore em miniatura no interior da *sefiráh Malchút*, o Reino.

Para um estudo mais esotérico, a pessoa pode ter de percorrer vários volumes de comentários cabalísticos e, ainda assim, nada aprender sobre *Malchút* de *Atzilút* além do conhecimento teórico. É nesse ponto que o Método da Contemplação atinge seu ponto alto. Um fato curioso sobre o trabalho cabalístico é o de que podem-se adquirir conhecimentos que, em circunstâncias normais do cotidiano, são impossíveis ou difíceis de encontrar. O método consiste no seguinte: o cabalista, conhecendo a disciplina e estando preparado, por um ato de *Kavanáh* dirige uma pergunta para o fundo de seu inconsciente.

A pergunta será levada para cima pelo nível que seja adequado nos mundos internos ou superiores, e uma resposta será enviada para baixo, diretamente para a mente yessódica da pessoa em estado de contemplação, ou apresentada externamente numa situação em que ela reconheça a solução para sua pergunta teórica ou prática. Usada ao longo de vários milhares de anos pelos cabalistas, essa

Figura 53 – A EXPERIÊNCIA

Aqui, o *maguíd* leva um discípulo ao Céu, onde os arcanjos circundam a entrada para o reino do Divino. Esse fato se converte em um momento eterno. Ele pode ocorrer por esforço pessoal ou por um ato da Graça em virtude do mérito do indivíduo. Um cabalista disse ter, em sua casa, uma "escada" com a qual ele podia ascender a esse nível sempre que desejasse. (Gravura de Gustav Doré, séc. XIX) técnica foi descrita de muitas maneiras, frequentemente como a presença de um *maguíd* celeste ou invisível. No caso do aspirante que estuda *Malchút*, essa experiência iluminaria seus conhecimentos terrestres e talvez revelasse que a *Shechináh* de fato se encontrava presente, mesmo nas profundezas de uma mina de carvão, sendo possível percebê-la ali se a pessoa estivesse no estado espiritual adequado. Essa percepção seria vital para a sua compreensão de que *Kéter* se encontra presente em *Malchút*, e de que o fluxo da Vontade Divina e Seu Amor alcançam os níveis mais profundos da *Assiyáh*.

O estudo das *sefirót* em pares opostos é importante para o entendimento cabalístico de como funciona a Árvore. Assim, a pessoa em estado de contemplação poderia, em certo momento, devotar seu tempo a pensar sobre o relacionamento entre *Hód* e *Nétzah*, *Guevuráh* e *Héssed*, e *Bináh* e *Hochmáh* – pelo fato de cada par fazer uso dos princípios da Força e da Forma ou da Severidade e da Compaixão de maneiras diferentes. Por exemplo, o lento processo que leva à construção do conhecimento de um conceito intelectual é bem diferente da súbita centelha de revelação que apresenta uma ideia capaz de mudar uma vida – ou mesmo a história. Para compreender a Mente de Deus, o cabalista deve estudar os próprios processos intelectuais porque, como uma imagem de seu Criador, ele tem uma versão em miniatura do Intelecto Divino. Essa analogia é claramente explicitada no *Zôhar*, nas seções conhecidas como *Livro dos segredos ocultos* e *Assembleias maiores e menores*. Aqui, no simbolismo da Grande Cabeça e na construção da dinâmica da Árvore Sefirótica, a Mente de Deus é vista em sua manifestação, embora Ele próprio permaneça oculto. A leitura desses livros era considerada um ato de contemplação, e muitas gerações de cabalistas palmilharam essas páginas, ao menos para desencadear algum processo intelectual na profundeza de sua psique.

Outro método de contemplação é lindamente descrito pelo grande cabalista Moisés Cordovero – que, como Lúria, viveu em Safed,

O CAMINHO DA CABALA • 271

na Palestina, no século XVI. Além de vários escritos detalhados sobre teoria e especulação cabalísticas, ele escreveu um pequeno livro chamado *Tómer Devoráh*, a Tamareira de Débora, no qual as *sefirót* são correlacionadas com o comportamento humano, o que implica que o ser humano imita suas qualidades ao longo da vida. Por exemplo, no capítulo sobre *Héssed*, ele expõe as virtudes da bondade amorosa e quanto o ser humano deveria amar não só a Deus, mas também a seus irmãos na Terra. Ele mostra como a *sefiráh* da Compaixão deve contrabalançar a da *Guevuráh* a fim de manter o poder da esquerda, ou do Outro Lado, sob vigilância. E ele prossegue assim ao longo do livro, demonstrando por meio da conduta individual de que modo a Bíblia e a teoria cabalística relacionam as *sefirót* terrenas com as *sefirót* celestes. A preocupação de Cordovero de confrontar o poder do Mal teve grande impacto sobre a época em que viveu, pouco tempo depois da nacionalmente traumática expulsão da antiga comunidade judaica da Espanha, em 1492. Isso abalou tanto os cabalistas quanto os leigos daquele tempo. Muitas especulações surgiram para explicar o que teria acontecido nos Mundos Superiores para gerar tamanho cataclismo, originando a reformulação, por Isaac Lúria, de como o Mal teria entrado no mundo.

Além dos atos diretos de contemplação, há a sua aplicação pela oração. Essa técnica é posta em prática pelos cabalistas de diversas formas. Ao proferir uma oração, a pessoa pode, por exemplo, considerar ao mesmo tempo cada uma das letras em um contexto cabalístico, de modo que continuamente reflita sobre o esquema da Existência Manifesta como um todo ao passar de uma palavra a outra. Trata-se, aqui, de um exercício que requer o mais extraordinário nível de atenção e a real fundação nos ensinamentos cabalísticos básicos. Seu objetivo é não apenas o de perceber os vários níveis presentes na oração, mas também o de levar a um estado ainda mais elevado de *Dvekút*. A fim de auxiliar esse passo transcendente, há livros de oração específicos para manter a sequência das *sefirót*.

Alguns rabinos mais convencionais opuseram-se a isso, pelo temor de que as formas tradicionais da oração pudessem ser modificadas. Outro método de contemplação consiste em fixar a atenção em uma *sefiráh* durante as orações. Esse exercício destina-se a evocar o princípio sefirótico não apenas na própria pessoa, mas também nos mundos acima, criando uma conexão direta durante a reza. Não se trata, porém, de um ato destituído de perigo, pois a evocação de um arquétipo sefirótico na psique pode levar a um excesso de Força ou de Forma. Por exemplo, se alguém se demora demais em *Guevuráh*, corre o risco de tornar-se sujeito ao Julgamento, o que pode ser insuportável, ou tornar-se um juiz severo demais, o que levaria ao excesso de dureza no julgamento de outros. O oposto também é verdadeiro se a concentração for realizada sobre *Héssed*. À primeira vista, a compaixão excessiva é boa, mas ser tolerante demais pode facilmente permitir o crescimento do Mal tanto dentro de si quanto nos outros. E então o Céu precisaria corrigir a situação, com uma dose de *Guevuráh* que limpasse a corrupção criada pela negligência. As *sefirót* são, portanto, contempladas aos pares, com maior ênfase naquela que, na constituição da pessoa, revela-se a mais fraca. Esse tipo de exercício seria dado pelo *maguíd* ou atentamente supervisionado por ele. A função da reza seria, nessa situação, conferir à operação uma força emocional, agindo como uma moldura estável em que o cabalista poderia apoiar-se durante a contemplação.

Para ingressar no Reino do Céu é preciso ter uma Fundação Beriática. Isso significa que o abismo comum entre a não *sefiráh Dáat* e *Bináh* e *Hochmáh* de *Yetziráh* será preenchido pelas vias que sobem de *Hód* e *Nétzah* de *Beriáh*, transformando *Dáat* de *Yetziráh* em *Yessód* de *Beriáh*. Desse modo, os aspectos beriáticos dos Intelectos Interno e Externo podem manifestar diretamente seu Entendimento e sua Sabedoria em uma lenta emergência do Conhecimento adquirido sobre o Mundo da Criação. O estabele-

O CAMINHO DA CABALA • 273

cimento gradual de uma Fundação Beriática indica que a pessoa moveu-se do estágio dos métodos – Ação, Devoção ou Contemplação – para um contato direto com esse Mundo seguinte. Diz a Tradição que existem véus que separam os mundos. Esse fenômeno pode ser percebido no fato de não ser possível, no estado natural, avançar para o Mundo do Espírito, a condição mística, a menos por um Ato de Graça, ou então pela *Avodáh*, que significa trabalho, serviço e culto. *Avodáh* implica a penetração consciente, de baixo para cima, no véu de *Beriáh*, por meio da intenção cabalística e do Conhecimento.

O Terceiro Jardim na Árvore Ampliada é onde os três Mundos superiores e os três inferiores se encontram. É nessa face central das Cinco Faces que o humano e o Divino entram em comunhão Espiritual. Logo acima dessa parte mais baixa do Céu encontra-se a Tríade da Alma.

A alma é composta de *Héssed* e *Guevuráh* – que, de acordo com alguns cabalistas, são os anjos e os querubins que guardam "o caminho para a Árvore da Vida", na narrativa bíblica. Esses anjos situam-se à frente dos Portões do Éden ou Céu Superior, dos dois lados do Caminho que se inicia no self de *Tif'éret* de *Yetziráh*. O Caminho, como vimos, só pode ser trilhado quando o aspirante eleva-se acima dos estágios vegetal e animal da Existência Natural, alcançando o estado da Consciência do self e em seguida o da Consciência da Alma. Com a conversão do Conhecimento de *Yetziráh* numa Fundação Beriática na Árvore da Criação, surgem um *Yessód* espiritual e um corpo organizado capaz de entrar e perceber um mundo do qual, até então, apenas se ouvia falar. Neste ponto, a expressão "nascer de novo" ou "outra vez" ganha sentido diferente porque nesse momento, com um veículo yetzirático ou psicológico estável, torna-se possível desenvolver um organismo Espiritual com o qual a pessoa poderá passar em segurança pelos Portões do Éden e ingressar nos Sete Salões do Céu.

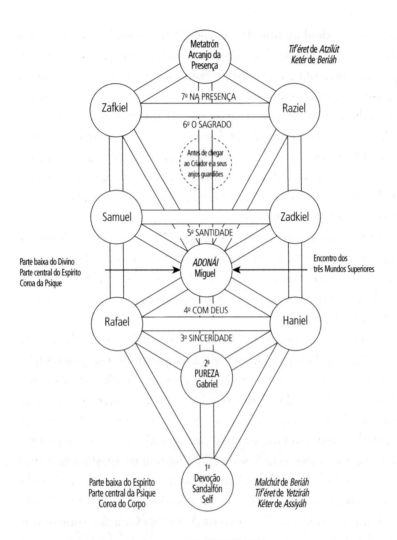

Figura 54 – A ASCENSÃO

A Árvore é baseada no relato do rabi Akiva, pastor analfabeto que se tornou um grande mestre. A visão ocorreu no fim de uma longa e difícil escalada. Conta-se que, dos outros três rabinos que iniciaram com ele essa jornada rumo ao seu mundo interno, um enlouqueceu, outro morreu e o terceiro perdeu a fé; só o rabi Akiva entrou e saiu ileso. Trata-se, pois, de uma advertência quanto aos perigos de sair correndo em direção ao próprio interior em vez subir lentamente a fim de dominar cada passo.

30. A ascensão

Relatos sobre ascensões aos Sete Céus de *Beriáh* podem ser encontrados na vasta literatura da Cabala. Apesar de variarem nos detalhes, de acordo com a época e com o imaginário pessoal do autor, eles têm muito em comum. É possível, assim, reconhecer diversos paralelos nos relatos apócrifos de Abraão, Levi, Moisés, Isaías, Baruque e no *Livro de Enoque*. O resultado dessa comparação é um caleidoscópio de impressões sobre experiências praticamente indescritíveis para a sensibilidade natural. Quem não conseguiu ver por si mesmo os Mundos Superiores terá de se contentar com um vislumbre pálido e muito subjetivo deles. Dois exemplos de Viagens na *Mercaváh* – a Carruagem –, ao Mundo Beriático do Trono e até mesmo além dele, nos darão uma imagem não muito nítida da ascensão mística e de seus passos ao longo da Árvore Ampliada.

O rabi Akiva ben Yosséf, o grande *maguíd* do primeiro século na Palestina[20], deixou um tratado sobre sua jornada através dos Sete Palácios (ou Salões) Celestiais no qual descreve para o rabi Yishmaél, outro mestre nos Mistérios da *Mercaváh*, como sua descida para o interior de seu ser correspondeu a uma ascensão ao Mundo da *Beriáh*. Esse relato será comparado aos Ensinamentos sobre os Sete Céus encontrado na Tradição Oral e em fragmentos esparsos do Talmude e da Cabala escrita.

---

20. Na verdade, a Judeia só recebeu (dos romanos) esse nome no século II. [N. T.]

Antes de acompanhar a ascensão aos Mundos Superiores, um princípio metafísico importante precisa ser estabelecido. De acordo com a Tradição, existem sete Palácios superiores e sete inferiores nas várias fases da ascensão. Os Sete Palácios Inferiores podem ser considerados as sete *sefirót* yetziráticas ou da Construção, que corresponderiam às sete etapas da iniciação psicológica a partir de *Malchút* do sistema nervoso central até *Héssed* da Tríade da Alma. Outra maneira de perceber os Palácios, porém, consiste em contar as sete tríades centrais da consciência como os estágios da progressão. Assim, enquanto o mais inferior dos Palácios ainda é *Malchút* de *Yetziráh*, em *Tif'éret* do corpo, o segundo é o ego de *Yessód* de *Yetziráh*, ou mente comum. Seguem-se o terceiro estágio da Árvore Psicológica, aquele de *Hód-Yessód-Nétzah*, a Tríade da Vontade, e o quarto estágio, a Tríade *Hód-Tif'éret-Nétzah* da Consciência que Desperta. O quinto estágio é o da Tríade da Alma, da Consciência do self (ou da autoconsciência), com o sexto (*Bináh-Tif'éret-Hochmáh*) e o sétimo (*Bináh-Kéter-Hochmáh*) constituindo a face inferior yetzirática de *Beriáh*. Quando ocorre a conversão de *Dáat* de *Yetziráh* em *Yessód* de *Beriáh*, o self do místico se transforma em *Malchút* de *Beriáh*, e ele entra no Reino do Céu.

O rabi Akiva afirmou em seu tratado que sua entrada nesse Primeiro dos Palácios Superiores de *Beriáh* foi em estado de Devoção. É aqui, no lugar do self, onde os três Mundos Inferiores se encontram, que o caminho propriamente dito começa. É nesse ponto que o *Vilón* (Véu) do dia e da noite é estendido para a frente e para trás. No Palácio da Cortina, entre o natural e o sobrenatural, o *Vilón* é a fronteira onde homens se encontram com anjos. Chamado de Trono da Fé, esse Palácio abre-se a partir do mundo físico de *Assiyáh* através do psicológico Mundo da Formação, em direção ao reino criativo do Espírito. Essa é a porta oculta no Coração dos Corações, por meio da qual os arcanjos

O CAMINHO DA CABALA • 277

sussurram fragmentos do Conhecimento, indo e vindo à semelhança das lufadas do vento que sopra. Neste, o primeiro dos
Céus, um homem natural pode entrar, às vezes como que por
acidente, para espiar, assombrado, os Céus acima, que desaparecem no instante em que ele recua para dentro de *Kéter* de *Assiyáh* e para a segurança de seu corpo e da realidade sensível.
Nesse momento, o véu retraído do *Vilón* volta a cobrir o self,
transformando o dia do despertar celestial na noite do sono espiritual. Somente aqueles com profunda devoção e intenção consciente são capazes de sustentar uma visão como esta.

O próximo estágio do rabi Akiva foi a condição de Pureza.
Aqui, a *sefiráh* no meio da Terceira face do Jardim central da
Árvore Ampliada é o Segundo Céu. Como *Yessód* de *Beriáh*, esse
é o lugar onde Gabriel, o arcanjo, conduz o cabalista para fora de
Dáat de *Yetziráh* rumo à Fundação da Criação. Chamada, nesse
esquema, de *Rakía* ou Firmamento, ela divide os dois Mundos
Superiores dos dois que lhes são inferiores, as partes naturais do
Universo de suas partes sobrenaturais. Daqui é possível divisar
os sinais do Céu. Os profetas e os puros de coração podem
percebê-los, mas, enquanto sua *Dáat* terrena não se torna um
Yessód celestial, esses símbolos celestes permanecem um mistério. Dizem que todas as almas que se recordam de Deus alcançam esse nível e entram no segundo estágio de *Dvekút* ou Comunhão com o Espírito. Recorde-se também que é ali que as
almas dos que partiram iniciam sua viagem para cima, até o Rio
de Fogo purificador, que flui através do Terceiro Céu, acima. Por
essa razão o rabi Akiva precisou chegar à condição de Pureza
antes de prosseguir rumo à presença dos arcanjos de *Hód* e *Nétzah* de *Beriáh*, Rafael e Haniel, os Guardiões do Terceiro Céu.

A Tríade Beriática *Hód-Yessód-Nétzah* é o Palácio no qual o
rabi Akiva adquiriu o estado da Sinceridade. Aqui, junto do trio
yetzirático *Bináh-Dáat-Hochmáh*, encontra-se aquela parte da

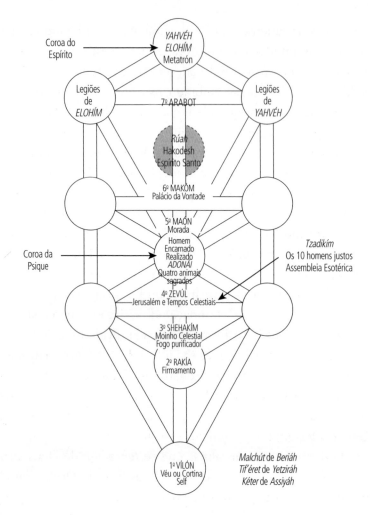

Figura 55 – OS SETE CÉUS

Estes são os estágios que os cabalistas descrevem em sua jornada para os Mundos Superiores. A técnica utilizada por eles consiste em uma projeção deliberada da imaginação, depois de longos preparativos que alinham corpos, alma e espírito dentro da coluna central da Escada de Jacó. A "Clarividência" e a "clariaudição" são comuns a todos os místicos, que veem com seu olho interior e ouvem com seu ouvido interior, e depois devem descrever o indescritível em termos inteligíveis. Tudo isso depende da cultura em vivem, mas todos eles atribuem as mesmas qualidades arquetípicas a cada um dos níveis.

O CAMINHO DA CABALA • 279

psique profunda que corresponde aos Intelectos Externo e Interno e ao Conhecimento proporcionado ao cabalista que atinge esse nível do Espírito. Esse é o lugar onde as pedras do moinho celestial moem o Maná espiritual que cai todo dia para sustentar tanto aqueles cujas almas estão despertas quanto os que dormem abaixo, no mundo natural, onde o Espírito influencia sua vida e seu ser por meio do inconsciente. O termo "maná" é, por vezes, traduzido como "brilho" ou "iluminação" e se manifesta pelas *sefirót* da Sabedoria, do Entendimento e do Conhecimento psicológicos. Conhecido com *Shehakím* ou simplesmente Céus, o Terceiro Céu é o Palácio da Luz e do Fogo e o lugar onde, diz-se, as 22 letras do alfabeto hebraico revelam-se antes de entrar no *Yessód* de *Beriáh*, onde o Mistério descendente da Criação torna-se o Conhecimento iluminado do cabalista engajado na busca do ascendente Mistério da Carruagem. Nesse estágio, ele percebe o relacionamento entre todas as *sefirót* abaixo de *Kéter* de *Yetziráh*. Ou seja, agora ele conhece a própria natureza psicológica. Essa Tríade Beriática, que corresponde à da Vontade no Mundo abaixo, guia o cabalista por entre os arcanjos da Tradição e da Revelação até o contato direto com o Coração do Mundo do Espírito Puro.

O Quarto Palácio Celestial, composto por *Hód-Tif'éret-Nétzah* de *Beriáh*, é chamado *Zevúl*, o que significa "Habitação". Trata-se da Jerusalém Celeste. Aqui o rabi Akiva afirma ter estado com Deus. Ao alcançar *Tif'éret* de *Beriáh*, ele entrou em contato com *Malchút* de *Atzilút*, onde reside a *Shechináh*, a Presença do Senhor. Como *Tif'éret* da Criação, esse lugar é guardado pelo Arcanjo Miguel, guardião da Casa de Israel. Logo abaixo da *sefiráh* da *Shechináh* encontra-se o Templo, sobre cujo altar está escrita uma citação de I Reis 8:13: "Na verdade edifiquei uma casa para a Tua morada, um lugar para a Tua eterna habitação", indicando a primeira ligação direta com o Mundo Eterno de *Atzilút*. Ali também podem ser encon-

280 • Z'EV BEN SHIMON HALEVI

trados os Dez *Tzadikím*, que constituem a esotérica Assembleia Celeste de Israel. Eles residem logo abaixo do único Homem inteiramente evoluído, que habita *Kéter* de *Yetziráh* – que é simultaneamente *Tif'éret* de *Beriáh* e *Malchút* de *Atzilút* – e age como o elo encarnado com o Divino. A Tradição Oral afirma que há sempre um homem como esse sobre a face da Terra, embora sua presença se manifeste abertamente apenas quando necessário. Para alguns, ele é o Messias, enquanto para outros é o Eixo da Era. Há um lugar e um nome para ele em todas as tradições vivas. Quando o rabi Akiva alcançou esse nível, chegou à presença do Nome de Deus mais próximo ao homem natural: *ADONÁI* – o SENHOR. É nesse ponto que o mundo humano e o Mundo Divino se encontram.

No quinto estágio da ascensão, o rabi ingressou no Palácio Celestial chamado *Maón*, a Morada. Aqui, diante dos Arcanjos Samael, Miguel e Tzadkiel, guardiões da tríade *Guevuráh--Tif'éret-Héssed* de *Beriáh*, ele precisou demonstrar sua Santidade. Nessa tríade, equivalente à da Alma, agora no Mundo do Espírito, os Arcanjos da Severidade, da Verdade e do Amor cuidam da região intermediária de moralidade espiritual que separa o Jardim celestial superior – o qual constitui a face inferior do Mundo da Emanação – do Jardim celestial inferior, que contém a face superior do Mundo da Formação. Essa tríade intermediária é o estágio da integridade espiritual no qual o cabalista alcança, ao deixar *Yetziráh*, o estado da completude psicológica, ou santidade. Nessa condição, a *Beracháh* de Deus manifesta-se por um relâmpago seguido de um trovão e revela, assim somos informados, uma visão dos atos da Providência. Há várias descrições desses momentos cósmicos. Alguns se referem à Supervisão Celestial sobre a Criação. Outros, às Quatro Grandes Criaturas Vivas – o Touro, o Leão, a Águia e o Homem – que sustentam o Trono Celeste. Outros ainda descrevem a morada em que as almas purificadas que alcançaram esse nível espiritual louvam a Deus e imergem na suprema ventura de Seu Divino Amor. Aqui, também, conforme outros relatos, residem os Patriarcas transcendentais de Israel e toda uma hierarquia de anjos e arcanjos que fazem funcionar todos os mundos debaixo do Julgamento e da Compaixão Celestiais de Deus.

O Sexto Céu é definido, nesse esquema, pela grande Tríade Beriática *Tif'éret-Bináh-Hochmáh*. Ali, diante da *Rúah haKódesh*, o Espírito Sagrado, o rabi Akiva fez soar a *Kedusháh*, a Santidade, a santificação celeste dos anjos. Conhecido como *Makóm*, o Lugar, esse Palácio é chamado "da Vontade" porque nele a intenção Divina é implementada, por meio de *Dáat* de *Beriáh*, tornando existente a Criação. Essa *Dáat* é também *Yessód* de *Atzilút* e tem o Nome Divino de *EL HÁI SHADÁI* – DEUS VIVO TODO-PODEROSO. O Espírito Sagrado de *Dáat* de *Beriáh* ali concede o Conhecimento e a Vontade necessários aos mundos criados abaixo. Diz-se que esse é também o lugar onde o "Beijo de Deus" se manifesta. É a esse nível, dizem-nos também, que o mais consciente dos espíritos eleva-se a fim de integrar-se com a Vontade de *Rúah haKódesh* e, assim, tornar-se Um com o Espírito. Por esse motivo, o lugar também é conhecido como "a Casa da Morte", onde a individualidade deixa de existir, pois o cabalista há muito teria transposto o estado carnal. Esse fato não significa necessariamente a morte física, real, porque nessa posição, entre o Mundo criado e os Mundos Divinos, ainda se pode ir e voltar.

O rabi Akiva prosseguiu em sua ascensão, deixando atrás de si o Mundo da Carruagem. Ingressando de vez na Árvore do Trono e passando entre os dois arcanjos de *Bináh* e *Hochmáh*, espiritualmente incorporados nos Grandes Seres Zafkiel e Raziel, ele entrou no Sétimo Céu e postou-se, conta-nos ele, "ereto, mantendo

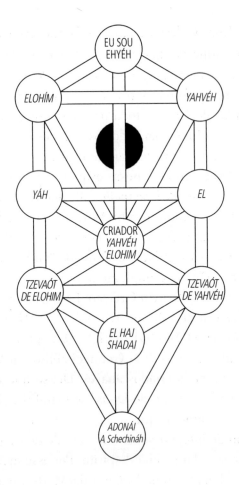

Figura 56 – OS NOMES DE DEUS

Os dizeres neste diagrama originam-se no Antigo Testamento. Eles representam vários dos aspectos do Divino. É preciso entender, aqui, que "o Divino" não é Deus, mas um modo de nomear o Absoluto. As posições de cada aspecto referem-se às suas qualidades e funções. *ADONÁI* significa "Meu Senhor". *Shechináh* é o nome do aspecto feminino do Divino. Os dois *TZEVAÓT* correspondem às "hostes" ou "mãos" do Divino, os anjos, enquanto *YÁH* e *EL* representam os aspectos severo e misericordioso da Divindade. *YAHVÉH ELOHÍM* é a combinação dos ápices das duas colunas laterais e representa o Criador, a Divindade em ação. O Nome Sagrado mais elevado é *EHEYÉH ASHER EHEYÉH*, ou "Eu Sou o Que Sou", em que "o que" significa toda a Existência por meio do qual Deus contempla Deus.

O CAMINHO DA CABALA • 283

o prumo com todas as minhas forças", pois seus corpos – o físico, o psicológico e o espiritual – tremiam de assombro perante o maior de todos os seres criados – o arcanjo Metatrón, o qual, sendo a transfiguração de Enoque, é chamado de Arcanjo da Presença de Deus na Criação. Aqui, logo abaixo do Nome Divino *YAHVÉH ELOHÍM*, situa-se a Suprema Tríade Beriática, conhecida como *Aravót* ou Sétimo Céu. Nesse Céu encontra-se a ainda não difusa realidade da Criação. Lá está a margem entre o potencial e o real, onde o Divino Quer que os mundos abaixo sejam criados. É nesse lugar que o Espírito de Deus paira sobre o Abismo no primeiro capítulo do Gênesis. Por vezes percebido na forma de nuvens ou de uma vasta planície, dois dos significados da palavra *Aravót*, ele também é visto como a superfície de um imenso oceano cósmico. A palavra hebraica para Céu é *shamáyim*, composta das palavras-raízes *esh* – fogo – e *máyim* – água. Segundo a Tradição, o pilar ativo da Grande Árvore de *Atzilút* é relacionado ao fogo e o pilar passivo à água, enquanto o pilar central refere-se ao ar, na forma de *Rúah Elohím*, o Espírito – ou Vento – de Deus[21]. Os três pilares combinam-se para formar o Sétimo Céu com o elemento terra abaixo deles, completando assim o esquema com todos os mundos, com a Força, a Forma e a Consciência assumindo uma materialidade cada vez mais densa.

Aravót situa-se logo abaixo de *Kéter* de *Beriáh*, a Coroa do Criador. É desse lugar do Criador que todas as criaturas emergem, descendem, ascendem e reemergem. A Criação ocorre, segundo nos dizem, ao se pronunciar uma palavra. A Palavra é o primeiro de todos os sons a serem ouvidos na Existência Manifesta, é o supremo Nome de Deus: *EHEYÉH* – (EU) SOU. Este, o primeiro dos Nomes Divinos, origina-se mais acima de *Kéter* de *Beriáh*, no Mundo de *Atzilút*, que por sua vez é com-

---

21. A palavra *rúah* tem ambos os sentidos, como sabemos. [N. T.]

posto pelos outros nove Nomes de Deus e por suas divinas características; conhecidas por seus vários nomes – como *Dez Sefirót*, Safiras, Luzes Cintilantes, Vestes, Vasos e Poderes – emanam eternamente. Caso parassem de emanar, mesmo que por apenas um instante, toda a Existência Manifesta simplesmente desapareceria. Conta-nos a Tradição que toda criatura pronuncia o Nome Supremo de Deus ao ser criada e ao retornar ao seu Criador. É a realização espiritual desse Nome e seu correspondente estado Divino que os cabalistas buscam enquanto estão encarnados, salvo quando desejam ir além e jamais voltar da união total com a Coroa das Coroas.

Alguns dos cabalistas que vislumbraram o que está além da Criação, o Mundo da Emanação, citam o UM que cavalga o Céu de *Aravót*, outros falam da aparência de um Homem sentado no Trono do Céu, e outros ainda descrevem a semelhança entre Adão e a Glória de Deus. Não nos surpreende que o rabi Akiva ben Yosséf tenha permanecido em pé, mantendo o próprio equilíbrio enquanto tremia de assombro. Ao retornar de sua ascensão, assim contam, ele se tornou um homem de grande sabedoria e santidade. E quem não buscaria essas pérolas de tão grande valor?

Todo mundo busca alguma coisa. Alguns procuram segurança; outros, prazer ou poder. Há ainda os que buscam sonhos, ou algo que nem sabem muito bem o que é. Há aqueles, porém, que sabem o que procuram, mas não podem encontrá-lo no mundo natural. Para esses foram deixadas muitas pistas pelos que vieram antes. As pistas estão em toda parte, mas só aqueles com olhos para enxergar e ouvidos para escutar poderão percebê-las. Quando o sentido desses sinais é levado a sério, a Providência abre uma porta para fora do natural e para dentro do sobrenatural, revelando uma escada que vai do efêmero ao Eterno. Quem ousa subir por ela ingressa no Caminho da Cabala.

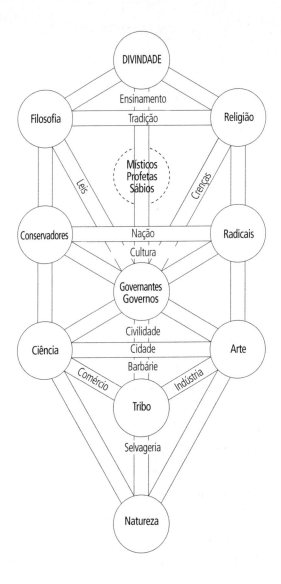

Figura 57 – A EVOLUÇÃO

Sem escolas da alma não haveria civilização. A Humanidade viveria de acordo com as leis da selva. O Ensinamento é vital para o desenvolvimento humano. Ele se manifesta por meio dos profetas da religião, dos sábios da filosofia e dos místicos que revelam o Caminho para a autorrealização do self, tanto individual quanto coletivo.

Glossário[22]

Aravót	O Sétimo Céu.
Assiyáh	O Mundo da Ação, do Fazer. O Mundo elementar e natural.
Áyin	O Nada. A divina *nadidade* (qualidade do nada) de Deus.
Atzilút	O Mundo da Emanação: o reino sefirótico da Glória. *Adám Kadmón* – o Homem Primordial.
Beracháh	Bênção, ou Graça.
Beriáh	Mundo da Criação e do Puro Espírito. Morada dos Arcanjos.
Bináh	*Sefiráh* do Entendimento. Também chamada "Razão".
Dáat	*Sefiráh* do Conhecimento.
Dvekút	Devoção. Comunhão.
Din	*Sefiráh* do Juízo. Também chamada *Guevuráh*.
Êin Sóf	O Infinito ou Sem Fim. Um dos títulos de Deus.
Gadlút	O estado da consciência ampliada.
Guevuráh	*Sefiráh* do Juízo. Literalmente traduzida por "Força" ou "Poder".
Guilgúl	Ciclo do renascimento. Transmigração da alma.

---

22. Os termos aqui listados estão grafados de acordo com o método de transliteração hebraico-português utilizado ao longo do livro. [N. E.]

O CAMINHO DA CABALA • 287

Héssed	*Sefiráh* da Compaixão. Por vezes chamada *Gueduláh* ("Grandeza").
Hód	*Sefiráh* da Reverberação, do Esplendor Ecoante.
Hochmáh	*Sefiráh* da Sabedoria, ou da Revelação.
Katnút	Estado da consciência restrita.
Kavanáh	Oração com intenção consciente. No plural, *Kavanót* designa algumas orações especiais.
Klipót	(Pl. de *klipáh*) Literalmente, "cascas", a parte descartável ("lixo") de algo. Usada, na Cabala, para designar "demônios".
Kéter	Coroa. *Sefiráh* assim chamada.
Malchút	*Sefiráh* do Reino.
Mercaváh	A Carruagem de *Yetziráh*.
Néfesh	Alma animal ou vital.
Neshamáh	Alma humana.
Nétzah	*Sefiráh* da Eternidade, também chamada "Vitória" ou "Resiliência".
Páhad	Temor. Um dos nomes alternativos de *Guevuráh*.
Rúah	Espírito, e também "vento".
Sefiráh	Emanação, Luz, Atributo de Deus. Plural – *Sefirót*.
Shechináh	A Presença de Deus na Existência Manifesta.
Shemitáh	Ponto final de um grande ciclo cósmico.
Teshuváh	Arrependimento, redenção, conversão de uma face inferior em outra superior.
Talmude	Registro dos comentários à Torá e da Tradição Oral.
Tif'éret	*Sefiráh* da Beleza. Chamada também "Adorno".
Tzadík	Homem justo.
Tzélem	Imagem.
Yessód	*Sefiráh* da Fundação.
Yetziráh	Mundo da Formação. O mundo da psicologia e dos anjos.

IMPRESSO NA GRÁFICA sumago
sumago gráfica editorial ltda
rua itauna, 789 vila maria
02111-031 são paulo sp
tel e fax 11 2955 5636
sumago@sumago.com.br